Stylistique
de la prose

BELINsup

Lettres

Stylistique
de la prose

Anne HERSCHBERG PIERROT

BELIN   8, rue Férou 75278 Paris cedex 06
www.editions-belin.com

DANS LA COLLECTION «BELIN SUP-LETTRES»
Extrait du catalogue

N. FOURNIER, *Grammaire du français classique*, 2002.
J. GARDES TAMINE, *Pour une grammaire du français écrit*, à paraître en 2003.

J. SERROY et M. GILOT, *La Comédie à l'âge classique*, 1997.
A. UBERSFELD, *Le Drame romantique*, 1993.
    Lire le théâtre I, rééd. revue, 1996.
    Lire le théâtre II. L'École du spectateur, rééd. revue et mise à jour, 1996.
    Lire le théâtre III. Le Dialogue de théâtre, 1996.
Y. VADÉ, *Le Poème en prose*, 1996.

J.-L. BACKÈS, *La Littérature européenne*, 1996.
J. CORZANI, L.-F. HOFFMANN, M.-L. PICCIONE, *Littératures francophones. II. Amériques*, 1998.
M. HAUSSER et M. MATHIEU, *Littératures francophones. III. Afrique et Océan indien*, 1998.
J. NOIRAY, *Littératures francophones. I. Le Maghreb*, 1996.

DANS LA SÉRIE «LES ŒUVRES»

F. BERCEGOL, *«La Chartreuse de Parme» de Stendhal, ou la rêverie héroïque*, 2001
S. DORD-CROUSLÉ, *«Bouvard et Pécuchet» de Flaubert, «encyclopédie critique en farce»*, 2000.
J. DUBOIS, *«L'Assommoir» de Zola*, rééd. augmentée, 1993.
F. DUPONT, *«Médée» de Sénèque, ou Comment sortir de l'humanité?*, 2000.
G. IDT, *«Les Mots» de Sartre, une autocritique «en bel écrit»*, 2001.
D. LABOURET, *«Les Grands Chemins» de Giono, ou les détours du temps*, 2000.
J.-F. LOUETTE, *«En attendant Godot» de Beckett, ou l'amitié cruelle*, 2002.
P. MASSON, *«Les Faux-Monnayeurs» de Gide, ou la quête de l'autre*, à paraître en 2003.
J. NOIRAY, *«L'Ève future» de Villiers de l'Isle-Adam*, 1999.
N. PIÉGAY-GROS, *«Les Voyageurs de l'impériale» d'Aragon*, 2001.
M. ROMAN et M.-C. BELLOSTA, *«Les Misérables», roman pensif*, 1995.

Document de couverture : Gregory Ochocki © Digital Stock.

© Éditions Belin, 2003.   ISSN 1158-3762   ISBN 2-7011-**3751**-9

Sommaire

Avant-propos

Ce livre est une initiation à l'approche stylistique des textes en prose – textes de fiction, et textes non fictionnels (histoire, mémoires, autobiographie, discours polémique, prose argumentative...). Il se propose d'initier le lecteur – étudiant ou tout simplement curieux de la littérature – à une forme d'attention au langage des textes littéraires souvent délaissée, ou jugée l'affaire de techniciens.

Les douze premiers chapitres sont consacrés à des questions choisies pour leur intérêt dans l'étude des textes en prose : les déictiques, «on», les temps verbaux, les frontières de la parole et le discours rapporté, l'ironie, le sens des mots et le sens figuré, la cohésion du texte, la ponctuation et le rythme.

Les chapitres comprennent un exposé des notions et l'analyse d'exemples pris dans des textes. Les termes de grammaire, de linguistique, de poétique et de rhétorique utilisés sont définis en notes, ou dans les encadrés. Un index des notions permet de s'y reporter. On peut ainsi lire à la suite ces chapitres, qui suivent une progression méthodique dans l'exposé des notions et dans le commentaire stylistique. On peut aussi à sa guise consulter tel ou tel chapitre, et circuler dans le volume à l'aide de l'index, et des renvois aux autres parties du livre.

Le dernier chapitre tente d'expliciter ce qui reste le plus souvent implicite dans les manuels de stylistique : la manière de s'y prendre pour aborder les exercices des examens et concours. Il ne constitue en rien une série de recettes, ou un «corrigé», mais une invitation à ne pas séparer les remarques formelles de leur portée sémantique et interprétative, à «interpréter» les textes comme des «formes-sens».

Cet ouvrage se veut surtout incitatif. Il donne des outils, des pistes, des exemples d'analyse, fondés sur des morceaux choisis dans des textes littéraires du XVIIe au XXe siècle. Il ouvre sur l'étude du style des œuvres.

NOTE SUR LA 2e ÉDITION

Cette nouvelle édition propose des bibliographies mises à jour.

Chapitre 1

Les expressions déictiques

Parmi les expressions qui permettent en français de désigner un référent, que ce soit un être ou une chose, ou, de façon plus large, de construire une référence, on distingue trois types d'expressions.

1. Les *expressions déictiques* permettent d'identifier le référent par renvoi aux composantes de la situation d'*énonciation ou deixis* : «je lis le journal», «donne-moi ça», «il est venu ici hier» ne sont interprétables que si l'on se réfère aux données immédiates de la situation d'énonciation (à la personne du locuteur, à l'espace et au temps contemporains de l'énonciation).

2. D'autres expressions ne livrent le référent que si l'on se reporte au contexte discursif antécédent ou subséquent (le *cotexte*). Ce sont les *expressions anaphoriques* et *cataphoriques* : pour comprendre «il lit le journal» (dans le cas où «il» n'est pas montré), ou bien «il le lui donne», il faut nécessairement revenir au cotexte. «Il», «le» et «lui» sont alors des représentants (voir chap. 11, p. 238-239).

L'ÉNONCIATION

«L'énonciation est cette mise en fonctionnement de la langue par un acte individuel d'utilisation. [...]

En tant que réalisation individuelle, l'énonciation peut se définir, par rapport à la langue, comme un procès d'*appropriation*. Le locuteur s'approprie l'appareil formel de la langue et il énonce sa position de locuteur par des indices spécifiques d'une part, et au moyen de procédés accessoires, de l'autre.

Mais immédiatement, dès qu'il se déclare locuteur et assume la langue, il implante l'*autre* en face de lui, quel que soit le degré de présence qu'il attribue à cet autre. Toute énonciation est, explicite ou implicite, une allocution, elle postule un allocutaire.»

Émile Benveniste,
«L'appareil formel de l'énonciation»,
dans *Problèmes de linguistique générale,*
Gallimard, t. II, p. 80 et 82.

3. Il y a enfin des expressions dont le référent n'est identifiable ni par la situation immédiate d'énonciation, ni par le cotexte, mais par renvoi à des connaissances associées, extérieures au contexte discursif. C. Kerbrat-Orecchioni parle alors de *référence absolue*. Cela concerne en particulier les expressions définies complètes (le barbier de Séville), et les noms propres (Figaro, Paris). Ces expressions ont en commun une certaine autonomie référentielle. Elles désignent directement des personnes, des notions, des lieux, sans passer par le cotexte : «on» nomme une entité indéfinie, «le barbier de Séville», et «Figaro» nomment un personnage, par référence à un univers de savoir extérieur à l'énoncé. De même, «il est né en 1960», ou «il se trouve à Londres» construisent une référence temporelle et spatiale «absolue».

LES DÉICTIQUES

Appelés aussi *embrayeurs* (Jakobson), indices ou indicateurs (Benveniste) – il y a encore d'autres synonymes – les déictiques sont des types de signes qui ont bien un sens dans la langue («je» désigne toujours la personne du locuteur ; «ce» possède bien le trait «non-locuteur»). Mais «leur sens […] fait allusion à leur emploi» (O. Ducrot et J.-M. Schaeffer, *Nouveau dictionnaire encyclopédique des sciences du langage*, Éd. du Seuil, 1972 et 1995, p. 10, article «Référence»).

A la différence des noms communs, définissables par des traits sémantiques généraux, «je» ne peut se définir qu'en impliquant l'usage énonciatif qui en est fait. «"Je" désigne la personne qui énonce "Je"» (Jakobson). C'est

---

LES EMBRAYEURS

«La signification générale d'un embrayeur ne peut être définie en dehors d'une référence au message. [...]

Selon Peirce, un symbole (par exemple le mot français "rouge") est associé à l'objet représenté par une règle conventionnelle, tandis qu'un index (par exemple l'acte de montrer quelque chose du doigt) est dans une relation existentielle avec l'objet qu'il représente. Les embrayeurs combinent les deux fonctions et appartiennent ainsi à la classe des symboles-index».

R. Jakobson, «Les embrayeurs, les catégories verbales et le verbe russe», *Essais de linguistique générale*, Éd. du Seuil, «Points», p. 178 et p. 179.

une sorte de nom propre de la personne. Toutefois, bien qu'impliquant en lui-même une forme de circularité (pour reprendre l'exemple de Jakobson, «"Fido" ne désigne ni plus ni moins qu'un chien qui s'appelle "Fido"»), le nom propre possède une désignation «rigide» : pour un même univers de référence, il désigne toujours le même objet, quelle que soit l'énonciation (voir aussi p. 233).

Cette classe de signes linguistiques traverse les frontières de plusieurs catégories grammaticales, réunissant aussi bien :

– Certains pronoms personnels (mais pas tous : «Je»/«tu», certains emplois de «nous» et «vous», par opposition à la 3e personne).

– Les adjectifs et pronoms possessifs de 1ère et 2e personnes du singulier et du pluriel (mais les pronoms possessifs sont aussi, par la force des choses, des représentants partiels : dans «mon livre et le tien», «le tien» renvoie à la personne de l'allocutaire, et reprend conceptuellement «livre»).

– Les adjectifs et pronoms démonstratifs (dans leur emploi déictique) appelés «indices d'ostension» (Benveniste), avec les adverbes spatio-temporels «ici»/«là»/«là-bas» et les particules «-ci» et «-là» («celui-ci», «celui-là») – quoique l'opposition de la proximité et de la distance tende à se neutraliser en français contemporain au profit de «là» ; les adverbes ou locutions adverbiales : «à gauche»/«à droite», «hier»/«aujourd'hui»/«demain»...

– Un temps verbal : le présent d'énonciation.

– Un mode verbal : l'impératif.

– Des appellatifs : «papa», «maman».

C. Kerbrat-Orecchioni propose dans son livre une étude détaillée de ces expressions.

Nous emploierons ici le terme «déictique», selon un usage courant, pour désigner l'ensemble de la catégorie. Mais il est parfois réservé par certains auteurs à la seule classe des démonstratifs et des adverbes spatio-temporels.

Il vaudrait mieux parler en fait d'«expressions déictiques» que de «déictiques» : ce qui est intéressant en effet, c'est moins la liste des signes possibles, que l'analyse des emplois discursifs de ces signes. Les démonstratifs sont, par exemple, des signes susceptibles d'usages déictiques et/ou anaphoriques, de même que les pronoms «nous» et «vous». Ainsi, «vous», pronom de la deuxième personne, qui désigne le «non-je» ou une série de «non-je» – suivant que l'allocutaire est singulier ou pluriel – est déictique au singulier. En revanche, au pluriel, il peut être l'équivalent d'une série de secondes personnes («tu»+«tu»...) – les allocutaires au sens strict – mais peut aussi inclure des représentants de 3e personne («tu»+«il»/«elle»). A l'inverse, un pronom de 3e personne comme «il» peut avoir, en contexte, valeur de déictique.

■ Indications bibliographiques
sur les déictiques ou embrayeurs et sur l'énonciation

1. Textes de référence

Émile Benveniste, *Problèmes de linguistique générale*, t. I, Gallimard, 1966 (rééd. coll. «Tel»). Y consulter les articles : «Structure des relations de personne dans le verbe» (1946), «La nature des pronoms» (1956), «De la subjectivité dans le langage (1958).
— *Problèmes de linguistique générale*, t. II, Gallimard, 1974 (rééd. coll. «Tel»). Consulter : «L'appareil formel de l'énonciation».
Roman Jakobson, «Les embrayeurs, les catégories verbales et le verbe russe», dans *Essais de linguistique générale*, trad. fr., Éd. de Minuit, 1963 (repris aux Éd. du Seuil, coll. «Points»).

2. Synthèses

Catherine Kerbrat-Orecchioni, *L'Énonciation. De la subjectivité dans le langage*, A. Colin, 1980, p. 34-69, et le chap. I sur l'énonciation. [Ouvrage devenu un classique.]
Georges Kleiber, «Déictiques, embrayeurs, "token-reflexives", symboles indexicaux, etc. : comment les définir ?», *L'Information grammaticale*, n°30, juin 1986, p. 3-22. [Article de synthèse sur les définitions des déictiques.]
— «Anaphore-deixis : où en sommes-nous ?», *L'Information grammaticale*, n°51, oct. 1991, p. 3-18, [Article plus difficile. Reprend les critères de distinction des expressions anaphoriques et déictiques, en évoquant l'interprétation cognitive.]
Dominique Maingueneau, *Linguistique pour le texte littéraire*, 4e éd., Nathan, 2003. [Synthèse de référence. Le premier chapitre porte sur la situation d'énonciation.]

Nous nous proposons maintenant d'étudier les expressions déictiques dans deux débuts de récits. Nous privilégierons deux aspects : les relations de personne (Texte n°1), et le repérage spatial (Texte n°2).

Albert Camus
La Chute (1956), Gallimard, «Bibliothèque de la Pléiade», 1962, p. 1475-1476.

Puis-je, monsieur, vous proposer mes services, sans risquer d'être importun ? Je crains que vous ne sachiez vous faire entendre de l'estimable gorille qui préside aux destinées de cet établissement. Il ne parle, en effet, que le hollandais. A moins que vous ne m'autorisiez à plaider
5 votre cause, il ne devinera pas que vous désirez du genièvre. Voilà, j'ose espérer qu'il m'a compris ; ce hochement de tête doit signifier qu'il se rend à mes arguments. Il y va, en effet, il se hâte, avec une sage lenteur. Vous avez de la chance, il n'a pas grogné. Quand il refuse de servir, un grognement lui suffit : personne n'insiste. Être roi de ses humeurs, c'est
10 le privilège des grands animaux. Mais je me retire, monsieur, heureux de vous avoir obligé. Je vous remercie et j'accepterais si j'étais sûr de ne pas jouer les fâcheux. Vous êtes trop bon. J'installerai donc mon verre auprès du vôtre.

Vous avez raison, son mutisme est assourdissant. C'est le silence des
15 forêts primitives, chargé jusqu'à la gueule. Je m'étonne parfois de l'obstination que met notre taciturne ami à bouder les langues civilisées. Son métier consiste à recevoir des marins de toutes les nationalités dans ce bar d'Amsterdam qu'il a appelé d'ailleurs, on ne sait pourquoi, *Mexico-City*. Avec de tels devoirs, on peut craindre, ne pensez-vous pas, que son
20 ignorance soit inconfortable ? Imaginez l'homme de Cro-Magnon pensionnaire à la tour de Babel ! Il y souffrirait de dépaysement, au moins. Mais non, celui-ci ne sent pas son exil, il va son chemin, rien ne l'entame. Une des rares phrases que j'aie entendues de sa bouche proclamait que c'était à prendre ou à laisser. Que fallait-il prendre ou laisser ?
25 Sans doute, notre ami lui-même. Je vous l'avouerai, je suis attiré par ces créatures tout d'une pièce. Quand on a beaucoup médité sur l'homme, par métier ou par vocation, il arrive qu'on éprouve de la nostalgie pour les primates. Ils n'ont pas, eux, d'arrière-pensées.

Ces lignes ouvrent le début du long monologue-confession du juge-pénitent Clamence. Nous ne savons rien d'autre que ce qu'il nous dit de lui-même et des autres.

Le propre de la fiction est bien de constituer son objet par son dire. Mais cet effet, précisément, se trouve réfléchi dans la parole de Clamence, qui construit des rôles discursifs à partir de l'emploi des expressions déictiques et des actes de langage.

I. LA RELATION DE PERSONNE : EXPRESSIONS DÉICTIQUES ET ACTES DE LANGAGE

Le texte de *La Chute* se présente comme un monologue prononcé devant un interlocuteur muet, dont la présence est réfléchie dans le discours à la première personne. Ce sont avant toute chose les relations de personne qui assurent la continuité du texte.

1. «Je»

La 1ère personne prédomine, sous ses différentes formes : pronom personnel, adjectif possessif (et ce dès la première ligne : «Puis-*je*, monsieur, vous proposer *mes* services ?»).

Dans ce récit, dont le narrateur est en même temps un personnage (récit *homodiégétique,* et même *autodiégétique),* le «je» désigne à la fois *le sujet de l'énonciation* (responsable du dire) et le *sujet de l'énoncé.* En revanche, dans «il y va», 1. 7, et dans «Vous êtes trop bon», 1. 12, seuls figurent les sujets d'énoncé, «il» et «vous» ; le sujet de l'énonciation – sujet du dire – reste implicite.

Si l'on revient à la définition linguistique du «je» :

«*Je* ne peut être défini qu'en termes de "locution" [...]. *Je* signifie "la personne qui énonce la présente instance de discours contenant *je*".» (É. Benveniste, «La nature des pronoms», dans *Problèmes de linguistique générale,* t. I, p. 252.)

on aperçoit dès à présent les possibilités narratives et fictionnelles de cet embrayeur, qui se définit réflexivement à son emploi : «Je» pose une identité référentielle qui renvoie à celui qui parle. Dire «je» suffit à instaurer un centre du discours, et à susciter ce que Barthes appelait un «effet de réel», en l'occurrence, un effet de personnage, qui tient à l'effet de voix. Clamence n'existe que par sa déclamation. En ce début de récit, il n'a même pas encore de nom.

C'est cette identité posée par le «je», comme centre de référence, que défait le célèbre début de *L'Innommable* de S. Beckett :

> «Où maintenant ? Quand maintenant ? Qui maintenant ? Sans me le demander. Dire je. Sans le penser. Appeler ça des questions, des hypothèses. Aller de l'avant, appeler ça aller, appeler ça de l'avant.»

2. «Tu»/«Vous»

«Toute énonciation est, explicite ou non, une allocution, elle postule un allocutaire.» (Benveniste)

Cet allocutaire (co-locuteur, co-énonciateur), on peut en rechercher les marques dans l'énoncé : il est en effet présent dès la première phrase, sous la forme de *l'appellatif* au masculin «monsieur», et du *«vous»* de politesse, à l'adresse d'un interlocuteur singulier inconnu, marqué dans les pronoms personnels («Puis-je, monsieur, *vous* proposer mes services, sans risquer d'être importun ? Je crains que *vous* ne sachiez *vous* faire entendre», 1. 1-2), les adjectifs et pronoms possessifs de 2ᵉ personne («*votre*

DIÉGÈSE (HISTOIRE), RÉCIT, NARRATION

Diégèse est synonyme d'*histoire* au sens de «signifié ou contenu narratif», par contraste avec le *récit*, qui désigne «le signifiant, énoncé, discours ou texte narratif lui-même», et la narration, qui est «l'acte narratif producteur et, par extension, l'ensemble de la situation réelle ou fictive dans laquelle il prend place.» (Gérard Genette, *Figures III,* Éd. du Seuil, 1972, p. 72.)

RÉCIT HOMODIÉGÉTIQUE, HÉTÉRODIÉGÉTIQUE, AUTODIÉGÉTIQUE

«On distinguera donc ici deux types de récits : l'un à narrateur absent de l'histoire qu'il raconte (exemple : Homère dans l'*Iliade*, ou Flaubert dans L'*Éducation sentimentale*), l'autre à narrateur présent comme personnage dans l'histoire qu'il raconte (exemple : *Gil Blas,* ou *Wuthering Heights*). Je nomme le premier type, pour des raisons évidentes, hétérodiégétique, et le second, homodiégétique [...].

Il faudra donc distinguer à l'intérieur du type homodiégétique deux variétés : l'une où le narrateur est le héros de son récit (*Gil Blas*), et l'autre où il ne joue qu'un rôle secondaire, qui se trouve être, pour ainsi dire toujours, un rôle d'observateur et de témoin [...]. Nous réserverons pour la première variété (qui représente en quelque sorte le degré fort de l'homodiégétique) le terme, qui s'impose, d'autodiégétique». (*Ibid.*, p. 252 et p. 253.)

cause», 1. 5, «J'installerai donc mon verre auprès *du vôtre*», l. 12-13), et la forme de l'impératif *«Imaginez»* (l. 20).

Il n'a donc d'existence qu'au travers de la parole de Clamence. Dans son récit, Camus exploite les possibles de la langue, qui fait de la 2e personne une dépendance implicite du «je», parce qu'elle en est le corrélat linguistique (c'est «je» qui suscite un «tu» face à lui), et parce qu'il revient au locuteur de construire la figure – du moins discursive – de son allocutaire :

> «A la 2e personne, "tu" est nécessairement désigné par "je" et ne peut être pensé hors d'une situation posée à partir de "je" ; et, en même temps, "je" énonce quelque chose comme prédicat de "tu".» (É. Benveniste, «Structure des relations de personne dans le verbe», dans *Problèmes de linguistique générale,* t. I, p. 228.)

Camus fait aussi jouer à plein la structure énonciative du monologue qui, si l'on s'en rapporte de nouveau à Benveniste,

> «doit être posé, malgré l'apparence comme une variété du dialogue, structure fondamentale. Le "monologue" est un dialogue intériorisé, formulé en "langage intérieur", entre un moi locuteur et un moi écouteur. Parfois le moi locuteur est seul à parler ; le moi écouteur reste néanmoins présent [...]. Parfois aussi le moi écouteur intervient par une objection, une question, un doute, une insulte. La forme linguistique que prend cette intervention diffère selon les idiomes, mais c'est toujours une forme "personnelle".» (É. Benveniste, «L'appareil formel de l'énonciation», dans *Problèmes de linguistique générale,* t. II, p. 85-86.)

Cette structure de dialogue, interne au monologue, prend ici une allure théâtrale : le monologue de Clamence est une «longue tirade sans réplique» (G. Genette). Pour Dorrit Cohn, il s'agit d'une forme de «monologue autonome»[1] c'est-à-dire de monologue non régi par un récit. On peut considérer aussi avec G. Genette que le monologue est «implicitement "enchâssé" dans un récit-cadre sous-entendu, mais clairement impliqué par tous ceux des énoncés de ce monologue qui se rapportent non à l'histoire qu'il raconte, mais aux circonstances de cette narration» (G. Genette, *Nouveau discours du récit,* Éd. du Seuil, 1983, p. 59) – faute de quoi le texte relèverait purement du mode dramatique. Toujours est-il que la force de ce monologue est de créer, à mesure de sa parole, l'espace d'un dialogue, avec un interlocuteur qui, en dernier ressort, apparaît bien comme un double du locuteur.

1. Monologue autonome
Dorrit Cohn, dans *La Transparence intérieure,* trad. fr., Éd. du Seuil, 1981, propose de distinguer parmi les formes de monologue autonome tournées vers le passé, le «monologue autobiographique», comme *La Chute* («dans toutes ces œuvres, un locuteur solitaire se rappelle son propre passé, et se le raconte, suivant l'ordre de la chronologie», p. 208), et le «monologue remémoratif», du style de *La Route des Flandres* de C. Simon, qui associe «le mode de présentation» du monologue autobiographique à «l'absence de rigueur chronologique» du récit remémoratif *(ibid.,* p. 210). A distinguer de la variante la plus connue, le monologue au présent de Molly Bloom dans *Ulysse* de Joyce.
Sur le monologue, voir chap. 7, p. 134-148.

CHAP. 1. LES EXPRESSIONS DÉICTIQUES

3. Les structures énonciatives

Ce dialogue avec un interlocuteur muet, le monologue de Clamence l'instaure en inscrivant les marques de la 2ᵉ personne dans l'énoncé. Mais il serait artificiel, ici, de séparer les expressions déictiques de la *structure énonciative* des énoncés *(modalités* d'énonciation), ou de la valeur que prennent les énoncés comme actes de langage.

Le texte commence par une interrogation («Puis-je, monsieur»), qui présuppose l'existence de l'interlocuteur en même temps qu'elle requiert une réponse de sa part. Cette réponse est présupposée par : «Voilà, j'ose espérer qu'il m'a compris» (l. 5-6), qui enchaîne implicitement sur un geste de Clamence, supposant l'acquiescement tacite de l'interlocuteur à ses offres de service. De même, l'expression performative[2] «Je vous remercie», et l'énoncé «Vous êtes trop bon» (l. 11 et 12) se présentent comme des répliques à des propositions dont le texte

2. Énoncé performatif
Énoncé dont l'énonciation consiste à accomplir l'acte qu'elle désigne : dire «je vous remercie» effectue l'acte de remercier. Voir de J. L. Austin, *Quand dire, c'est faire,* trad. fr., Éd. du Seuil, 1970 (repris en «Points»).

MODALITÉS ET MODALISATION

La question des modalités est une question fort complexe et diversement traitée selon les auteurs.

La «modalité d'énonciation» concerne les relations entre énonciateurs impliquées par les «grandes fonctions syntaxiques de la langue» (Benveniste), comme l'assertion, l'interrogation, l'intimation.

De son côté, la pragmatique définit, à côté de la valeur propositionnelle d'un énoncé, sa valeur d'acte de langage, définie par sa force illocutoire. Ainsi, la force illocutoire d'une interrogation consiste à présenter son énonciation comme obligeant l'interlocuteur à répondre à une demande d'information. Mais la diversité des actes de langage déborde la notion de modalité d'énonciation.

La «modalité d'énoncé» ne porte plus sur les relations entre énonciateurs, mais, selon A. Meunier, «se rapporte au sujet de l'énoncé, éventuellement confondu avec le sujet d'énonciation. Ses réalisations linguistiques sont très

diverses de même que les contenus sémantiques et logiques qu'on peut lui reconnaître». Elle «caractérise la manière dont le sujet de l'énoncé situe la proposition de base par rapport à la vérité, la nécessité (vrai, possible, certain, nécessaire et leurs contraires, etc.), par rapport aussi à des jugements d'ordre appréciatif (utile, agréable, idiot, regrettable...)» (A. Meunier, «Modalités et communication», *Langue française,* n°21, févr. 1974, p. 13-14). La première catégorie correspond à la «modalité logique» (marquée aussi bien par un adverbe comme «peut-être» que par un auxiliaire de modalité comme «pouvoir»), la seconde à la «modalité appréciative».

Quant au terme de «modalisation» (et «modaliser», «modalisateur») nous en réserverons l'usage, suivant en cela C. Kerbrat-Orecchioni, à ce qui concerne «le degré d'adhésion (forte ou mitigée/incertitude/rejet) du sujet d'énonciation aux contenus énoncés» (*L'Énonciation* [...], p. 118).

n'est pas donné. De même encore, «Vous avez raison» (l. 14) feint de reprendre l'opinion de l'autre.

Le texte inscrit ainsi des rôles discursifs, instaure une énonciation dialoguée, dialogique même (au sens où l'énoncé est traversé, de façon constitutive, par d'autres discours). Cette énonciation en miroir se traduit dans la nature des interrogations, qui ont de plus en plus valeur de *questions rhétoriques ou oratoires*[3].

3. L'interrogation (figure de rhétorique) «consiste à prendre le tour interrogatif, non pas pour marquer un doute et provoquer une réponse, mais pour indiquer, au contraire, la plus grande persuasion, et défier ceux à qui l'on parle de pouvoir nier ou même répondre» (Fontanier, *Les Figures du discours,* rééd., Flammarion, 1968, p. 368).

De celles-ci, on dit souvent que ce sont des questions qui n'admettent pas de réponse, et sont l'équivalent d'assertions fortes : il paraît plus intéressant, comme on l'a suggéré, de les considérer comme des questions qui, présupposant leur réponse, contraignent l'interlocuteur à réaffirmer la validité de l'énoncé. La question des l. 19-20 («Avec de tels devoirs, on peut craindre, ne pensez-vous pas, que son ignorance soit inconfortable ?») associe l'interlocuteur, avec l'incise «ne pensez-vous pas», à la réaffirmation d'un jugement préimposé. Cela conduit aussi, rétrospectivement, à lire toutes les questions du passage comme l'inscription, sans réponse, d'une présence purement discursive de l'allocutaire dans l'énoncé du locuteur : cet allocutaire mérite bien l'appellatif de «co-locuteur» (Benveniste) ou de «co-énonciateur» (Culioli).

L'impératif («Imaginez») établit une autre sorte de relation avec l'allocutaire, une intimation à entrer dans le jeu de la rhétorique. Mais dans ce texte, l'assertion est un acte de langage tout aussi autoritaire : si l'assertion vise à communiquer une certitude sur la valeur de vérité d'un énoncé, le discours de Clamence enferme son interlocuteur et l'univers de référence dans des définitions et des jugements sans appel.

4. «Nous»

Les deux personnes du dialogue se trouvent associées dans le seul pluriel de 1ère personne : «*notre* taciturne ami» (l. 16), «*notre* ami», l. 25. «*Nous*» n'est pas le pluriel de «je» : «"nous" est, non pas une multiplication d'objets identiques, mais une *jonction* entre "je" et le "non-je"» (É. Benveniste, «Structure des relations de personne dans le verbe», art. cit., p. 233).

«Nous» peut être équivalent à «je» + «tu», à «je» + «il», à «Je» + «tu» + «il». Il n'est purement déictique que dans le premier cas, où il réunit seulement le locuteur et l'interlocuteur (singulier ou pluriel). Dans les deux autres cas, il intègre une 3ᵉ personne, et se trouve ainsi avoir en partie un rôle de représentant. Ici, l'adjectif possessif *«notre»* n'indique bien sûr pas la possession : il associe locuteur et interlocuteur dans une complicité familière à l'égard d'un tiers, dont on parle, le «gorille»-tenancier du bar.

5. «Il»

Les deux premières personnes du dialogue se construisent, de fait, en opposition avec une *3ᵉ personne,* celui ou celle non plus à qui l'on parle, mais dont on parle, que Benveniste appelle la *«non-personne».* Il faut alors distinguer les emplois véritablement impersonnels dans les tours unipersonnels – tels que «il pleut», ou «il s'est produit un incident», où «il» a une simple valeur grammaticale d'indice de 3ᵉ personne devant le verbe – et les emplois où la 3ᵉ personne joue le rôle d'un représentant syntaxique, ainsi que les emplois, plus rares, du moins dans les textes écrits, où la 3ᵉ personne, accompagnée d'un geste d'ostension, peut avoir une valeur déictique.

Dans le texte, *«Il* ne parle» (1. 3) et les occurrences suivantes de «il» renvoient toutes à «l'estimable gorille qui» (1. 2-3). Dans ce contexte, l'opposition grammaticale des personnes du dialogue, et de la 3ᵉ personne, celle dont on parle et qui est exclue de l'interlocution, se trouve rechargée sémantiquement par les sarcasmes de Clamence à l'égard du gorille, la «non-personne».

II. AUTRES EXPRESSIONS DÉICTIQUES

1. Le présent

Seul a valeur proprement déictique le *présent d'énonciation,* qui coïncide avec le temps de l'énonciation, ici, celui du monologue («Puis-je», 1. 1, «Je crains que», 1. 2, «il se hâte», 1. 7, «je me retire», 1. 10, «Je vous remercie», 1. 11, «Vous êtes trop bon», 1. 12, «Vous avez raison», 1. 14).

Si «je» est le «centre de l'énonciation» (Benveniste), il en va de même pour le présent comme mesure de la temporalité verbale : le présent sert de repère non marqué au passé et au futur. C'est par rapport au présent d'énonciation que se repèrent le passé composé («vous avez de la chance, *il n'a pas grogné*», 1. 8) et le futur proche *(«J'installerai* donc mon verre auprès du vôtre», 1. 12-13).

Ce présent (quoiqu'en continuité sémantique) est à distinguer du *présent itératif* ou présent d'habitude, qui inclut le moment de l'énonciation dans une temporalité qui se répète («Quand *il refuse* de servir, un grognement *lui suffit*», 1. 8-9, «Je *m'étonne* parfois», 1. 15), et du *présent gnomique,* omnitemporel, ou de vérité générale, qui étend la temporalité à la généralité : c'est le présent des maximes et des sentences («Être roi de ses humeurs, *c'est* le privilège des grands animaux», 1. 9-10). (Sur le présent, voir aussi chap. 3, p. 52.)

Ici, le locuteur combine les trois présents, insérant dans la conversation un savoir d'expérience, une sagesse des nations, qui sont tournés en dérision.

2. Les indices d'ostension

Parmi les déictiques, les adjectifs et pronoms démonstratifs sont susceptibles de deux valeurs : déictique, et anaphorique/cataphorique (voir chap. 11, p. 236-238), qui ne sont d'ailleurs pas toujours séparables dans les textes. Cette possibilité d'une double valeur est le propre des déictiques «opaques» (Kleiber, 1986) c'est-à-dire qui doivent être nécessairement accompagnés d'un geste pour permettre d'identifier le référent (par opposition aux déictiques «transparents», comme «je», dont le référent est identifiable par réflexivité : est identifié comme «je», celui ou celle qui dit «je»).

• *Adjectifs démonstratifs :*
«Ce hochement de tête», 1. 6, renvoie bien à l'espace référentiel que bâtit le discours de Clamence : un espace de co-référence avec son interlocuteur muet. De même, «ce bar d'Amsterdam», 1. 17-18, désigne l'espace où se tient la conversation. Mais il n'existe que par la parole qui le constitue.

«Ces créatures tout d'une pièce», 1. 25-26, forme un emploi un peu particulier, qui n'est ni anaphorique, ni déictique. Cela correspond plutôt à l'«exophore mémorielle» (formule de Fraser et Joly, reprise dans Marek Keşik, *La Cataphore,* PUF, 1989, p. 23), c'est-à-dire à la référence à un univers présupposé connu du lecteur (voir *infra,* p. 259).

• *Pronoms démonstratifs :*
«*Celui-ci* ne sent pas son exil», 1. 22, est d'interprétation ambiguë ou mixte : «celui-ci» a une valeur désignative directe, mais il reprend aussi, par anaphore, le syntagme «homme de Cro-Magnon», dans un emploi métaphorique (la particule de proximité «-ci», dans «celui-*ci*», s'oppose à la distance temporelle et générique de «l'homme de Cro-Magnon»).

Bien qu'en soi non péjoratifs, ces démonstratifs, tout en contribuant à produire l'espace référentiel qui entoure le locuteur, marquent à la fois la distance entre le regard et l'objet, et la dévaluation du monde regardé.

3. Les verbes de mouvement

L'espace référentiel est orienté par le regard du descripteur, ou du commentateur : «aller» inscrit un mouvement d'éloignement (par opposition à «venir»). «Il y va», 1. 7, semble indiquer un déplacement dans un sens différent de celui des observateurs.

III. PROLONGEMENTS STYLISTIQUES

On évoquera, à titre indicatif, d'autres pistes de commentaire, concernant la rhétorique de Clamence, et la dérision :
– *la multiplication des verbes phraséologiques* à valeur de modalisation du propos («je crains que», 1. 2, «j'ose espérer que», 1. 5-6), et des *incidentes*[4] (cf. la remotivation du verbe «Je vous l'avouerai», 1. 30),
– *l'ironie* (voir chapitre 8) et *les figures du paradoxe* (cf. l'oxymore[5] «mutisme assourdissant», «se hâter avec lenteur»),
– *les clichés,* et leur remotivation, le jeu sur les mots,
– *les isotopies sémantiques* et *la métaphore filée* du gorille-primate. (Sur ces derniers aspects, voir *infra*, p. 185-187 et 198.)

4. Incidente
Une proposition incidente est une proposition intercalée dans l'énoncé, parfois rejetée en début ou en fin de phrase, qui commente l'énoncé où elle s'insère, et porte souvent sur son énonciation. Ce décalage énonciatif est marqué à l'oral par des pauses et une intonation distincte, à l'écrit par la ponctuation (virgules, tirets).
L'**incise** n'est pas toujours distincte de l'incidente. Le terme désigne en général une forme de proposition courte introduisant un propos rapporté.
Fontanier définit pour sa part la figure de l'**incidence** : «proposition accessoire, combinée avec une proposition ou phrase principale, non pour en faire partie intégrante et en modifier le sens, mais seulement pour en affecter l'assertion, et en exprimer une sorte de motif ou de fondement» (*op. cit.* p. 318-319).
Ex., chez La Fontaine, fable «Le Renard et le Bouc» : «Je n'aurais jamais, quant à moi, / Trouvé ce secret, *je l'avoue*».

5. L'oxymore
est une alliance de termes contradictoires (cf. «obscure clarté», «silence éloquent»).

Marguerite Duras
L'Après-midi de Monsieur Andesmas, chap. I, Gallimard, 1962, p. 9-10.

Il déboucha du chemin sur la gauche. Il arrivait de cette partie de la colline complètement recouverte par la forêt, dans le froissement des petits arbustes et des buissons qui en marquaient l'abord vers la plate-forme.

C'était un chien roux, de petite taille. Il venait sans doute des agglo-
5 mérations qui se trouvaient sur l'autre pente, passé le sommet, à une dizaine de kilomètres de là.

La colline de ce côté-ci s'affaissait brusquement vers la plaine.

Alors qu'il avait débouché du chemin d'un pas alerte le chien longea le précipice, soudain flâneur. Il huma la lumière grise qui recouvrait la
10 plaine. Dans cette plaine il y avait des cultures qui entouraient un vil-
lage, ce village, et de nombreuses routes qui en partaient vers une mer méditerranéenne.

Il ne vit pas tout de suite l'homme qui était assis devant la maison –
la seule maison qui était sur son parcours depuis les lointaines agglomé-
15 rations de l'autre versant – et qui regardait lui aussi ce même espace vide illuminé que traversaient parfois des compagnies d'oiseaux. Il s'assit, haletant de fatigue et de chaleur.

Ce fut à la faveur de ce répit qu'il devina que sa solitude n'était pas totale, qu'elle se défaisait derrière lui à cause de la présence d'un homme.

COMMENTAIRE DU TEXTE 2

Voici un autre début, qui ouvre le récit de *L'Après-midi de Monsieur Andesmas,* de M. Duras.

Dans ce récit hétérodiégétique, on pourra étudier la façon dont le repérage spatial renvoie peu à peu le lecteur vers un centre de perception, de *focalisation*[6], qu'il découvre à mesure, et, de fait, identifie rétrospectivement.

6. Focalisation
voir encadré, p. 25.

7. *Incipit*
Désigne les premiers mots d'un manuscrit ou d'un ouvrage imprimé, «par référence à la locution latine des manuscrits latins du moyen âge, *incipit liber* "ici commence le livre"» (*Dictionnaire historique de la langue française,* sous la dir. d'Alain Rey, Le Robert, 1992). Sur les débuts de roman, voir chap. 11, p. 244 (bibliographie).

LES EXPRESSIONS DÉICTIQUES

1. L'*incipit*[7]

«Il déboucha du chemin sur la gauche» : le texte joue du modèle romanesque «classique», supposé situer les données de l'intrigue dans l'espace et le temps. «Il», on le reverra, est une cataphore (voir chap. 11, p. 238) : son référent n'est identifié qu'*a posteriori* («C'était un chien roux», 1. 4). «Sur la gauche» : le lecteur pressé peut passer sur l'information pour savoir la suite. Mais, s'il est tant soit peu réticent à coopérer, il peut aussi, légitimement, se demander : «la gauche de qui ?». Dès la première phrase, le récit renvoie à un regard qui oriente les indications d'espace : «sur la gauche» renvoie nécessairement à un repérage déictique, qui reste encore inconnu. Quant aux indications temporelles, néant. Nous restons dans une indétermination complète.

2. Les indices d'ostension

L'espace s'organise peu à peu à partir de notations qui ne se laissent pas d'emblée déchiffrer clairement, et font du parcours de lecture un trajet mimétique de celui d'un regard qui accommode peu à peu la vision.

«*Cette* partie de la colline», 1. 1-2, associe le lecteur à un savoir qu'il est supposé partager, et qui est précisé par l'expansion («complètement recouverte par la forêt», 1. 2) qui permet d'identifier le référent sans recourir à un repérage déictique. Mais, aux paragraphes suivants, il en va tout autrement : un système d'oppositions se construit entre l'expression déictique «*ce* côté-ci» et «*l'autre* pente» (cf. plus loin, «l'autre versant»), qui situe de façon de plus en plus nette la position d'un regard. Ce qui se donne à lire comme une surprise peu à peu dévoilée, c'est dans un récit au passé simple, et à la 3e personne, où «les événements semblent se raconter eux-mêmes» (Benveniste, *Problèmes de linguistique générale,* t. 1, p. 241) et où devrait prédominer le repérage cotextuel ou absolu, la subjectivité d'un regard (cf. aussi la modalisation de l'adverbe «sans doute», 1. 4).

Le récit continue à jouer de l'indétermination spatiale. Les notations topographiques prennent la valeur d'indications scéniques : «la plaine», «la colline», mais pour quelle scène ? Déjà, «la plate-forme» (1, 3) restait énigmatique, et, en l'absence d'autres détails, supposait chez le lecteur une familiarité fictive (les précisions viennent par la suite). Avec «à une dizaine de kilomètres de *là*» (l. 5-6), on peut hésiter sur le mode de référence : formellement, «là» peut se référer au cotexte, ou prendre un point de repère déictique (si l'on considère qu'en français courant, l'opposition de proximité et d'éloignement entre «ici» et «là» se neutralise au profit de «là», employé souvent pour désigner l'espace du locuteur).

La nécessité de recourir à un repérage déictique est rendue nettement perceptible avec *«ce* village» (l. 11). En effet, contrairement à «cette plaine», qui reprend le précédent «la plaine» (l. 9-10), *«ce* village» ne peut être identifié à partir de l'expression indéterminée «un village» – encore renforcée par l'indéfini pluriel «de nombreuses routes» (l. 11), et l'indéfini singulier «une mer méditerranéenne». Toute la question est de savoir à quel repère peut s'accrocher la référence, si du moins elle peut se fixer. «Ce village» est-il une intervention directe du narrateur qui désigne un espace fictif de proximité, à construire par la lecture ? Est-ce une référence indirecte au regard de M. Andesmas, identifié dans la suite du texte comme observateur de la scène, la trace d'une vision subjective ? L'écriture ici joue de ces effets d'étrangeté, de rupture des effets attendus.

Par un procédé proche des techniques cinématographiques, le texte passe progressivement des objets regardés au dévoilement des regards, à une variation dans la focalisation de la scène : «Il ne vit pas tout de suite l'homme qui était assis devant la maison [...] et qui regardait lui aussi ce même espace vide illuminé» (l. 13-16). On voit, semble-t-il, d'abord arriver le chien, *avec* M. Andesmas (focalisation interne), puis la perspective change, et l'on découvre, dans un récit relevant plutôt de la focalisation externe, la configuration qui intercale le regard du chien tourné vers la colline entre le paysage et M. Andesmas, assis devant sa maison, avec encore, pour indice d'une vision subjective, l'adjectif «lointaines» («les *lointaines* agglomérations de *l'autre* versant», l. 14-15).

3. Les verbes de mouvement

«Il déboucha», l. 1, «Il arrivait», l. 1, «Il venait», l. 4, réitèrent l'idée d'un mouvement qui se rapproche du point de vision, et vont dans le sens d'une vision subjective initiale, qui fait coïncider le point de vue du narrateur avec la perception de l'homme assis devant sa maison.

Certes, les repérages déictiques ne sont pas nécessairement la marque d'une focalisation. Mais ce sont des lieux sensibles du texte qui permettent, notamment en régime hétérodiégétique, l'insertion d'un point de vue[8] ou l'inscription d'une parole autre que celle du narrateur. Ce sont en tout cas des points d'articulation entre la stylistique et la narratologie.

8. Pour une étude textuelle des marques du point de vue (avec une critique de la focalisation externe) voir Alain Rabatel, *La Construction textuelle du point de vue*, Lausanne, Delachaux et Niestlé, 1998.

LA FOCALISATION

G. Genette la définit ainsi : «Par focalisation, j'entends bien une restriction de "champ", c'est-à-dire en fait une sélection de l'information narrative par rapport à ce que la tradition nommait *l'omniscience*» (*Nouveau discours du récit,* Éd. du Seuil, 1983, chap. XII, p. 49).

Il distingue ainsi, trois types de focalisation (*Figures III, op. cit.,* p. 206-207) :

«Récit *non-focalisé*, ou à *focalisation zéro*» : «le narrateur en sait plus que le personnage, ou plus précisément en *dit* plus que n'en sait aucun des personnages».

«Récit à *focalisation interne*» : «le narrateur ne dit que ce que sait tel personnage» (cette focalisation peut être fixe, variable ou multiple, comme dans le roman par lettres).

«Récit à *focalisation externe*» : «le narrateur en dit moins que n'en sait le personnage» (récit de type «behaviouriste», mais aussi débuts de romans d'intrigue ou d'aventures présentant un personnage de l'extérieur).

Il ajoute que «le partage entre focalisation variable et non-focalisation est parfois bien difficile à établir» (*ibid.,* p. 208-209).

■ **Indications bibliographiques sur l'étude de l'énonciation**

Deux références d'articles illustrant l'étude de l'énonciation, inspirés par la linguistique de Benveniste, et par celle d'A. Culioli :
Simone Lecointre et Jean Le Galliot, «L'appareil formel de l'énonciation dans *Jacques le Fataliste*», *Le Français moderne,* juillet 1972, n°3.
Jenny Simonin-Grumbach, «Les repérages énonciatifs dans les textes de presse», dans *La Langue au ras du texte,* Presses Universitaires de Lille, 1984.

Chapitre 2

«On»

«On» est un pronom «caméléon». Les grammaires le classent tantôt parmi les pronoms indéfinis, tantôt parmi les pronoms personnels, selon qu'elles prennent en compte son sémantisme, indéterminé, ou sa syntaxe («on» fonctionne comme «il»), et la possibilité de l'employer comme équivalent de presque toutes les personnes.

Contrairement à «il» qui désigne toujours par sa forme la troisième personne, «on» est morphologiquement indifférencié. Seule l'interprétation contextuelle permet de distinguer s'il a la valeur d'un «nous», d'un «ils», ou de «tout le monde» : «alors que c'est la forme même des pronoms personnels qui permet de comprendre la place des locuteurs dans le procès d'énonciation, c'est l'interprétation de "on" qui permet de lui attribuer tel ou tel statut énonciatif» (F. Atlani, «ON l'illusionniste», p. 17).

Cette nécessité de l'interprétation est vraie de tout signe, et en particulier des pronoms déictiques ou anaphoriques. Mais la polysémie de «on» et son indistinction formelle en font un instrument de métamorphose énonciative.

GRAMMAIRES DE «ON»

«On» est bien un indéfini pour le sens. C'est à l'origine «homo», tout homme, «n'importe qui, tout le monde, les gens, tout sujet à la condition qu'il soit indéfini» (F. Atlani, art. cit., p. 24).

Dans «on est venu», «on» est bien l'équivalent de «quelqu'un», et dans les énoncés au présent gnomique, «on» peut prendre une extension très générale, désignant l'ensemble des sujets possibles («on a toujours besoin d'un plus petit que soi» : «tout le monde»). C'est le «on» des sentences et des maximes, mais aussi le «on» du sens commun, celui qui fait dire à Flaubert, dans une belle opposition de personne et de syntaxe du «nous» au «on» :

> «*On* est un immense sot collectif. Et pourtant, ô Misère, nous travaillons pour amuser *on*.» (Lettre à Mme Roger des Genettes, 26 sept. [1874].)

Mais sauf liberté particulière d'un écrivain qui substantifie la bêtise, «on» suit la syntaxe du pronom personnel dit conjoint, «il». Il est toujours sujet, et se trouve remplacé, autrement, par un indéfini (quelqu'un, personne) ou par «vous», dans les énoncés génériques («*on* est toujours dérangé», «on *vous* dérange toujours»). Il ne peut être séparé du verbe que par une négation faible («ne»), ne peut être le support d'une expansion (d'un

---

Les articles de Brichot

«*Devant lui Mme Verdurin ne laissait pas trop voir, sauf par une maussaderie qui eût averti un homme plus perspicace, le peu de cas qu'elle faisait de ce qu'écrivait Chochotte. Elle lui dit seulement une fois qu'il avait tort d'écrire si souvent "je". Et il avait en effet l'habitude de l'écrire continuellement, d'abord parce que, par habitude de professeur il se servait constamment d'expressions comme "j'accorde que", et même, pour dire "je veux bien que", "je veux que" : "Je veux que l'énorme développement des fronts nécessite, etc.", mais surtout parce que, ancien antidreyfusard militant qui flairait la préparation germanique bien longtemps avant la guerre, il s'était trouvé écrire très souvent : "J'ai dénoncé dès 1897" ; "j'ai signalé en 1901" ; "j'ai averti dans ma petite brochure aujourd'hui rarissime (habent sua fata libelli)", et ensuite l'habitude lui était restée. Il rougit fortement de l'observation de Mme Verdurin, observation qui lui fut faite d'un ton aigre. "Vous avez raison, madame. Quelqu'un qui n'aimait pas plus les jésuites*

que M. Combes, encore qu'il n'ait pas eu de préface de notre doux maître en scepticisme délicieux, Anatole France, qui fut si je ne me trompe mon adversaire... avant le déluge, a dit que le moi était toujours haïssable." A partir de ce moment Brichot remplaça je par on, mais on n'empêchait pas le lecteur de voir que l'auteur parlait de lui et permit à l'auteur de ne plus cesser de parler de lui, de commenter la moindre de ses phrases, de faire un article sur une seule négation, toujours à l'abri de on. Par exemple Brichot avait-il dit, fût-ce dans un autre article, que les armées allemandes avaient perdu de leur valeur, il commençait ainsi : "On ne camoufle pas ici la vérité. On a dit que les armées allemandes avaient perdu de leur valeur. On n'a pas dit qu'elles n'avaient plus une grande valeur. Encore moins écrira-t-on qu'elles n'ont plus aucune valeur. On ne dira pas non plus que le terrain gagné, s'il n'est pas, etc."»

M. Proust, *Le Temps retrouvé*, dans *A la recherche du temps perdu*, Gallimard, «Bibliothèque de la Pléiade», 1989, t. IV, p. 371.

complément, d'une épithète détachée ou d'une relative) comme un pronom personnel disjoint («lui qui...») ou un pronom indéfini («rien de neuf»).

Pour Jean Dubois, «on» neutralise le système personnel, dans la mesure où il ne porte aucune marque spécifique de personne, ni de genre et où il impose uniformément au verbe la marque de troisième personne du singulier.

De fait, «on» peut se substituer pratiquement à toutes les personnes. La rhétorique interprète l'écart de sens par la figure de l'énallage[1].

1. Énallage
voir encadré p. 43.

«On» pour «je», comme le prescrit Madame Verdurin à Brichot pour ses articles, «on» hypocoristique pour la seconde personne dans une situation de dialogue («*on* a fini de faire des bêtises ?»), «on» pour la première personne du pluriel («*on* y va») ou la troisième personne («*on* parle d'élections anticipées»). Dans les deux derniers cas, «on» équivaut à un pronom personnel pluriel, plus ou moins indéterminé (Benveniste parle de la «généralité indécise du *on*», *Problèmes de linguistique générale*, t. 1, p. 235), mais il n'est jamais l'anaphorique d'un «il» singulier.

Dans sa *Rhétorique générale,* le Groupe μ, sans parler d'«énallage», cite à l'appui de la «commutation du défini et de l'indéfini», l'exemple de *Molloy,* où «à travers la commutation je/on Beckett décrit la perte de l'individualité» :

> «Un peu plus et on sera aveugle. C'est dans la tête. Elle ne marche plus, elle dit, Je ne marche plus. On devient muet aussi et les bruits s'affaiblissent» (texte cité dans *Rhétorique générale*, Larousse, 1970, p. 167).

Mais, quand on a souligné l'écart de la figure, on n'a pas encore dit grand-chose. L'intérêt de «on» tient précisément à cette neutralisation de la personne, qui rend nécessaire son interprétation, mais n'impose pas l'identification de son référent : celui-ci peut être identifié sans être explicité, «on» maintenant l'indétermination de la personne.

Comme le remarque F. Atlani, alors que «nous» «implique qu'une personne au moins soit identifiée : l'énonciateur», «dans le fonctionnement de *on* la dimension du nom propre, ou en tout cas de l'identification à une classe, est gommée» (art. cit., p. 23). «On» est à considérer non comme un pur substitut personnel ou un pur indéfini, mais comme une «frontière entre la personne et la non-personne». C'est bien alors la tension sémantique entre l'identifiable et le non identifiable, entre le nommable et l'innommable, qui devient passionnante à explorer selon les contextes.

■ **Indications bibliographiques sur «on»**

Françoise Atlani, «ON l'illusionniste», dans *La Langue au ras du texte*, Presses Universitaires de Lille, 1984, p. 13-29.
Jean Dubois, *Grammaire structurale du français : nom et pronom*, Larousse, 1965, p. 111-114.

EXEMPLES

TEXTE
3

Émile Zola
La Fortune des Rougon (1871), Gallimard, «Folio», 1981, p. 25-26.

Lorsqu'on sort de Plassans par la porte de Rome, située au sud de la ville, on trouve, à droite de la route de Nice, après avoir dépassé les premières maisons du faubourg, un terrain vague désigné dans le pays sous le nom d'aire Saint-Mittre.

5 L'aire Saint-Mittre est un carré long, d'une certaine étendue, qui s'allonge au ras du trottoir de la route, dont une simple bande d'herbe usée la sépare. D'un côté, à droite, une ruelle, qui va se terminer en cul-de-sac, la borde d'une rangée de masures ; à gauche et au fond, elle est close par deux pans de muraille rongés de mousse, au-dessus desquels

10 on aperçoit les branches hautes des mûriers du Jas-Meiffren, grande propriété qui a son entrée plus haut dans le faubourg. Ainsi fermée de trois côtés, l'aire est comme une place qui ne conduit nulle part et que les promeneurs seuls traversent.

Anciennement, il y avait là un cimetière placé sous la protection de

15 Saint-Mittre, un saint provençal fort honoré dans la contrée. Les vieux de Plassans, en 1851, se souvenaient encore d'avoir vu debout les murs de ce cimetière, qui était resté fermé pendant des années. La terre, que l'on gorgeait de cadavres depuis plus d'un siècle, suait la mort, et l'on avait dû ouvrir un nouveau champ de sépultures, à l'autre bout de la

20 ville. Abandonné, l'ancien cimetière s'était épuré à chaque printemps, en se couvrant d'une végétation noire et drue. Ce sol gras, dans lequel les fossoyeurs ne pouvaient plus donner un coup de bêche sans arracher quelque lambeau humain, eut une fertilité formidable. De la route, après

les pluies de mai et les soleils de juin, on apercevait les pointes des
25 herbes qui débordaient les murs ; en dedans, c'était une mer d'un vert
sombre, profonde, piquée de fleurs larges, d'un éclat singulier. On sentait en dessous, dans l'ombre des tiges pressées, le terreau humide qui
bouillait et suintait la sève.

Une des curiosités de ce champ était alors des poiriers aux bras tor-
30 dus, aux nœuds monstrueux, dont pas une ménagère de Plassans n'aurait
voulu cueillir les fruits énormes. Dans la ville, on parlait de ces fruits
avec des grimaces de dégoût ; mais les gamins du faubourg n'avaient
pas de ces délicatesses, et ils escaladaient la muraille, par bandes, le soir,
au crépuscule, pour aller voler les poires, avant même qu'elles fussent
35 mûres.

La vie ardente des herbes et des arbres eut bientôt dévoré toute la
mort de l'ancien cimetière Saint-Mittre ; la pourriture humaine fut man-
gée avidement par les fleurs et les fruits, et il arriva qu'on ne sentit plus,
en passant le long de ce cloaque, que les senteurs pénétrantes des giro-
40 flées sauvages. Ce fut l'affaire de quelques étés.

Vers ce temps, la ville songea à tirer parti de ce bien communal, qui
dormait inutile. On abattit les murs longeant la route et l'impasse, on
arracha les herbes et les poiriers. Puis on déménagea le cimetière.

PRÉSENTATION DU TEXTE 3

Nous sommes au début de *La Fortune des Rougon*,
premier volume des *Rougon-Macquart* qui, nous dit la
Préface de Zola, «doit s'appeler de son titre scientifique :
Les Origines».

C'est bien un récit des origines qui s'ouvre au présent, pour renvoyer aussitôt à un passé ancien, fort
indistinct, temps des origines de l'aire Saint-Mittre,
histoire du cimetière, de son déménagement décidé
par une ville que séduisait le profit, avant l'entrée, singulative, dans le temps de l'histoire, quelques pages
plus loin, «un dimanche soir», «dans les premiers jours
de décembre 1851».

Tout le début du roman prend ainsi figure d'un récit
«mytho-mimétique» (N. Schor), qui «imite les mythes»,
et désigne d'emblée un temps d'avant le temps, ainsi
qu'un espace d'origine, qui sera le lieu du meurtre sacri-
ficiel de Silvère sur la pierre tombale – lui-même fondateur de la fortune des Rougon.

2. Extradiégétique
voir encadré ci-dessous.

L'instance narrative reste distincte des personnages (le récit est hétérodiégétique), et extérieure à la diégèse (extradiégétique[2]). Pourtant le «on» permet de moduler la relation du narrateur au narrataire[3] et aux sujets de l'énoncé.

■ **Indications bibliographiques sur ce début de *La Fortune des Rougon***

Henri Mitterand, «Une archéologie mentale : *Le Roman expérimental* et *La Fortune des Rougon*», dans *Le Discours du roman*, PUF, 1980, p. 164-185.
Naomi Schor, «Mythe des origines, origine des mythes : *La Fortune des Rougon*», *Les Cahiers naturalistes*, n°52, 1978, p. 124-134.

NIVEAUX NARRATIFS : EXTRADIÉGÉTIQUE, INTRADIÉGÉTIQUE, MÉTADIÉGÉTIQUE

On a défini *homodiégétique*, *hétérodiégétique* et *autodiégétique* ci-dessus p. 15.

Est dit *extradiégétique* un narrateur dont le récit n'est pas déjà inclus dans un récit – par opposition avec *intradiégétique* ou *diégétique* et *métadiégétique*, qui désignent deux niveaux supplémentaires d'emboîtement de paroles. Ainsi, dans *Manon Lescaut*, de l'abbé Prévost, le récit du chevalier Des Grieux est contenu dans celui du marquis de Renoncourt, les *Mémoires d'un homme de qualité,* en ce sens que «le narrateur du second [récit] est déjà un personnage du premier, et que l'acte de narration qui le produit est un événement raconté dans le premier.» (G. Genette, *Figures III*, p. 238).

«Nous définirons cette différence de niveau en disant que *tout événement raconté par un récit est à un niveau diégétique immédiatement supérieur à celui où se situe l'acte narratif producteur de ce récit*. La rédaction par M. de Renoncourt de ses *Mémoires* fictifs est un acte (littéraire) accompli à un premier niveau, que l'on dira *extradiégétique* ; les événements racontés dans ces *Mémoires* (dont l'acte narratif de Des Grieux) sont dans ce premier récit, on les qualifiera donc de *diégétiques*, ou *intradiégétiques* ; les événements racontés dans le récit de Des Grieux,

récit au second degré, seront dits *métadiégétiques*» (*ibid.,* p. 238-239).

«L'instance narrative d'un récit premier est donc par définition extradiégétique, comme l'instance narrative d'un récit second (métadiégétique) est par définition diégétique, etc.» (*ibid.*, p. 239).

Cette qualité concerne l'enchâssement du récit, et comme le souligne G. Genette, il faut éviter de confondre «la qualité d'*extradiégétique*, qui est un fait de niveau, et celle d'*hétérodiégétique*, qui est un fait de relation (de "personne"). Gil Blas est un narrateur extradiégétique parce qu'il n'est (*comme narrateur*) inclus dans aucune diégèse, mais directement de plain-pied, quoique fictif, avec le public (réel) extradiégétique ; mais puisqu'il raconte sa propre histoire, il est en même temps un narrateur homodiégétique. Inversement, Schéhérazade est une narratrice intradiégétique parce qu'elle est déjà, avant d'ouvrir la bouche, personnage dans un récit qui n'est pas le sien ; mais puisqu'elle ne raconte pas sa propre histoire, elle est en même temps narratrice hétérodiégétique. "Homère" ou "Balzac" est à la fois extra- et hétérodiégétique, Ulysse ou Des Grieux est à la fois intra- et homodiégétique.» (G. Genette, *Nouveau discours du récit*, p. 55-56.)

I. «ON» ET LES TEMPS VERBAUX

1. «On» et le présent

La Fortune des Rougon commence un peu à la manière d'un guide touristique, comme *Le Rouge et le Noir* évoque un Verrières fictif de 1830. Mais ici la relation au destinataire reste implicite et l'ancrage temporel est on ne peut plus indéterminé : le présent se rattache bien à un aujourd'hui, mais l'actualité présente se fond dans une permanence répétitive. L'aspect imperfectif du présent (voir chap. 3, p. 47) se prête bien à l'expression d'une continuité temporelle, qui ne se confond pourtant pas avec l'omnitemporel : ce présent n'a de valeur qu'en opposition à un passé ancien, révolu, et à un passé plus récent, celui des événements de 1851 (qui sont au centre de la diégèse).

C'est un présent qui simule l'actualité de l'énonciation et qui, en fait, l'inclut dans une temporalité fictive, d'autant plus que les verbes concernés désignent soit le parcours hypothétique d'un promeneur-observateur («lorsqu'on sort», l. 1, «on trouve», l. 2, «on aperçoit», l. 10, «que les promeneurs seuls traversent», l. 12-13) – un parcours dans un monde possible – soit un état des choses (voir l'emploi du verbe «être», de l'expression passive «est close», l. 8-9, reprise par le participe passé résultatif «fermée», l. 11).

Dès lors, comment interpréter «on», dans «on sort», «on trouve», «on aperçoit» ? C'est un pronom à valeur pleinement indéfinie, un nominal qui désigne directement un ensemble indéfini (par contraste avec le fonctionnement anaphorique ou cataphorique des pronoms, qui nécessite un recours au texte qui précède ou qui suit). La valeur du présent, le sémantisme des verbes, sélectionnent une acception très extensive de «on», qui inclut à la fois l'énonciateur et son destinataire dans un parcours fictif de Plassans. L'invitation à la promenade fait de tout narrataire[3] le témoin d'un espace inscrit dans une actualité possible, et en même temps présenté hors de toute temporalité référentielle, ce que renforce la description insistante de l'aire Saint-Mittre comme un lieu clos, «comme une place qui ne conduit nulle part».

3. Le narrataire
Il est défini par G. Genette comme «le destinataire du récit» (*Figures III*, p. 227, n.2). On peut se reporter à l'article de G. Prince, «Introduction à l'étude du narrataire», *Poétique*, n°14, avril 1973, et à sa discussion par G. Genette dans *Nouveau discours du récit*, chap. XVIII («Le narrataire»), p. 90-93.
Dans le schéma de la communication verbale (voir la présentation de R. Jakobson, dans «Linguistique et poétique», *Essais de linguistique générale*, éd. cit., p. 213-214), le **destinataire** est celui à qui est adressé le message envoyé par l'émetteur (le destinateur).

2. «On» et l'imparfait

Après l'introduction, le récit en vient à évoquer le passé de l'aire Saint-Mittre, l'histoire ancienne, à l'imparfait et au plus-que-parfait, temps de l'arrière-plan (voir chap. 5, p. 85-86). Dans ces expressions, c'est de nouveau le sémantisme et le temps du verbe, avec le contexte, qui déterminent la valeur de «on».

Dans tous ses emplois, «on» laisse dans l'ombre l'identité des sujets, qui se fond dans une globalité indéterminée. Il ne peut inclure le narrataire, qui reste en dehors de la diégèse. Mais il en va autrement du narrateur. Selon un procédé familier au roman de Flaubert à Maupassant («on était au commencement d'avril» : *Madame Bovary,* 2ᵉ partie, chap. 6), «on» permet au narrateur hétérodiégétique d'atténuer la distance avec l'univers romanesque, de s'associer fictivement au sujet de l'énoncé – ou, s'il prend ses distances avec les personnages du roman, de ne pas marquer nettement une opposition de personnes comme le ferait un «ils».

Deux séries d'emplois se dégagent du texte :

1. Une première série inclut «la terre, que l'on gorgeait», l. 17-18 ; «et l'on avait dû ouvrir», l. 18-19 ; «Dans la ville, on parlait», l. 31, où le narrateur se distingue du groupe.

Les deux premiers verbes (avec la forme «l'on», de niveau plus soutenu, fréquente après «que» et «et», pour des raisons essentiellement d'euphonie) désignent une action attribuée à une collectivité indifférenciée.

Dans le troisième exemple («on parlait»), le narrateur se démarque d'autant mieux de la parole rapportée qu'elle est attribuée à une instance spécifique et diffuse («dans la ville, on») : le «on», c'est la rumeur publique, le «on dit» des conversations.

2. Les verbes de la seconde série, qui comprend «on apercevait», l. 24, «On sentait», l. 26-27, supposent un sujet de perception auquel peut s'associer, sur le mode du «comme si», le narrateur hétérodiégétique : si celui-ci n'est pas un personnage de l'histoire, il insère le savoir dans le texte comme un témoin fictif qui, à couvert de la forme indifférenciée du «on», peut moduler le savoir d'un romancier omniscient.

3. «On» et le passé simple

Le passé simple de «il arriva qu'on ne sentit plus [...] que» (l. 38-39), dissocie le narrateur-témoin des acteurs de l'énoncé, ce que ne faisait pas l'imparfait : la perception n'est plus présentée dans son déroulement, mais notée comme un fait[4]. Cela tient moins au passé simple qu'à l'expression «il arriva que», qui inscrit la sensation comme un événement dans une succession temporelle. On peut en effet imaginer un verbe de perception au passé simple précédé de «on», qui associe le narrateur au regard des personnages («On aperçut enfin les côtes de France», *Candide*, chap. XXI – mais, dans cet exemple, la subjectivité ne tient-elle pas aussi à l'adverbe interjectif «enfin», qui marque une impatience ?).

4. Sur l'opposition entre imparfait et passé simple, voir chap. 3, et 5, p. 47-48, et 83-85.

Dans les autres expressions au passé simple («On abattit», l. 42, «on arracha», l. 42-43, «Puis on déménagea», l. 43), «on» est anaphorique de «la ville», qui est une métonymie[5] pour ses habitants (ses notables), et son administration. «On» est l'équivalent d'un «ils», mais il ajoute la valeur d'indétermination sémantique, la globalité indistincte du trope d'abstraction, «la ville». Il permet, de nouveau, de ne pas marquer les oppositions de personnes, tout en soulignant la responsabilité collective d'une ville qui commet une transgression sacrilège. Le narrateur se dissocie alors du «on» par cette spécification des acteurs, et par la qualification négative qui surdétermine l'énoncé («on abattit», «on arracha», «on déménagea»).

5. Métonymie voir p. 192-193 et encadré p. 43.

On voit à quel point «on» est sensible au contexte. Il n'est jamais l'équivalent d'un «il» singulier, et dans ce début de *La Fortune des Rougon*, il oscille entre le «vous» générique et le «ils». Mais tout son intérêt tient en ce qu'il n'est jamais substituable à un pronom personnel, même pluriel : «on» maintient toujours une frange d'indétermination qui permet au narrateur de jouer des frontières de la personne et de la non-personne.

II. PROLONGEMENTS STYLISTIQUES

On pourrait étudier les isotopies sémantiques de ce début de *La Fortune des Rougon* (voir chap. 9, p. 185-187), avec la métaphorisation de la vie et de la mort, comme élément de construction d'un mythe.

Toujours dans cette perspective de création d'un espace-temps mythique, on pourra s'intéresser à la manière dont les expressions adverbiales et les temps verbaux (voir chap. 3-5) façonnent un repérage temporel indéfinissable.

TEXTE
4

Jules Michelet
Histoire de la Révolution française (1847-1853), Livre VII, chap. VI, éd. de P. Petitier, «Le Livre de Poche», 1988, p. 97.

Cet extrait concerne les massacres de septembre 1792 dans les prisons.

Dès la nuit du 3 au 4, on put s'apercevoir que le massacre irait changeant de caractère, qu'il ne gardait pas l'aspect d'une justice populaire, sauvage, mais désintéressée, qu'on croyait lui donner d'abord.

Les massacreurs, nous l'avons vu, étaient mêlés d'éléments divers qui,
5 le premier jour, indistincts et contenus l'un par l'autre, éclatèrent ensuite ; le pire alla l'emportant. Il y avait des gens payés ; il y avait des gens ivres et des fanatiques ; il y avait des brigands ; ceux-ci peu à peu surgirent.

Sauf les cinquante et quelques bourgeois qui tuèrent à l'Abbaye et sans doute s'en éloignèrent peu, les autres (en tout, deux ou trois cents)
10 allèrent de prison en prison, s'enivrant, s'ensanglantant, se salissant de plus en plus, parcourant en trois jours une longue vie de scélératesse. Le massacre qui, le 2, fut pour beaucoup un effort, devint, le 3, une jouissance. Peu à peu le vol s'y mêla. On commença de tuer des femmes. Le 4, il y eut des viols, on tua même des enfants.

C O M M E N T A I R E   D U   T E X T E 4

Ce bref passage de l'*Histoire de la Révolution* offre un exemple de la façon dont Michelet, historien passionné, joue de la personne et de la non-personne. Cela nous permettra, dans un genre pourtant distinct du roman, de retrouver nos analyses de «on», en confrontant son utilisation avec celle des formes personnelles et impersonnelles.

I. «ON» ET L'EXPRESSION DE LA PERSONNE

1. «On» et «nous»

Dans un récit à la troisième personne, de caractère historique (au sens de Benveniste : voir chap. 4, p. 63-65), «on» désigne une instance où la personne se trouve neutralisée.

«Dès la nuit du 3 au 4, on put s'apercevoir», l. 1 : par l'emploi de la modalité et du verbe de jugement, l'expression ouvre dans le récit des événements passés la possibilité d'un regard-témoin, qui analyse et prévoit le cours des choses.

Dans «l'aspect [...] qu'on croyait lui donner d'abord», «on» désigne les acteurs de l'histoire. Mais, à la différence d'un «ils», «on» évite de poser une frontière entre l'instance du récit historien, et la communauté indistincte des auteurs des violences. Dans aucun de ces exemples, «on» n'est véritablement traduisible.

En revanche, le second paragraphe contient en incise une relation de personne au passé composé («nous l'avons vu», l. 4) qui prend pour référence le temps de la narration, et la relation entre l'historien et son narrataire. «Nous» désigne clairement les personnes de l'énonciateur et de son destinataire, c'est «je» + une série plurielle de «tu» : relation inclusive, qui exclut les acteurs de l'histoire dans une opposition d'autant plus forte qu'elle s'intercale après le dénominatif extrêmement violent «les massacreurs».

2. «On» et l'impersonnel

«On» n'est pas seulement mis en contraste avec «nous», mais aussi avec les tournures impersonnelles ou à sujet substantif.

Du point de vue sémantique, les présentatifs «il y avait» (l. 6-7) et «il y eut» (l. 14) posent l'existence de ce qui suit, tout en manifestant la non-personne. «Il y eut des viols» pose un constat sans référence personnelle. De même, la tournure pronominale «le vol s'y mêla», l. 13, fait de l'acte même l'objet d'un processus autonome, sans mention de sujet humain.

En revanche, «on» vise un groupe collectivement responsable («On commença de tuer des femmes. Le 4, il y eut des viols, on tua même des enfants», l. 13-14) : «on» reprend l'indéfini «les autres», les «deux ou trois cents» qui vont de prison en prison, sans la mention du nombre, avec la même valeur de globalité que le substantif «le massacre», hormis le fait que «on» présente le trait sémantique de «sujet humain». Mais le «sujet» est réduit à l'anonymat d'une foule qui n'a plus rien d'humain.

La force du texte de Michelet est précisément de combiner en alternance ces expressions exprimant la non-personne et l'indétermination de la personne, dans un «style vertical» (selon la formule de Sainte-Beuve rapportée par Roland Barthes dans *Michelet*, Éd. du Seuil, 1954, rééd. 1988, «Points») qui joue le contraire de l'emphase, par la brièveté des propositions, la fréquence de l'asyndète, et les formes de la discontinuité, compensées par les figures de la répétition, les antithèses et les alliances de termes.

II. PROLONGEMENTS STYLISTIQUES

Voici quelques pistes pour l'étude de ce texte très riche.

1. Les figures de la répétition

Distinguées pour l'analyse, elles sont liées dans le texte.

● *Répétition lexicale et sémantique.* On étudiera l'isotopie du meurtre, avec la variation sur le paradigme de tuer/massacrer, les figures de la dérivation[6] («massacreurs»/«massacre»), et les polyptotes[7] (répétitions lexicales de «tuer»).

● *Répétitions phoniques.* Elles produisent des chaînes signifiantes à partir des reprises vocaliques (assonances), des reprises consonantiques (allitérations)[8], et des effets de paronomase[9] : «vol» (l. 13), engendre «viols» (l. 14). Il convient d'être attentif au lien des mots avec la syntaxe, le rythme et la prosodie[10] (cf. par exemple, la place et la suraccentuation de «m**a**ssac**reur**s», l. 4, avec l'attaque consonantique reprise par «mêlés».

● *Répétitions syntaxiques et rythmiques.* On relèvera les *anaphores*[11] organisées en groupes ternaires («il y avait», «il y avait», «il y avait»), et binaires[12] («il y avait des gens payés ; il y avait des gens ivres et des fanatiques»), en *gradations*[13] croissantes. Mais ces groupements rythmiques ne finissent pas pour autant sur la symétrie : les parallélismes ouvrent sur une relance asymétrique

6. Dérivation
voir encadré p. 42.

7. Polyptote
voir encadré p. 42.

8. Allitération et assonance
voir encadré p. 42.

9. Paronomase
voir encadré p. 43.

10. Sur cette notion, voir chap. 12, p. 266.

11. Anaphore
voir encadré p. 42.

12. Sur le rythme de la prose et l'analyse du binaire et du ternaire, on se reportera à la thèse classique de Jean Mourot, *Le Génie d'un style : rythme et sonorités dans les* Mémoires d'outre-tombe *de Chateaubriand*, A. Colin, 1969. Voir *infra* chap. 12, p. 275.

13. Gradation
voir encadré p. 43.

(asymétrie du binaire, dans l'exemple précédent), la continuité répétitive s'allie au discontinu.

2. Les formes de la rupture et de l'asymétrie

● *Cadences mineures* en clausule[14] : «éclatèrent ensuite» (l. 5), «ceux-ci peu à peu surgirent» (l. 7), rythme régressif après un ternaire majeur («s'enivrant, s'ensanglantant, se salissant de plus en plus, parcourant», l. 10-11).

● *L'asyndète*[15], comme mode de liaison syntaxique.

● *Insertion de parenthèses, ou d'incidentes*, qui suspendent la syntaxe.

3. Les figures d'opposition

● *Antithèses*[16] («un effort»/«une jouissance», l. 12-13, etc.)

● *Alliances de mots* ou *paradoxismes*[17] : «parcourant en trois jours une longue vie de scélératesse» (l. 11) ; «peu à peu surgirent» (l. 7)

4. L'aspect progressif et la transformation

● *périphrases verbales* à valeur progressive, «aller + -ant» : l. 1-2 : «irait changeant» et l. 6 : «alla l'emportant» (mais non : «allèrent de prison en prison, s'enivrant», l. 10, où le verbe aller n'est pas un simple auxiliaire d'aspect et garde son sens plein de verbe de mouvement) ; périphrases inchoatives («commencer de», l. 13).

● *participes présents* à valeur tensive ou de non accompli (sur l'aspect, voir chap. 3, p. 45-49).

● *sens lexical du verbe* : «devenir» (l. 12).

● *expressions adverbiales* : «ensuite» (l. 5), «peu à peu» (l. 7), «de plus en plus» (l. 10-11).

5. Les substantifs dénominatifs et les qualificatifs marquant le jugement

Parmi ces expressions, on remarquera le tour «vie de scélératesse», pour «vie scélérate», où le complément déterminatif constitue l'essence du substantif déterminé (sur le modèle de «Dieu de colère»). Sur le sujet, on pourra consulter d'Alfred Lombard, *Les Constructions nominales dans le français moderne,* Uppsala-Stockholm, 1930.

14. Clausule
Dans la rhétorique ancienne, ce terme désigne une combinaison de syllabes brèves et longues, marquant la chute d'une période. Appliquée au français, qui n'oppose pas les quantités syllabiques, la notion peut désigner la clôture rythmique d'une phrase (souvent d'une période) ou d'un paragraphe. Voir à ce sujet Georges Molinié, *Dictionnaire de rhétorique,* Le Livre de Poche, 1992. Sur la question de la cadence, voir chap. 12.

15. Asyndète
voir encadré p. 42.

16. Antithèse
voir encadré p. 42.

17. Alliance de mots ou paradoxisme,
voir encadré p. 42.

Molière

Tartuffe (1669), acte IV, sc. 5, v. 1507-1519, dans *Œuvres complètes*, t. I, Gallimard, «Bibliothèque de la Pléiade», 1971, p. 964.

> *Dans cette scène fort célèbre, Orgon, mari d'Elmire, assiste, caché sous la table, au dialogue de Tartuffe et d'Elmire, qui espère ainsi démasquer l'imposteur.*

ELMIRE, *après avoir encore toussé.*
Enfin je vois qu'il faut se résoudre à céder,
Qu'il faut que je consente à vous tout accorder,
Et qu'à moins de cela je ne dois point prétendre
1510 Qu'on puisse être content, et qu'on veuille se rendre.
Sans doute il est fâcheux d'en venir jusque-là,
Et c'est bien malgré moi que je franchis cela ;
Mais puisque l'on s'obstine à m'y vouloir réduire,
Puisqu'on ne veut point croire à tout ce qu'on peut dire,
1515 Et qu'on veut des témoins qui soient plus convaincants,
Il faut bien s'y résoudre, et contenter les gens.
Si ce consentement porte en soi quelque offense,
Tant pis pour qui me force à cette violence ;
La faute assurément n'en doit pas être à moi.

COMMENTAIRE DU TEXTE 5

Cette réplique d'Elmire prend place à la fin d'une scène à double registre. Elmire vise un double destinataire : Tartuffe, en apparence son seul interlocuteur, qui prend sa toux pour le symptôme d'un rhume, et Orgon son destinataire principal, à l'égard de qui la toux est un signal, un appel.

La conversation se déroule selon cette structure du double sens, qui repose sur la présence de deux destinataires, dont l'un est ignoré de l'autre, et sur le renversement de la hiérarchie apparente du dialogue : selon la terminologie de C. Kerbrat-Orecchioni, qui parle de «trope communicationnel»[18], Orgon, en apparence destinataire indirect («sans être véritablement intégré à la relation d'allocution, il fonctionne cependant comme un témoin, dont la présence est connue et acceptée par L [le locuteur], de l'échange verbal», p. 48), se trouve en fait le destinataire principal d'Elmire. Aux yeux de Tartuffe il n'est qu'un «récepteur additionnel» : sa présence échappe totalement à Tartuffe.

Cette structure du double ou du triple registre est d'ailleurs constitutive de tout dialogue théâtral, qui s'échange devant un public, destinataire indirect des acteurs, et récepteur additionnel des personnages. Le théâtre est du «langage comme surpris» (C. Kerbrat-Orecchioni), «comme» puisque la surprise est convenue.

C'est à la lumière du double destinataire d'Elmire qu'il faut comprendre l'emploi de «on» dans sa réplique, qui relève d'une double isotopie. L'indétermination référentielle de «on» permet ce jeu sémantique, qui s'apparente ici à la figure de la *syllepse*[19]. Mais la définition en termes de tropes s'adapte mal à la situation pragmatique de la scène : le double sens n'est pas interne à l'énoncé, mais contraint par la dualité des destinataires, qui ouvre la double interprétation de «on».

S'adressant à Tartuffe, les paroles d'Elmire :
«je ne dois point prétendre
Qu'on puisse être content et qu'on veuille se rendre.»
et :
«Mais, puisque l'on s'obstine à m'y vouloir réduire,
Puisqu'on ne veut point croire à tout ce qu'on peut dire,
Et qu'on veut des témoins qui soient plus convaincants,
Il faut bien s'y résoudre et contenter les gens»
prennent valeur d'une reddition ; à l'adresse d'Orgon, c'est une ultime invocation ou provocation.

«On» vise ses destinataires, sauf au vers 1514, dans «on peut dire». Le flottement sémantique de «on» ainsi que l'indétermination du pluriel «les gens» donnent aux généralités une application singulière différente. Mais de nouveau, il ne faut pas comprendre le transfert sémantique comme une pure substitution, qui ferait du «on» l'équivalent d'un «vous» à référent variable. L'interprétation de «on» suppose le maintien de la tension sémantique entre la personne et la non-personne, entre l'identifiable et le non identifiable.

De toute façon, le jeu sémantique que pratique Elmire n'a pour destinataire complet que le spectateur, ou le lecteur de la pièce : c'est à lui seul que s'adresse la tension des deux isotopies. Et l'on peut se demander si la

18. Trope communicationnel
«Nous parlons de "trope communicationnel", chaque fois que s'opère, sous la pression du contexte, un renversement de la hiérarchie "normale" des niveaux des destinataires ; c'est-à-dire chaque fois que le destinataire qui en vertu des marques d'allocution fait en principe figure de destinataire direct, ne constitue en fait qu'un destinataire secondaire, cependant que le véritable allocutaire, c'est en réalité celui qui a en apparence statut de destinataire indirect» (Catherine Kerbrat-Orecchioni, «Pour une approche pragmatique du dialogue théâtral», p. 49-51).
Sur la notion de trope, voir p. 189-190.

19. Syllepse
voir encadré p. 43.

revanche d'Elmire à l'égard de ses deux destinataires ne commence pas par sa maîtrise du langage, et son affirmation d'un «moi», au cours de sa réplique, face à ce «on» qui est presque une non-personne.

■ **Indications bibliographiques sur le langage dramatique**

Catherine Kerbrat-Orecchioni, «Pour une approche pragmatique du dialogue théâtral», *Pratiques*, n°41, mars 1984, p. 46-62. (Voir aussi *L'Implicite*, Colin, 1986, p. 131-137.)
Pierre Larthomas, *Le Langage dramatique* (1972), n^{elle} éd., PUF, 1980.
Michel Pruner, *L'Analyse du texte de théâtre*, Nathan, «128», 2001.
Anne Ubersfeld, *Lire le théâtre*, 3 vol. (en particulier le t. III, *Le dialogue de théâtre*), Belin, 1996.

FIGURES DE RHÉTORIQUE AUXQUELLES RENVOIENT LES NOTES DE CE CHAPITRE

Alliance de mots ou paradoxisme

«Artifice de langage par lequel des idées et des mots, ordinairement opposés et contradictoires entre eux, se trouvent rapprochés et combinés de manière que, tout en semblant se combattre et s'exclure réciproquement, ils frappent l'intelligence par le plus étonnant accord, et produisent le sens le plus vrai, comme le plus profond et le plus énergique» (Fontanier, *Les Figures du discours,* p. 137).

Allitération et assonance

L'allitération consiste en la répétition d'un même phonème consonantique. **L'assonance** est la répétition d'un même phonème vocalique.

Anaphore

C'est la répétition d'un même mot ou groupe de mots en tête d'une phrase ou d'un membre de phrase.

Elle est à distinguer de l'anaphore grammaticale, qui consiste le plus souvent en la reprise par un terme dit anaphorique (pronom, article, adverbe...) d'un élément du contexte antérieur (mot, syntagme ou phrase). Voir chap. 11, p. 236-238.

Antithèse

Elle «oppose deux objets l'un à l'autre, en les considérant sous un rapport commun, ou un objet à lui-même, en le considérant sous deux rapports contraires» (Fontanier, *op. cit.,* p. 379).

Asyndète

C'est une absence de lien syntaxique, à valeur stylistique, entre des phrases ou des membres de phrase.

Dérivation et polyptote

La dérivation «consiste à employer dans une même phrase ou dans une même période, plusieurs mots dérivés de la même origine» (Fontanier, *op. cit.,* p. 351).
Le polyptote «consiste à employer dans la même phrase ou période, plusieurs formes accidentelles d'un même mot, c'est-à-dire, plusieurs de ces formes que l'on distingue en grammaire par les noms de cas, de genres, de nombres, de personnes, de temps et de modes.» (Fontanier, *op. cit.,* p. 352.)

Fontanier limite ces figures au cadre de la phrase. Il ne paraît pas abusif de les étendre à un texte plus long, quand il est saturé de telles répétitions.

Énallage

C'est pour Fontanier, «l'échange d'un temps, d'un nombre, ou d'une personne, contre un autre temps, un autre nombre, ou une autre personne» (*op. cit.,* p. 293).

Gradation

Elle «consiste à présenter une suite d'idées ou de sentiments dans un ordre tel que ce qui suit dise toujours ou un peu plus ou un peu moins que ce qui précède, selon que la progression est ascendante ou descendante» (Fontanier, *op. cit.,* p. 333).

Métonymie

C'est un trope par correspondance, qui consiste «dans la désignation d'un objet par le nom d'un autre objet qui fait comme lui un tout absolument à part, mais qui lui doit ou à qui il doit lui-même plus ou moins, ou pour son existence, ou pour sa manière d'être» (Fontanier, *op. cit.,* p. 79). «La ville» pour désigner ses habitants est une métonymie du contenant. Voir aussi *infra,* p. 192-193.

Paronomase

Selon Fontanier, elle «réunit dans la même phrase des mots dont le son est à peu près le même, mais le sens tout-à-fait différent» (*op. cit.,* p. 347).
Il paraît légitime d'étendre la définition hors du cadre de la phrase.

Syllepse

«Les tropes mixtes qu'on appelle Syllepses, consistent à prendre un même mot tout à la fois dans deux sens différents, l'un primitif ou censé tel, mais toujours du moins propre ; et l'autre figuré ou censé tel, s'il ne l'est pas toujours en effet» (Fontanier, *op. cit.,* p. 105).

Chapitre 3

Temps,
modes, aspects

L'interprétation des formes verbales met en jeu plusieurs points de vue. La grammaire privilégie l'étude du temps et de l'aspect, et s'arrête aux limites de la phrase. Ses indications méritent d'être confrontées avec d'autres approches qui prennent en considération l'organisation discursive des textes.

Dans ce chapitre, nous parlerons des *valeurs aspectuelles* des modes et des temps. Les chapitres 4 et 5 présenteront les points de vue de la linguistique de l'énonciation, et de la grammaire de texte sur l'emploi des temps verbaux.

L'ASPECT

La question de l'aspect est assez compliquée. Notre propos n'est pas d'entrer dans les subtilités de son analyse, mais plutôt d'essayer de dégager certaines distinctions – elles-mêmes souvent subtiles à interpréter et discutées par les spécialistes – utilisables pour une étude de style.

Le verbe porte des informations concernant le mode (et aussi la personne), la temporalité, l'aspect. Le temps et l'aspect sont difficiles à démêler en français, car les marques d'aspect ne sont pas morphologiquement isolables des marques temporelles.

On convient toutefois de distinguer dans l'analyse du verbe :

1. le mode et le temps grammatical (ce dernier est appelé «tiroir» par Damourette et Pichon, pour le distinguer du temps chronologique) ;

2. la valeur temporelle (l'inscription du procès[1] du verbe dans une chronologie) ;

3. et la valeur aspectuelle de la forme verbale. Celle-ci prend en compte des notions telles que la durée, la répétition, le procès en cours ou accompli. Un même «tiroir» ou temps grammatical reçoit des valeurs différentes selon le sens du verbe et son entourage : «il lit *Le Monde* avec attention», selon les contextes, prendra la valeur d'un présent itératif (ou de répétition), ou d'un présent contemporain de l'énonciation. C'est l'association du signifié lexical du verbe, des effets contextuels de temps et d'aspect, et des tournures syntaxiques qui détermine l'interprétation des formes verbales. On peut décrire dans une grammaire les notions de temps et d'aspect, mais on ne peut interpréter les formes verbales que dans le discours, au sens de l'emploi contextuel des mots, et d'une prise en compte de l'énonciation.

Soulignons d'abord ce point : les grammairiens distinguent *l'aspect*, marqué par le temps grammatical – qui prend en considération la manière dont se déroule le procès verbal – du *mode de procès*, qui met en jeu le signifié lexical du verbe, et se combine avec les effets de sens du temps grammatical : ainsi «gratouiller» désigne par son suffixe une action itérative (en plus de sa valeur diminutive et familière), et «sortir» s'oppose par son mode de procès limitatif (non compatible avec un complément de durée) à un verbe comme «habiter». Encore est-il nécessaire de tenir compte du contexte, qui peut contribuer à modifier le sémantisme des verbes.

On distinguera principalement trois types d'oppositions aspectuelles :

1. La première opposition concerne, non les temps verbaux eux-mêmes, mais le mode de procès.

Les verbes dits *conclusifs* contiennent dans leur signifié l'indication de leur terme, ou de leur limitation, et ne sont pas compatibles avec des notions de durée (sortir, entrer, mourir, naître, surgir, arriver, ouvrir, fermer...) :

1. Procès

en grammaire désigne le signifié du verbe, qui se réalise dans le temps. Il est alors souvent synonyme d'«action» exprimée par le verbe.

on ne peut sortir depuis une heure ou pendant une heure. En revanche, on peut mettre une heure à sortir, mais l'effet de sens duratif est dû à l'association avec l'expression «mettre une heure à». Parmi ces verbes, on distingue une sous-catégorie, celle des verbes ou locutions verbales de sens *instantané*, comme «exploser», «faire irruption».

A ce groupe s'oppose celui des verbes *non conclusifs*, qui peuvent s'accompagner de l'indication d'une durée, d'un intervalle (parler, régner, courir, marcher, vivre, aimer, voyager, manger...).

2. Le second type d'opposition concerne les effets aspectuels des temps verbaux tels que l'imparfait et le passé simple (dans une certaine mesure aussi le présent et le passé composé), et confronte la vision limitative du verbe au passé simple, qui fait percevoir le procès globalement (on pourra parler de temps *perfectif*), à la vision non limitative du verbe à l'imparfait. L'imparfait est un temps *imperfectif*, qui présente le procès dans son déroulement, sans délimiter le début ni la fin, qui peuvent être marqués par des périphrases comme «commencer à» ou «finir de», ou par des compléments de temps.

A l'aspect imperfectif de l'imparfait ou du présent (l'imparfait est parfois appelé un «présent du passé») on peut relier d'autres effets contextuels de ces «tiroirs» : la valeur *durative* (quand on insiste sur la durée du procès), la valeur *itérative* (quand le procès se répète), la valeur *gnomique*, ou de *vérité générale* (propre au présent).

L'aspect *duratif* de l'imparfait est parfois opposé à l'aspect *ponctuel* du passé simple, ce qui peut prêter à confusion si l'on ne précise pas que, dans cette question de l'aspect, c'est la manière d'envisager le procès du verbe qui est engagée et non le procès en lui-même. Si l'on dit «il régna quarante ans», ou «il régnait depuis quarante ans», la «durée» envisagée est objectivement la même, mais non le mode de présentation. Dans le premier cas, le passé simple note le règne comme un événement, une globalité, et l'énoncé, de surcroît, est autonome. L'imparfait, en revanche, nous place à l'intérieur de la durée du règne, et laisse attendre un énoncé principal (nous reviendrons sur cette remarque, chap. 5). Le procès d'un même verbe (en l'occurrence, non conclusif) peut être présenté à l'imparfait ou au passé

simple, sans qu'il y ait une distinction objective de durée :
ce qui intervient en revanche, c'est une différence de
point de vue, et de mise en relief (sur cette notion, voir
chap. 5, p. 85-86).

3. La seule opposition d'aspect marquée dans la morphologie est celle entre le *non accompli* (ou aspect *tensif*
dans la terminologie de G. Guillaume : le terme est
meilleur que «non accompli» qui peut laisser croire que
l'action est incomplète) et l'*accompli*. Elle concerne les
temps simples et les temps composés des différents
modes (indicatif, subjonctif, infinitif, participe).

Les temps composés ont en effet une double valeur :
une valeur aspectuelle d'*accompli*, en relation avec le
temps simple qui lui correspond («écrire une lettre» /
«avoir écrit une lettre») et une valeur temporelle d'*antériorité*, qui n'est pas toujours clairement distincte de la
précédente : selon le contexte, «j'ai lu ce livre» insistera
sur l'accompli du présent («j'ai lu ce livre : on peut
maintenant en discuter»), ou sur le passé (« cet été, j'ai
lu ce livre avec beaucoup de plaisir»). Le passé composé
joue ainsi tour à tour le rôle d'un accompli du présent, ou
d'un passé perfectif tensif, en relation avec le présent. Il
en va de même pour les autres formes composées, en
liaison avec les formes simples correspondantes.

Les formes simples ont, quant à elles, en principe,
une valeur *tensive* ou de *non accompli* : le procès est
montré comme tendant vers son accomplissement. Ce
n'est pas toujours très facile à percevoir : on a plus de
difficulté à qualifier de tensif un passé perfectif comme
«il sortit» qu'un présent imperfectif comme «il sort». Il
faut toujours prendre en considération les repères temporels et aspectuels fournis par le contexte (un énoncé tel
que : «Après avoir fini de lire, il sortit» met nettement en
relief l'opposition aspectuelle entre l'accompli «avoir
fini» et le tensif «il sortit»), et savoir que l'aspect peut
interférer avec le mode de procès (conclusif/non conclusif). Du non accompli et de l'accompli, c'est l'aspect
accompli qui est le plus facilement identifiable.

N. B.

1. Certains modes comme l'infinitif et le participe
indiquent principalement l'aspect : les formes simples
(infinitif et participe présents) marquent l'aspect non

accompli, et la simultanéité par rapport au temps du verbe conjugué, les formes composées (infinitif et participe passés) indiquent l'aspect accompli.

Ces formes ne suffisent pas, par elles-mêmes, à inscrire un procès dans la temporalité, mais elles peuvent, pour l'accompli, prendre une valeur d'antériorité («La cigale, ayant chanté / Tout l'été, / Se trouva fort dépourvue [...]»), et pour la forme tensive, désigner par excellence le moment en cours («Frère, dit le renard, adoucissant sa voix [...]»).

2. Les tournures passives et pronominales ont elles aussi une incidence sur l'aspect. Selon les contextes, le présent passif «la grille est ouverte» peut avoir une valeur d'accompli du présent (supposant : «on a ouvert la grille»), ou une valeur itérative («la grille est ouverte à 8 heures» = «on ouvre la grille à 8 heures tous les matins»). Les tournures pronominales ont aussi une influence sur le mode de procès et sur l'aspect. On distinguera le conclusif «mourir» du non conclusif «se mourir», l'aspect duratif du pronominal au présent s'opposant à l'accompli du passé composé actif («Madame se meurt, Madame est morte»).

En plus des trois types principaux, que nous venons d'évoquer, mentionnons parmi les effets aspectuels à prendre en compte dans un texte : l'aspect *itératif* (ou la répétition) et l'aspect *singulatif* (ce qui s'est produit une fois), l'aspect *inchoatif* et l'aspect *terminatif* (notant le début et la fin d'un procès), marqués par des périphrases («se mettre à», «commencer à» / «cesser de», «finir de»), l'aspect *progressif* (avec la périphrase «être en train de», ou la périphrase archaïsante, «aller + -ant», fréquente chez Michelet. Voir le texte n°4, chap. 2).

■ Indications bibliographiques sur l'aspect

Pour une initiation, consulter l'article «L'aspect» de H. Bonnard dans le *Grand Larousse de la langue française*, et la *Grammaire méthodique du français* de Martin Riegel, Jean-Christophe Pellat et René Rioul, PUF, 1994, p. 291-297.
Pour une idée des discussions sur l'aspect, on peut se reporter à Jean David et Robert Martin, éd., *La Notion d'aspect*, Actes du Colloque organisé par le Centre d'Analyse syntaxique de l'Université de Metz (18-20 mai 1978), Klincksieck, 1980.

EXEMPLES

Voici deux textes qui jouent, l'un, des valeurs de temps et d'aspect du passé composé (G. Perec), l'autre (C. Simon), des effets du participe présent.

TEXTE

6

Georges Perec

«Je suis né», dans *Je suis né*, Éd. du Seuil, 1990, p. 9-10.

7.IX.70
Carros

Je suis né le 7.3.36. Combien de dizaines, de centaines de fois ai-je écrit cette phrase ? Je n'en sais rien. Je sais que j'ai commencé assez tôt, bien avant que le projet d'une autobiographie se forme. J'en ai fait la matière d'un mauvais roman intitulé *J'avance masqué*, et d'un récit tout
5   aussi nul (qui n'était d'ailleurs que le précédent mal remanié) intitulé *Gradus ad Parnassum*.

On remarque d'abord qu'une telle phrase est complète, forme un tout. Il est difficile d'imaginer un texte qui commencerait ainsi :
Je suis né.
10   On peut par contre s'arrêter dès la date précisée.
Je suis né le 7 mars 1936. Point final. C'est ce que je fais depuis plusieurs mois. C'est aussi ce que je fais depuis 34 ans et demi, aujourd'hui !
En général on continue. C'est un beau début, qui appelle des précisions, beaucoup de précisions, toute une histoire.
15   Je suis né le 25 décembre 0000. Mon père était, dit-on, ouvrier charpentier. Peu de temps après ma naissance, les gentils ne le furent pas et l'on dut se réfugier en Égypte. C'est ainsi que j'appris que j'étais juif et c'est dans ces conditions dramatiques qu'il faut voir l'origine de ma ferme décision de ne pas le rester. Vous connaissez la suite...

C O M M E N T A I R E   D U   T E X T E   6

I. LE PASSÉ COMPOSÉ

Dans ce texte qui mime le début d'une autobiographie[2] (on songe au début bien connu des *Confessions* de Rousseau : «Je suis né à Genève en 1712 [...]»), le passé composé est employé comme un passé perfectif, antérieur au présent de l'écriture. C'est un passé de «discours» au sens de Benveniste (voir chap. 4, p. 65). Il présente les

| CHAP. 3. TEMPS, MODES, ASPECTS

événements en relation avec l'actualité de l'énonciation : dans tout le premier paragraphe, on pourrait lui substituer un passé simple, avec la distance énonciative qui l'accompagne. Cette valeur de passé prend pour repères des expressions temporelles absolues («le 7.3.36», «assez tôt»), et des expressions fréquentatives («Combien de dizaines, de centaines de fois»).

«Je suis né le 7.3.36» est une expression autonome. Il n'en va pas de même pour «Je suis né» (l. 9), employé sans date, qui ne peut commencer un récit. Pourquoi ? Parce que l'expression seule dit un résultat, un accompli, un point d'arrivée, et non le départ d'un processus. «Je suis né» constate une origine, l'origine d'une existence, et c'est bien ce qui fait problème pour l'auteur.

On peut d'ailleurs considérer que cette double valeur – de temps et d'aspect – se retrouve dans :

> «Je suis né le 7 mars 1936. Point final. C'est ce que je fais depuis plusieurs mois. C'est aussi ce que je fais depuis 34 ans et demi, aujourd'hui !»

Elle est même à la source du jeu sémantique sur l'énoncé, pris à la fois en *mention* (ou en emploi *autonyme*) et en *usage*.[3] «Je suis né le 7 mars 1936. Point final» désigne le début d'une histoire qui ne peut se continuer. Mais c'est aussi un énoncé en *usage*, qui désigne directement la vie du locuteur. Ce que fait ce locuteur depuis plusieurs mois, c'est répéter le même début, comme il répète chaque année sa naissance, «depuis 34 ans et demi aujourd'hui !» C'est un événement qui apparaît ici non comme un point de départ («En général on continue» : le récit, et sa vie), mais comme un point d'aboutissement («Point final»). Le passé composé est le temps grammatical du passé vécu et de l'accompli du présent. Le temps et l'aspect se confondent. Le texte file les deux isotopies, de la vie et du récit de vie impossibles.

II. PROLONGEMENTS STYLISTIQUES

• Le *pastiche satirique* auquel l'auteur procède dans le dernier paragraphe (voir chap. 8 et 13, p. 158 et 295) ;
• les figures et le jeu de mots : *l'antanaclase*[4] («Peu de temps après ma naissance, les gentils ne le furent pas», l. 16) ;

---

2. Autobiographie
Elle est définie par Philippe Lejeune : «Récit rétrospectif en prose qu'une personne réelle fait de sa propre existence, lorsqu'elle met l'accent sur sa vie individuelle, en particulier sur l'histoire de sa personnalité.» (*Le Pacte autobiographique*, Éd. du Seuil, 1975, p. 14.)
Sur la notion d'autobiographie, voir aussi la discussion ultérieure de P. Lejeune dans «Le Pacte autobiographique *bis*», *Moi aussi*, Éd. du Seuil, 1986, p. 13-35.

3. Mention (ou emploi autonyme) et usage
Cette distinction fait référence à l'emploi réflexif ou non réflexif du langage, à la propriété d'auto-référence du langage. Dans «chat a quatre lettres», «chat» est employé en mention (il désigne le mot chat). Dans «le chat est sorti», «chat» est employé en usage (il désigne l'animal). Sur le sujet, on peut consulter John Lyons, *Éléments de sémantique*, trad. fr., Larousse, 1978, p. 14 et suiv.

4. Antanaclase
C'est «la répétition d'un même mot pris en différents sens, propres ou censés tels ; ou encore, le rapprochement de deux mots homonymes et univoques avec des significations toutes différentes» (Fontanier, *Les Figures du discours*, p. 348).

- les variations d'emplois du présent dans le texte : présent à valeur imperfective, durative, incluant le moment de l'énonciation («Je n'en sais rien», l. 2, «c'est ce que je fais», l. 11), présent de vérité générale («Il est difficile»), et présent didactique («On remarque») ; présent d'énonciation, correspondant au dialogue avec le narrataire («Vous connaissez la suite...», l. 19).

TEXTE
7

Claude Simon
La Route des Flandres, Éd. de Minuit, 1960, UGE, «10/18», p. 91-92.

Claude Simon définit lui-même le fil de son roman : «en ces quelques heures d'une nuit d'après-guerre que je retiens, tout se presse dans la mémoire de Georges : le désastre de mai 1940, la mort de son capitaine à la tête d'une compagnie de dragons, son temps de captivité, le train qui le menait au camp de prisonniers, etc.» (Claude Simon, «Interview avec Claude Sarraute», *Le Monde*, 8 octobre 1960, repris dans *La Route des Flandres,* éd. cit., p. 274.)

Puis il vit ce type. C'est-à-dire, du haut de son cheval, l'ombre gesticulante faisant irruption hors d'une maison, courant vers eux sur la route à la façon d'un crabe ; Georges se rappelant d'avoir été frappé par l'ombre parce que, dit-il, elle était allongée, à plat, tandis qu'Iglésia et lui
5 voyaient l'homme de haut en bas en raccourci, de sorte qu'il regardait encore l'ombre (semblable à une tache d'encre qui se serait déplacée rapidement sur la route sans laisser de traces, comme sur une toile cirée ou une matière vitrifiée) en train d'agiter incompréhensiblement ses deux pinces tandis que la voix lui parvenait d'un autre point, les mouvements
10 et la voix semblant en quelque sorte séparés, dissociés, jusqu'à ce qu'il relevât la tête, découvrît le visage levé vers eux, empreint d'une sorte d'égarement, d'une furieuse et suppliante exaltation, Georges parvenant seulement à comprendre ce que criait la voix (c'est-à-dire ce qu'elle avait crié, car elle criait déjà autre chose, de sorte que quand il répondit ce fut
15 avec comme un décalage, comme si ce que criait l'autre mettait un moment à lui parvenir, à traverser les épaisseurs de fatigue), entendant sa propre voix sortir (ou plutôt poussée hors de lui avec effort) enrouée, rugueuse, marron foncé, et criant elle aussi, comme s'il leur avait été nécessaire à tous de hurler pour parvenir à s'entendre quoiqu'ils fussent
20 seulement à quelques mètres (et à un moment, même pas) l'un de l'autre et qu'il n'y eût alors aucun autre bruit qu'une lointaine canonnade (parce que sans doute le type s'était mis à crier dès qu'il les avait aperçus, criant tandis qu'il dévalait en courant les marches du perron de la maison, continuant à crier sans se rendre compte que c'était de moins en moins
25 nécessaire à mesure qu'il se rapprochait d'eux, la nécessité où il se

croyait de crier s'expliquant probablement aussi par le fait qu'il n'arrêtât pas de courir, même quand il se tint un instant immobile au-dessous de Georges, lui montrant du doigt l'endroit où se cachait le tireur, toujours courant sans doute en esprit, ne s'apercevant même pas qu'il était arrêté, si bien qu'il lui était peut-être impossible de s'exprimer autrement qu'en criant comme le fait un homme en mouvement) et Georges, hurlant alors aussi : "Infirmiers ? Non. Pourquoi infirmiers ? Est-ce qu'on a l'air d'infirmiers ? Est-ce qu'on a des brass...", le dialogue furieux, échangé à tue-tête sur la route ensoleillée et vide [...].

Claude Simon s'est expliqué sur son désir d'exprimer dans ses romans, en particulier dans *La Route des Flandres,* la présence discontinue et contiguë des souvenirs. Dans son interview avec Claude Sarraute, il souligne le rôle du participe présent dans la production du présent de l'écriture :

«J'étais hanté par deux choses : la discontinuité, l'aspect fragmentaire des émotions que l'on éprouve et qui ne sont jamais reliées les unes aux autres, et en même temps leur contiguïté dans la conscience. Ma phrase cherche à traduire cette contiguïté. L'emploi du participe présent me permet de me placer hors du temps conventionnel. Lorsqu'on dit : il alla à tel endroit, on donne l'impression d'une action qui a un commencement et une fin. Or il n'y a ni commencement ni fin dans le souvenir...» (Claude Simon, «Interview avec Claude Sarraute», art. cit., p. 275).

Il revient sur ce présent de l'écriture en acte, dans le *Discours de Stockholm* :

«Eh bien, lorsque je me trouve devant ma page blanche, je suis confronté à deux choses : d'une part le trouble magma d'émotions, de souvenirs, d'images qui se trouve en moi, d'autre part la langue, les mots que je vais chercher pour le dire, la syntaxe par laquelle ils vont être ordonnés et au sein de laquelle ils vont en quelque sorte se cristalliser.

Et, tout de suite, un premier constat : c'est que l'on n'écrit (ou ne décrit) jamais quelque chose qui s'est passé avant le travail d'écrire, mais bien ce qui se produit (et cela dans tous les sens du terme) au cours de ce travail, au *présent* de celui-ci, et résulte, non pas du conflit entre le très vague projet initial et la langue, mais au contraire d'une symbiose entre les deux qui fait, du moins chez moi, que le résultat est infiniment plus riche que l'intention.» (Claude Simon, *Discours de Stockholm*, Éd. de Minuit, 1986, p. 25.)

Le participe présent est un élément essentiel du style de *La Route des Flandres*. Il accompagne les effets d'une syntaxe aux multiples parenthèses, d'un lexique très clos, et d'une énonciation complexe, qui modalise continuellement le récit.

L'écriture même de Claude Simon s'oppose au découpage et au dépli de l'explication stylistique, tant les plans d'énonciation, les réseaux associatifs se trouvent entremêlés dans ce récit de la mémoire. Nous allons cependant prêter attention dans ces pages à l'emploi du participe présent et de l'aspect, quitte à revenir plus tard sur la phrase chez Claude Simon (voir chap. 12, p. 269).

■ **Indications bibliographiques**

Lucien Dällenbach, *Claude Simon,* coll. «Les Contemporains», Éd. du Seuil, 1988.
Dominique Lanceraux, «Modalités de la narration dans *La Route des Flandres, Poétique,* n°14, 1973, p. 235-249.
Jacques Neefs, «Les formes du temps dans *Les Géorgiques* de Claude Simon», *Littérature,* n°68, déc. 1987, p. 119-128.

COMMENTAIRE DU TEXTE 7

I. LE PARTICIPE PRÉSENT ET L'ASPECT

Le participe présent n'a pas de valeur temporelle, mais une valeur de simultanéité par rapport au temps du verbe principal. Il participe à la fois du verbe et du nom : du verbe, par sa capacité à régir des compléments et à former une proposition à soi seul dans les constructions absolues (ou les propositions dites participes) ; du nom, parce qu'il fonctionne comme une apposition détachée au substantif auquel il se rapporte. C'est ce que disent les grammaires. Encore faut-il essayer de rendre compte de l'utilisation assez extraordinaire qu'en fait Claude Simon.

Ce récit est celui d'une rencontre remémorée entre Georges et Iglésia à cheval, d'une part, et d'autre part, «ce type» qui sort d'une maison en courant, dont les mouvements sont perçus avant que sa voix soit entendue, et ses paroles comprises. Le récit est focalisé par Georges, médiatisé par le souvenir d'un Georges-narrateur («Georges se rappelant d'avoir été frappé par l'ombre parce que, dit-il, elle était allongée»), qui n'est pas une instance simple ni ultime, et qui est intégré au même plan que le Georges personnage de l'histoire («Georges parvenant seulement à comprendre», «et Georges, hurlant»). Les instances et les niveaux d'énonciation glissent, comme dans *A la recherche du temps perdu*. Le mouvement du texte suit le fil d'une mémoire qui cherche à susciter une scène dont les éléments ne se livrent que par fragments. Le participe présent est cet instrument d'une écriture de la présence, où, comme le souligne J. Neefs, à propos des *Géorgiques,* «toutes choses surgissent avec une égale intensité dans l'instant de leur représentation».

1. Syntaxe du participe présent

● *Constructions*
Le participe présent figure dans deux types de constructions.
– Le premier type fait du participe présent une apposition détachée à un syntagme nominal (substantif, ou pronom). On relève ainsi dans le texte :

«l'ombre gesticulante *faisant* irruption hors d'une maison, *courant* vers eux» (l. 1-2)
«et *criant* elle aussi» (l. 18)
«parce que sans doute le type s'était mis à crier dès qu'il les avait aperçus, *criant* tandis qu'il dévalait en courant les marches du perron de la maison, *continuant* à crier» (l. 21-24)
«lui *montrant* du doigt l'endroit où se cachait le tireur, toujours *courant* sans doute en esprit, ne *s'apercevant* même pas» (l. 28-29).

– Le second type est celui de la construction absolue, ou proposition participe. Ainsi :

«Georges *se rappelant* d'avoir été frappé par l'ombre» (l. 3-4)
«les mouvements et la voix *semblant* en quelque sorte séparés, dissociés» (l. 9-10)
«Georges *parvenant* seulement à comprendre ce que criait la voix [...], *entendant* sa propre voix sortir» (l. 12-17)
«la nécessité où il se croyait de crier *s'expliquant* probablement aussi par le fait qu'il n'arrêtât pas de courir» (l. 25-27)
«et Georges *hurlant* alors aussi» (l. 31-32).

N.B.
Il y a dans ce passage d'autres formes en «-ant» que le participe présent. On trouve :
– l'*adjectif verbal*, forme adjective du participe présent, variable en genre et en nombre («l'ombre gesticulante», l. 1-2, «suppliante exaltation», l. 12), qui garde ici une valeur active, et qui possède aussi une valeur aspectuelle tensive ou de non accompli.

– le *gérondif*, forme adverbiale du verbe, précédée de «en» («tandis qu'il dévalait en courant», l. 23, «en criant», l. 31-32), qui exerce la fonction d'un complément adverbial du groupe verbal, à valeur de non accompli.

● *Expansions*

Les participes présents en apposition détachée, comme les participes en construction absolue, relèvent d'une structure syntaxique non close.

Les propositions participes constituent des unités autonomes, susceptibles d'engendrer à leur tour des expansions, des subordonnées, apportant des précisions, des explications supplémentaires. Le modèle syntaxique «Georges + participe présent» crée un rythme, qui ouvre sur une fausse symétrie énonciative (Georges personnage et/ou narrateur) et ne fait que relancer, décentrer le discours, dans un mouvement à l'opposé de l'euphorie d'une période classique (voir chap. 12, p. 270-271).

Quant au participe présent, en apposition détachée, il contribue à la relance de la phrase et se trouve souvent séparé du syntagme sujet dont il dépend, par une longue parenthèse et une expansion participiale ou par un syntagme verbal.

On pourrait relever d'autres exemples de ces procédés de détachement du participe présent. L'autonomie syntaxique s'ajoute à l'indétermination temporelle du participe présent pour manifester la «contiguïté dans la conscience» des émotions visuelles et auditives. Elle est un auxiliaire des effets aspectuels.

2. Effets aspectuels

Revenons au début de ce texte, qui raconte, en une immense phrase, l'«irruption» de l'homme, et sa perception au travers de la conscience de Georges. «Ni commencement ni fin» : le participe présent permet de noter un procès en cours, à la différence du passé simple, qui intègre les limites du procès. C'est le passé simple inaugural («Puis il *vit* ce type», l. 1, relayé par d'autres emplois, l. 14, et l. 27) qui sert de repère à la temporalité du récit au passé, de cadre temporel aux participes présents et aux imparfaits.

On perçoit d'abord le mouvement («faisant irruption», «courant»), soutenu par les verbes de vision («vit», l. 1, «voyaient», l. 5, «regardait», l. 5), et les notations visuelles (l'ombre, la tache d'encre, le visage), puis la voix, avec le retour des mêmes mots «voix», et «crier».

La juxtaposition en groupes binaires des participes présents détachés (l. 2, «faisant irruption, courant») dit à la fois la contiguïté de perceptions proches, insensiblement modifiées, le ralenti filmique, ainsi que la présence discontinue dans la mémoire d'impressions vives, et la recherche de l'expression, propre à tenir la scène «dans l'instant de [son] apparition» (J. Neefs).

Le texte produit un effet de ressassement (lié à la clôture lexicale), de piétinement sémantique, mais rend aussi perceptible l'indétermination d'une durée qui n'est pas continue.

1. La *simultanéité* des impressions est mise en valeur par les participes présents, qui présentent le procès en cours, avec des verbes conclusifs comme la locution «faire irruption» (ou «parvenir»), qui ajoute un aspect «instantané», et des verbes non conclusifs comme «courir», «crier», «montrer». Elle est surtout perceptible dans l'effet d'arrêt sur image du début du texte, qui montre la simultanéité de sensations visuelles, puis auditives, dissociées (cf. aussi «tandis que»).

2. L'aspect *duratif-progressif* est rendu par «en train de» («*en train d*'agiter incompréhensiblement ses deux pinces», l. 8-9).

La *durée*, par la suite, est soulignée, de façon indéterminée, par la locution «mettait un moment à» (l. 15-16). Après un début dominé par l'expression du mouvement, perçu dans la discontinuité et la simultanéité des impressions, le texte rend sensible une progression dans la durée, qui n'est pas donnée comme une continuité mais comme un décalage de plans temporels indéfinis, où se trouvent privilégiées les sensations auditives.

La perception de la durée est rendue encore sensible par divers procédés, qui ne donnent pourtant que des repères temporels discontinus et non définis, des seuils de progression sans suite.

– Les *conjonctions* ou les *locutions conjonctives de temps* marquent un repère chronologique («quand» + passé simple, l. 14), mais la proposition ainsi ouverte est enchâssée dans une subordonnée consécutive ou restrictive (cf. «même quand» + passé simple, l. 27). L'inscription de la temporalité est en fait subordonnée à des relations logiques. Ou bien, la chronologie est donnée relativement à un repère interne, par une locution marquant la simultanéité et l'aspect inchoatif («dès que», l. 22), l'aspect progressif («à mesure que», l. 25), ou une limite temporelle («jusqu'à ce que», l. 10).

Le seul repère absolu est une notation indéfinie, discontinue («à un moment», l. 20), qui introduit une rupture dans la durée.

– L'alternance des *formes verbales simples* et *composées* délimite des seuils dans la temporalité. Dans «ce que *criait* la voix (c'est-à-dire ce qu'elle *avait crié* car elle *criait* déjà autre chose [...])», l. 13-14, l'opposition des formes manifeste une succession temporelle qui est une succession d'altérités. La rectification du «c'est-à-dire» fait de l'actualité de l'histoire un passé révolu (le plus-que-parfait a une valeur d'antériorité, mais aussi d'accompli du passé). Elle inscrit la forme tensive de l'imparfait dans un processus de changement, souligné par «déjà».

– Les *périphrases aspectuelles* rendent sensibles l'expression de la durée et la délimitation de discontinuités :

> «Parce que sans doute le type *s'était mis à crier* dès qu'il les avait aperçus, *criant* [...], *continuant à crier*» (l. 21-24).

La périphrase verbale «se mettre à» insère un aspect *inchoatif* dans un procès du passé, marqué comme antérieur par la forme composée du plus-que-parfait. De même, «continuant à crier» introduit un aspect continu, duratif dans l'expression tensive du participe présent, qu'exprime aussi la formule synonyme «ne pas arrêter de» («le fait qu'il n'arrêtât pas de courir», l. 26-27, repris par «*toujours courant*», l. 28-29).

– Les *adverbes* «encore» (l. 6), et «toujours» (l. 28) insistent sur la continuité d'un procès qui a commencé antérieurement («encore» et «toujours» présupposent en commun l'existence antérieure du procès dénoté par le verbe), sans pour autant qu'on en sache les limites. L'expression «un instant» (l. 27) délimite en revanche un aspect ponctuel, mais indéterminé, un seuil d'altérité dans la durée, en opposition avec «ne pas arrêter de».

– L'emploi des *tournures passives* introduit aussi une distinction d'aspect. «*Toujours courant* sans doute en esprit» s'oppose par son sens lexical, et par son aspect tensif, à «il était arrêté» («ne s'apercevant même pas qu'il *était arrêté*», l. 29) : c'est l'imparfait passif d'un verbe conclusif, qui désigne un résultat au passé.

En revanche, la séquence «entendant sa propre voix sortir (ou plutôt poussée hors de lui avec effort)», l. 16-17, ne fait pas coïncider l'opposition des tournures active et passive («sortir»/«poussée») avec une opposition entre l'aspect non accompli et accompli. Le verbe conclusif «sortir» marque un aspect tensif ou non accompli. De même, «poussée», forme de participe présent passif d'un verbe non conclusif, dénote un procès simultané à celui du verbe principal («entendant»), et tensif (cela correspond à «qui était poussée» et non à «qui avait été poussée»).

Dans ce texte, la durée rendue sensible n'est donc pas une continuité sans trous, mais plutôt une suite d'instants revivifiés par la mémoire, le participe présent faisant coïncider dans une présence «sans début ni fin» l'instant et l'instance qui le fait surgir. L'une des forces stylistiques du texte est bien d'envelopper dans un réseau continu (syntaxique, lexical, phonique) l'expression du fragmentaire.

II. PROLONGEMENTS STYLISTIQUES

L'étude du participe présent dans cet extrait de *La Route des Flandres* est difficilement dissociable de l'étude d'autres formes de l'aspect, de la syntaxe, des réseaux lexicaux et phoniques, des plans énonciatifs, qui contribuent à brouiller les fils du récit, et à nous enfermer dans l'univers dense et clos d'une mémoire sans origine fixe.

Voici quelques orientations possibles du commentaire.

● *La construction de la référence*
On peut examiner la manière dont se construit la désignation des personnages, et la reprise dénominative.

On peut aussi étudier la question de la référence et les effets d'indétermination référentielle : emplois du pronom personnel de troisième personne, des indéfinis (déterminant, adjectif et pronom indéfinis : «une sorte de», l. 11-12, «autre chose», l. 14, «l'autre», l. 15) – voir chap. 11, p. 232.

5. Synesthésie
C'est un type de métaphore
fondée sur les correspondances
sensorielles. Sur la métaphore,
voir chap. 10, p. 193-199.

6. Métabole
«Figure assez ordinairement
appelée *Synonymie*. [...] en quoi
consiste-t-elle ? A accumuler
plusieurs expressions synonymes pour peindre une même
idée, une même chose avec plus
de force.» (Fontanier, *Les
Figures du discours*, p. 332.)

7. Sur cette question,
on peut se reporter à l'article de
Michel Murat et Bernard
Cartier-Bresson, «C'est-à-dire
ou la reprise interprétative»,
Langue française, n°73, fév.
1987, p. 5-15.

8. Voir chap. 10, p. 194.

9. Expolition
«Figure consistant dans la réex-
position plus vive, plus nette,
d'une pensée. [...] L'expolition
entre dans la catégorie des procédés impressionnistes, qui
s'approchent de la réalité par
touches et retouches successives. Mais elle passe souvent
inaperçue parce que le signe
explicite de la substitution d'un
terme à un autre est supprimé»
(Henri Morier, *Dictionnaire de
poétique et de rhétorique*, PUF,
3e éd. 1981, p. 476).

● *Isotopies, figures et répétitions lexicales*

On ne peut qu'être attentif à l'extraordinaire saturation du lexique constitutif des isotopies visuelles et auditives (sur l'isotopie sémantique, voir chap. 9, p. 185-187) : avec, au début du texte, l'expression des formes et de la perspective en plongée, des mouvements (et aussi, à la fin du passage, l'expression paradoxale du «mouvement immobile»), de la lumière (l'ombre et les reflets), déve-loppée par les comparaisons et métaphore (le crabe, la tache d'encre), les synesthésies[5] (l. 17-18 : «voix [...] enrouée, rugueuse, marron foncé»). On s'intéressera en particulier au morcellement du corps (les pinces, le visage, la voix) régi par la restriction de champ – à la progression métaphorique et métonymique (synecdo-chique) du récit (voir chap. 10, p. 192-205).

A cela s'ajoutent :
– Les répétitions lexicales («courir», «voix», «crier», sont repris sans arrêt), qui s'intègrent à des groupes rythmiques et prosodiques (voir chap. 12), et servent de support au ressassement mémoriel, à la recherche ténue des impres-sions, au présent de la mémoire.
– Les parentés phoniques et/ou non sémantiques, de mots de même famille (figures de la *dérivation*), ou dont la différence de construction modifie le sens. Ces reprises tissent des relations analogiques (cf. «semblable», l. 6, «semblant», l. 10, «parvenait d'un autre point», l. 9, «parvenant seulement à comprendre», l. 12-13, etc.).
– Les relations synonymiques, et les *métaboles*[6] («en quelque sorte séparés, dissociés», l. 10).
– Les relations d'opposition sémantique qui coïncident avec une double perspective : «elle était allongée, *à plat*, tandis qu'Iglésia et lui voyaient l'homme de haut en bas *en rac-courci*» (l. 4-5) ; les *antithèses* qui tentent de noter la décomposition du geste dans l'instant : «le fait qu'il *n'arrê-tât pas de courir*, même quand il *se tint un instant immo-bile*» (l. 26-27), «*toujours courant* sans doute en esprit, ne s'apercevant même pas qu'il *était arrêté*» (l. 28-29).

● *Syntaxe, énonciation*

Les plans sont liés, la syntaxe est soumise à la perspec-tive énonciative.

Un des traits marquants de la syntaxe est l'abondance des parenthèses qui s'intercalent dans le récit pour en

rectifier les données ou présenter une explication. Parenthèses interprétatives qui participent d'une double dominante de ce récit :
– La tendance à multiplier les reprises interprétatives, par
exemple avec «c'est-à-dire»[7], qui sert à reformuler
l'impression, à la corriger.
– La tendance à enchaîner les subordonnées digressives
(subordonnées explicatives, restrictives, comparatives)
dans une syntaxe ouverte, relancée par les participes présents. Cette tendance contribue à retarder la phrase, à la
faire bifurquer, à produire une fuite en avant du discours.
Dans la même perspective, il faut noter l'abondance du
discours analogique, qui insère dans l'univers diégétique
un autre monde possible : les comparaisons introduites
par «à la façon de» («à la façon d'un crabe», repris par la
métaphore *in absentia*[8] «ses deux pinces»), «semblable à»,
«comme» (l. 6-8), et les comparaisons hypothétiques
introduites par «comme si».

Le commentaire s'affiche, pour modaliser la représentation, atténuer la certitude des assertions, par des
adverbes et verbes modalisateurs : «sans doute» (l. 22
et 29), «probablement» (l. 26), «peut-être» (l. 30), «semblant» (l. 10), l'expression adverbiale indéfinie «en
quelque sorte» (l. 10), l'adverbe d'approximation
«comme» (à distinguer du mot comparatif), qui équivaut
à «pour ainsi dire» («ce fut avec comme un décalage»,
l. 14-15).

● *Autres figures*
Évoquons pour mémoire deux figures, indiquées par
H. Morier dans son *Dictionnaire de poétique et de
rhétorique* :
– L'*expolition*[9], qui regroupe certains traits stylistiques
du passage comme les formes d'approximation (les
reprises du commentaire intégrées au récit, et les métaboles en groupes binaires : «en quelque sorte séparés,
dissociés», l. 10) et s'allie à quelques figures de correction : l'*épanorthose*[10] (ou *rétroaction* chez Fontanier) et
la *parembole*[11] (forme de la *parenthèse*, dont on a vu des
exemples).
– L'*estompage*[12], qui inclut les procédés de l'indétermination référentielle.

10. Épanorthose
«Figure de pensée qui consiste
à revenir sur ce que l'on vient
d'affirmer, soit pour le nuancer,
l'affaiblir, et même le rétracter,
soit au contraire pour le réexpo-
ser avec plus d'énergie»
(H. Morier, *op. cit.*, p. 438).

11. Parembole (Parenthèse)
H. Morier la définit : «Type de
parenthèse qui se rattache par le
sens qu'elle enferme, à quelque
partie de la phrase où elle
s'intercale». Il ajoute : «Elle est
généralement signalée par la
double coupure de la ponctuation (virgules, tirets, parenthèses)
et par un terme introducteur restrictif (*mais, pourtant, c'est-à-
dire, ou plutôt*, etc.) ou qui
acquiert cette valeur en fonction
du texte» (*op. cit.* p. 842).
Fontanier, lui, préfère employer
directement le terme générique
de «*parenthèse*», qu'elle se rapporte ou non au sujet (*Les
Figures du discours,* p. 384).

12. Estompage
«Procédé par lequel l'auteur
cherche à donner à la réalité un
aspect vague. La tendance à
l'estompage s'oppose à la tendance réaliste de l'hypotypose»
(H. Morier, *op. cit.*, p. 456).
La définition donnée est elle-
même fort vague, et l'article qui
la suit, assez hétéroclite. Il
éveille toutefois l'attention sur
un certain nombre de procédés
utiles à reconnaître, même s'il
faut les détacher de leur interprétation initiale.

Chapitre 4

Temps et énonciation

Jusqu'à présent nous avons évoqué les temps et les modes verbaux du seul point de vue de l'aspect. Mais il est fondamental de ne pas séparer les formes verbales de l'énonciation du texte, de son système lexical, rythmique, syntaxique – de la sémantisation d'ensemble du texte.

Ainsi, le passé simple et le passé composé sont des temps du passé qui ont un rôle complémentaire. Ils relèvent de plans d'énonciation distincts, dénommés par Benveniste «histoire» et «discours»[1].

Il importe de revenir sur cette distinction, et sur les reformulations qui en ont été proposées. Il sera question ensuite de la notion de «présent fictif».

[1]. Nous employons «histoire» et «discours» entre guillemets pour désigner les notions définies par Benveniste.

«Histoire» et «discours»

1. Deux plans d'énonciation

Benveniste part du constat d'une double insuffisance des grammaires.

Insuffisance à rendre compte, par le seul paradigme des formes simples et composées, de la double valeur d'un temps comme le passé composé :

«S'il y a lieu d'opposer *il courait* et *il avait couru*, ce n'est pas en tout cas sur le même axe de temps où *il courait* s'oppose à *il court*. Et cependant *il a couru* est bien en quelque manière une forme temporelle, puisqu'il peut équivaloir à *il courut*. Mais *il a couru* sert en même temps de partenaire à *il court*. Les rapports des formes composées avec le temps restent ainsi ambigus. On peut certes transférer la distinction des formes simples et composées au compte de l'"aspect", mais on n'y gagnera rien de clair, car l'aspect ne fournit pas non plus un principe univoque de corrélation d'un type de formes à l'autre, et ce fait demeure que, malgré tout, certaines des formes composées sont bien à considérer comme temporelles, certaines seulement.» (É. Benveniste, «Les relations de temps dans le verbe français», dans *Problèmes de linguistique générale*, t. I, p. 237-238.)

Insuffisance à expliquer la disparition du passé simple à l'oral, par une évolution de la langue :

> «Dans l'interprétation traditionnelle, ce seraient deux variantes de la même forme, entre lesquelles on choisit selon qu'on écrit (*il fit*) ou qu'on parle (*il a fait*). Nous aurions ici l'indice d'une phase de transition où la forme ancienne (*il fit*) se maintient dans la langue écrite, plus conservatrice, alors que la langue parlée indique par avance la forme de substitut (*il a fait*), concurrente installée, destinée à s'imposer seule.» (*ibid.,* p. 238.)

C'est en fait toute la conception du système verbal qui est mise en jeu. Benveniste le partage en deux séries de formes qui relèvent de deux plans d'énonciation complémentaires :

> «Les temps d'un verbe français ne s'emploient pas comme les membres d'un système unique, ils se distribuent en *deux systèmes* distincts et complémentaires. Chacun d'eux ne comprend qu'une partie des temps du verbe ; tous les deux sont en usage concurrent et demeurent disponibles pour chaque locuteur. Ces deux systèmes manifestent deux plans d'énonciation différents, que nous distinguerons comme celui de l'*histoire* et celui du *discours*.» (*ibid.*)

Pour Benveniste, «l'énonciation *historique*, aujourd'hui réservée à la langue écrite, caractérise le récit des événements passés» (*ibid.*, p. 238-239). «Le plan historique de l'énonciation se reconnaît à ce qu'il impose une délimitation particulière aux deux catégories verbales du temps et de la personne prises ensemble» (*ibid.,* p. 239).

Il se caractérise par une combinatoire :

– de *temps* : on y trouve le passé simple (ou aoriste), l'imparfait, le plus-que-parfait, et la forme en *-rait*, dite conditionnel, «temps périphrastique substitut de futur, que nous appellerons le *prospectif*» (*ibid.*). Le futur, le passé composé et le présent sont donc exclus, «à l'exception – très rare – d'un présent intemporel tel que le "présent de définition"» (*ibid.*) ;

– de *personne* : «On ne constatera donc dans le récit historique strictement poursuivi que des formes de "3ᵉ personne"» (*ibid.*) ;

– et de *modalisation*[2] (effacement des marques d'énoncia-tion, ou modalisation zéro) : «Personne ne parle ici ; les événements semblent se raconter eux-mêmes. Le temps fondamental est l'aoriste, qui est le temps de l'événement hors de la personne d'un narrateur» (*ibid.,* p. 241).

2. Sur la notion de «modalisation», voir *supra*, p. 17.

Par opposition, le «discours» est ainsi défini : «dans sa plus large extension : toute énonciation supposant un locu-teur et un auditeur, et chez le premier l'intention d'influen-cer l'autre en quelque manière» (*ibid.,* p. 242), et son extension dépasse la distinction entre l'oral et l'écrit :

> «C'est d'abord la diversité des discours oraux de toute nature et de tout niveau, de la conversation triviale à la harangue la plus ornée. Mais c'est aussi la masse des écrits qui reprodui-sent des discours oraux ou qui en empruntent le tour et les fins : correspondances, mémoires, théâtre, ouvrages didac-tiques, bref tous les genres où quelqu'un s'adresse à quelqu'un, s'énonce comme locuteur et organise ce qu'il dit dans la catégorie de la personne.» (*ibid.*)

Cette observation est très importante, parce qu'elle pose bien la différence entre «histoire» et «discours» en termes de *plans d'énonciation*. Les marques linguis-tiques correspondent à des «attitudes de locution» dis-tinctes, selon que les événements sont présentés en relation ou non avec l'énonciation présente. Elles n'ont pas de valeur absolue par elles-mêmes, mais relative-ment au dispositif énonciatif d'ensemble.

Ce qui caractérise le «discours», en opposition au «récit historique» c'est :
– l'emploi libre de «toutes les formes personnelles du verbe, aussi bien *je/tu*, que *il*. Explicite ou non, la relation de personne est présente partout. «De ce fait, la "3e per-sonne" n'a pas la même valeur que dans le récit historique. Dans celui-ci, le narrateur n'intervenant pas, la 3e personne ne s'oppose à aucune autre, elle est au vrai une absence de personne. Mais dans le discours un locuteur oppose une non-personne *il* à une personne *je/tu*» (*ibid.*, p. 242) ;
– l'emploi de tous les temps sauf le passé simple. «Les trois temps fondamentaux du discours» sont le présent, le futur et le passé composé (ou «parfait»), «tous trois exclus du récit historique». L'imparfait est «commun aux deux plans».

A cela s'ajoute la présence de modalisations, du commentaire, des marques énonciatives d'un énonciateur et d'un allocutaire.

Bien sûr, il peut y avoir insertion de «discours» dans le récit historique : «Chaque fois qu'au sein d'un récit historique apparaît un discours, quand l'historien par exemple reproduit les paroles d'un personnage ou qu'il intervient lui-même pour juger les événements rapportés, on passe à un autre système temporel, celui du discours» (*ibid.*, p. 242).

Et, symétriquement, l'«histoire» est rarement privée de subjectivité. Benveniste illustre la notion de récit historique par deux extraits de l'*Histoire grecque* de Glotz, et un passage de *Gambara* de Balzac, où prédomine la formule «passé simple + 3e personne». Mais dans l'extrait de *Gambara,* il est aisé de retrouver les marques subjectives d'un narrateur[3].

L'opposition entre «histoire» et «discours» est celle de plans d'énonciation, qui peuvent servir à construire des typologies de textes, mais qui ne coïncident pas directement avec des genres littéraires. La perspective de Benveniste est d'ailleurs moins dogmatique que ce qu'on a bien voulu en faire. Ce qu'il pose est avant tout un système d'interprétation de la distribution des temps verbaux du passé en français contemporain : le modèle historique «pur», du moins si l'on considère qu'il suppose une «modalisation zéro», est une abstraction sans réalité. De ce point de vue, tout texte est du «discours», ne serait-ce que par la mise en forme thématique, syntaxique, rythmique, sans qu'apparaisse nécessairement un «je».

Mais il y a tout de même des degrés dans la distance énonciative, et le modèle de Benveniste reste utile dans la lecture des textes littéraires. D'abord parce qu'il pense l'interprétation des temps verbaux en termes de «plans d'énonciation», unissant de façon inséparable, temps, personne et modalisations. Ensuite, parce qu'il est possible de poursuivre la réflexion ainsi ouverte (voir dans la bibliographie les travaux de L. Danon-Boileau, J. Simonin-Grumbach, ou A. Petitjean).

2. Repérage anaphorique et repérage déictique

L'on emploie souvent le terme «récit», à la place d'«histoire», pour faire référence à la théorie de Benveniste. Mais le «discours», comme «l'histoire», peut donner lieu à des récits. Benveniste prévoit d'ailleurs la difficulté dans une note où il évoque le rôle narratif du «parfait» (le passé composé) :

3. Voir G. Genette, «Frontières du récit», dans *Figures II*, Éd. du Seuil, 1969, p. 61 et suiv.

CHAP. 4. TEMPS ET ÉNONCIATION

«Nous parlons toujours des temps du "récit historique" pour éviter le terme "temps narratifs" qui a créé tant de confusion. Dans la perspective que nous traçons ici, l'aoriste est un "temps narratif", mais le parfait peut aussi en être un, ce qui obscurcirait la distinction essentielle entre les deux plans d'énonciation.» (*Problèmes de linguistique générale*, t. I, p. 242, n. 2.)

Dans un récit, le passé composé et le passé simple alternent selon que l'événement est présenté en relation avec l'instance d'énonciation (l'oral et une partie de l'écrit) ou comme un fait passé, coupé de l'énonciation. Mais, en plus du caractère subjectif du passé composé, Benveniste distingue un autre trait différenciant les temps du «discours» et de l'«histoire», le «repère temporel» :

«Le parfait établit un lien vivant entre l'événement passé et le présent où son évocation trouve place. C'est le temps de celui qui relate les faits en témoin, en participant ; c'est donc aussi le temps que choisira quiconque veut faire retentir jusqu'à nous l'événement rapporté et le rattacher à notre présent. Comme le présent, le parfait appartient au système linguistique du discours, car *le repère temporel du parfait est le moment du discours, alors que le repère de l'aoriste est le moment de l'événement.*» (*Ibid.*, p. 244, nous soulignons.)

L'opposition entre «histoire» et «discours» recouvre en effet des phénomènes de deux ordres : d'une part, le repérage du récit, et d'autre part, sa qualification subjective et sa modalisation (le degré d'adhésion que le locuteur manifeste à l'égard de son énoncé).

Il paraît ainsi fondamental de distinguer deux types de récits : ceux dont le repère est constitué par les événements racontés, et donc relatif à l'énoncé («*repérage anaphorique*»), ceux dont le repère est constitué par le moment de l'énonciation («*repérage déictique*»). C'est la différence de repérage qui paraît en définitive la plus apte à rendre compte des deux plans d'énonciation. Cela n'empêche nullement l'énonciateur de manifester sa présence par des jugements évaluatifs, des modalisateurs et des qualificatifs : l'hybridation de ces éléments produit, selon les dominantes, un effet d'«histoire» ou de «discours».

Restent les cas de figures intermédiaires, comme :
– le discours indirect (en particulier le discours indirect libre – voir chap. 7, p. 115-117), qui forme, selon Benveniste «un troisième type d'énonciation, où le discours

est rapporté en termes d'événement et transposé sur le plan historique» (*op. cit.,* p. 242) ;

– le récit en «je» + passé simple (dans les mémoires, ou le récit autobiographique), exemple éludé par Benveniste. On a proposé de considérer, alors, que le «je» objet du récit équivaut à un «il», distinct du «je» narrateur ;

– la valeur des temps verbaux dans des récits ou des genres particuliers qui rendent peu efficace l'opposition entre «histoire» et «discours» : par exemple, la valeur du présent dans le discours scientifique, ou les présents «fictifs», comme les présents de certains «nouveaux romans», ou comme le présent de scénario.

3. Présents fictifs

Nous avons déjà évoqué diverses valeurs du présent : le présent d'énonciation, qui est un embrayeur, le présent itératif, le présent gnomique (ou de vérité générale, ou omnitemporel).

Nous aborderons, à l'occasion des textes n°9 et 11, le présent historique, perçu comme un repérage fictif (voir p. 78-80 et 96). Il sera aussi question du présent de narration, au chap. 7 (voir p. 132). Mais il est d'autres emplois où le présent n'appartient ni à l'«histoire», ni au «discours», et peut être qualifié de «fictif».

On parlera de présents fictifs, soit au sens où le repère temporel ne coïncide pas avec l'instant de l'énonciation, et suppose de l'énonciateur et de son destinataire un décalage ou un transport imaginaire, soit au sens où une fiction peut faire dériver les repères énonciatifs du présent. La conclusion de *Madame Bovary,* en offre un exemple célèbre, qui présente ainsi le triomphe de M. Homais :

> «Il fait une clientèle d'enfer ; l'autorité le ménage et l'opinion publique le protège.
>
> Il vient de recevoir la croix d'honneur» (G. Flaubert, *Madame Bovary*, Le Livre de Poche classique, 1999, p. 501).

En voici deux autres exemples :

1. Le présent de *La Jalousie* d'Alain Robbe-Grillet : c'est un faux présent d'énonciation. La narration joue de la dérive des repères indiciels (les adverbes «maintenant»), qui ne coïncident jamais avec un point stable. J. Simonin-Grumbach y voit un repérage anaphorique.

2. Le présent de scénario (voir en encadré un extrait de scénario de Flaubert) : il correspond au moment où un

romancier, par exemple, met en place les éléments du récit : personnages, décor, intrigue, sans qu'ils soient encore insérés dans la continuité historique d'une fiction. Ce présent n'est pas un embrayeur, il suppose la projection du scripteur et de son lecteur dans un espace-temps qu'on peut dire fictif à double titre, parce qu'il ressortit à l'univers conceptuel et imaginaire de l'œuvre en train de se faire, et aussi parce qu'il se situe par rapport à un repère neutre, qui ne correspond ni au temps de l'écriture ni à l'espace-temps de la diégèse. Cet emploi du présent interfère d'ailleurs souvent avec les infinitifs d'indication de régie, et avec l'ébauche de rédaction de la fiction (avec l'emploi de temps du passé, du présent historique, et de fragments de dialogue).

C'est cette relation entre temps verbaux et fiction que nous allons prendre en compte au chapitre suivant.

Gustave Flaubert, Carnet 19
(extrait de scénario pour la «copie» de Bouvard et Pécuchet)

Dans la transcription du manuscrit les […] encadrent des suppressions, les <…> indiquent des ajouts de l'auteur :

«Ils copient tout ce qui leur tombe sous la main (ne pouvant, faute d'argent, avoir des livres) cornets de papier, [etc.] à tabac, [etc.]

On peut insérer là tout ce qu'on veut comme contraste <de faits> pastiches de style.

Mettre des morceaux vrais et des morceaux typiques. <Des extraits de critique idiots dans tous les genres.>»

Gustave Flaubert, *Carnets de travail,* éd. de Pierre-Marc de Biasi, Balland, 1988, p. 300.

■ **Indications bibliographiques sur l'analyse énonciative des temps verbaux**

Jean-Michel Adam, *Du style dans la langue*, Lausanne, Delachaux et Niestlé, 1997, chapitre 7. [Sur la genèse énonciative de *L'Étranger* de Camus.]

Émile Benveniste, «Les relations de temps dans le verbe français», dans *Problèmes de linguistique générale*, t. I, Gallimard, 1966, p. 237-250.

Laurent Danon-Boileau, *Produire le fictif*, Klincksieck, 1982. [Cet ouvrage fait retour sur la distinction entre «histoire» et «discours» ; il propose une analyse du début de *La Modification* de M. Butor.]

Anne-Marie De Both-Diez, «L'aspect et ses implications dans le fonctionnement de l'imparfait, du passé simple et du passé composé au niveau textuel», *Langue française,* n°67, sept. 1985, p. 5-25. [De l'aspect à l'énonciation.]

André Petitjean, «Les typologies textuelles», *Pratiques*, n°62, juin 1989, p. 86-125.

Gilles Philippe, «L'appareil formel de l'effacement énonciatif et la pragmatique des textes sans locuteur», dans *Pragmatique et analyse des textes* (sous la dir. de Ruth Amossy), Presses de l'Université de Tel-Aviv, 2002, p. 17-34. [L'ensemble du volume porte sur l'approche énonciative et pragmatique des textes littéraires.]

Jenny Simonin-Grumbach, «Pour une typologie des discours», dans : *Langue, discours, société. Pour Émile Benveniste*, Éd. du Seuil, 1985, p. 85-121.

EXEMPLES

Nous proposons deux textes où les temps verbaux seront abordés du point de vue de l'opposition de l'«histoire» et du «discours» : un extrait des Mémoires *de La Rochefoucauld, et une nouvelle page de l'*Histoire de la Révolution française *de Michelet.*

TEXTE 8

François de la Rochefoucauld
Mémoires, Première partie (1624-1642), UGE, «10/18», p. 157-158, [1ère éd. 1662].

1   J'ai passé les dernières années du ministère du cardinal Mazarin dans l'oisiveté que laisse d'ordinaire la disgrâce : pendant ce temps, j'ai écrit ce que j'ai vu des troubles de la Régence. Bien que ma fortune[a] soit chancelante, je ne jouis pas d'un moindre loisir : j'ai voulu l'employer à écrire des
5   événements plus éloignés où le hasard m'a souvent donné quelque part.

J'entrai dans le monde quelque temps devant[b] la disgrâce de la Reine mère, Marie de Médicis. Le roi Louis XIII, son fils, avait une santé faible, que les fatigues de la chasse avaient usée avant l'âge ; ses incommodités[c] augmentaient ses chagrins[d] et les défauts de son humeur : il
10   était sévère, défiant, haïssant le monde ; il voulait être gouverné et portait impatiemment[e] de l'être. Il avait un esprit de détail appliqué uniquement à de petites choses et ce qu'il savait de la guerre convenait plus à un simple officier qu'à un roi.

Le cardinal de Richelieu gouvernait l'État, et il devait toute son élé-
15   vation à la Reine mère. Il avait l'esprit vaste et pénétrant, l'humeur âpre et difficile ; il était libéral, hardi dans ses projets, timide pour sa personne. Il voulut établir l'autorité du Roi et la sienne propre par la ruine des huguenots et des grandes maisons du Royaume, pour attaquer ensuite la maison d'Autriche et abaisser une puissance si redoutable à la
20   France. Tout ce qui n'était pas dévoué à ses volontés était exposé à sa haine, et il ne gardait point de bornes pour élever ses créatures[f] ni pour perdre ses ennemis. La passion qu'il avait eue depuis longtemps pour la Reine s'était convertie en dépit : elle avait de l'aversion pour lui, et il

croyait que d'autres attachements ne lui étaient pas désagréables. Le Roi
25 était naturellement jaloux, et sa jalousie, fomentée par celle du cardinal
de Richelieu, aurait suffi pour l'aigrir contre la Reine, quand même la
stérilité de leur mariage et l'incompatibilité de leurs humeurs n'y
auraient pas contribué. La Reine était aimable^g de sa personne ; elle avait
de la douceur, de la bonté et de la politesse ; elle n'avait rien de faux
30 dans l'humeur ni dans l'esprit ; et, avec beaucoup de vertu, elle ne
s'offensait pas d'être aimée. Mme de Chevreuse était attachée à elle
depuis longtemps par tout ce qui lie deux personnes de même âge et de
mêmes sentiments. Cette liaison a produit tant de choses extraordinaires
qu'il me paraît nécessaire de rapporter ici quelques-unes de celles qui
35 s'étaient passées devant le temps dont je dois parler.

a. Au sens de situation établie, de «l'avancement et l'établissement dans les biens, dans les charges, dans les honneurs», dit le *Dictionnaire de l'Académie*. La Rochefoucauld fait allusion à sa situation, de retour à Paris, après la fin de sa disgrâce.

b. «*Devant* et *avant* ne se distinguent pas encore l'un de l'autre d'une manière précise. Tous les auteurs du XVIIe siècle emploient *devant* au lieu de *avant* tantôt comme préposition, tantôt comme adverbe», A. Haase, *Syntaxe française du XVIIe siècle*, nouvelle édition traduite et remaniée par Obert, Delagrave, 1975, p. 350 (§ 130, A).

c. Au sens, ici, d'«indisposition ou maladie» (*Académie*). Furetière précise : «Une manière de maladie qui ne retient pas au lit, mais qui fait souffrir quelque douleur, ou qui empêche d'agir». Les dictionnaires donnent comme exemples «les incommodités de l'âge ou de la vieillesse», «L'âge apporte avec soi beaucoup d'incommodités, d'infirmités».

d. Au sens de «accès de mauvaise humeur, d'humeur noire».

e. Au sens de «supportait avec beaucoup de difficulté» («Impatiemment» : «avec impatience, avec inquiétude d'esprit, avec chagrin», *Académie*).

f. «Créature» : «personne qu'on fait ce qu'elle est, qu'on a établie et qu'on protège entièrement», dit Richelet, en citant dans son *Dictionnaire français...*, une phrase des *Mémoires* sur «les créatures du Cardinal de Richelieu».

g. Digne d'être aimée.

PRÉSENTATION DU TEXTE 8

François de la Rochefoucauld est moins connu comme mémorialiste que comme l'auteur des *Maximes*, et ses *Mémoires* sont moins connus que ceux de son rival le cardinal de Retz.

L'ouvrage parut à l'insu de son auteur en 1662, mais le manuscrit du livre I, auquel appartient notre passage, ne fut retrouvé qu'au début du XIXe siècle.

Il semble que La Rochefoucauld ait commencé ses *Mémoires* par les livres III à VI pendant sa disgrâce (1654-1659), après sa participation à La Fronde, qu'il ait ensuite continué à corriger son texte après son retour à Paris en 1659, et écrit le livre II, puis le livre I. S'il est difficile de dater précisément ces manuscrits, un trait stylistique commun réunit les deux premiers livres : c'est le passage à la 1ère personne.

Après le récit de sa participation aux événements de la Fronde (1649-1652), aux livres III à VI, La Rochefoucauld abandonne la narration à la 3e personne, et remonte le temps. Le livre II couvre les années 1642-1649. Le livre I est consacré à ses années de jeunesse, 1624-1642 (La Rochefoucauld est né en 1613)[4].

4. Voir la notice des *Mémoires* par Louis Martin-Chauffier, dans La Rochefoucauld, *Œuvres complètes*, Gallimard, «Bibliothèque de la Pléiade», 1964, p. 14-17.

POUR COMPRENDRE LE VOCABULAIRE DU FRANÇAIS «CLASSIQUE»

1. La syntaxe de La Rochefoucauld n'est pas très différente de la nôtre. Il en va autrement de son vocabulaire, en particulier des termes psychologiques, qui n'ont pas la même signification qu'aujourd'hui. C'est une difficulté constitutive des textes du passé, d'autant plus grande que la permanence de la syntaxe et des mots peut laisser croire à une identité sémantique.

2. Cette compréhension du vocabulaire ne peut être une traduction mot à mot. Il faut essayer de saisir les effets de sens d'abord grâce au cotexte, et aussi en recourant aux dictionnaires d'époque : le *Dictionnaire français...* de Richelet (1680), qui donne des marques d'usage, le *Dictionnaire de l'Académie* (1694), ou celui de Furetière (1690, réédité par Le Robert).

Ces dictionnaires indiquent, par leurs définitions et leurs exemples, un certain nombre de sens possibles en langue. Ils sont d'emploi plus fiable que les dictionnaires abrégés du français classique, qui sont des points de repère utiles, mais qui donnent une vision partielle du lexique, limitée aux acceptions aujourd'hui vieillies.

Il convient ensuite de retourner au cotexte, pour déterminer les sens sélectionnés et produits par le discours, en tenant compte du mode d'actualisation des substantifs (singulier ou pluriel, déterminant défini ou indéfini).

«Chagrin» désigne ainsi, selon le *Dictionnaire de l'Académie*, un état de «mélancolie, ennuy» (à prendre au sens d'humeur noire, et de tourment) et de «fâcheuse mauvaise humeur». Dans le texte, «ses chagrins» (l. 9) est sur le même plan que «les défauts de son humeur» : l'expression va bien dans le sens de l'humeur noire, de la mauvaise humeur. A cela s'ajoute l'effet sémantique du *pluriel d'un abstrait,* qui peut avoir une valeur d'indétermination mais aussi de concrétisation de l'abstrait : ici, peut-être, des «accès de fâcherie, de mauvaise humeur».

Autre exemple, celui de l'adjectif «aimable» (l. 28). Tous les dictionnaires attestent le sens classique de «digne d'être aimé», justifié par le cotexte immédiat («douceur», «bonté», «politesse», «rien de faux») et motivé par «elle ne s'offensait pas d'être aimée». Et, en même temps, le terme prend en contexte le sens contemporain de «charmant», «qui plaît», à défaut de celui de «qui cherche à plaire».

I. «HISTOIRE» / «DISCOURS» DANS LES MÉMOIRES

Le genre des «Mémoires» se distingue de celui de l'auto-biographie essentiellement en ce que le sujet traité n'est pas principalement l'histoire d'une vie individuelle, ni la genèse de la personnalité, mais plutôt la chronique d'une époque. Mais, comme l'indique Philippe Lejeune, «C'est là question de proportion ou plutôt de hiérarchie» (*Le Pacte autobiographique*, Éd. du Seuil, 1975, p. 15)[5].

Précisément, en contrepoint des *Maximes*, dont «les sentences fixent l'état final d'une expérience», dont l'énonciation au présent semble faite d'«un présent éternel, d'un présent sans ouverture sur l'avenir» (J. Starobinski[6]), écrire des *Mémoires* est une manière d'approcher les hommes en particulier, dans leurs dissemblances et leurs contradictions. Le récit et les portraits du mémorialiste nous font entrer dans l'histoire, dans cet univers du spécifique, qui allie, selon Paul Veyne, le singulier et le générique.

1. «Je» + passé composé / «Je» + présent

● Le *passé composé* est en correspondance avec le moment présent de l'écriture. *«J'ai passé»* (l. 1), *«j'ai écrit»*, *«j'ai vu»* (l. 2-3), désignent des repères qui se situent à des époques différentes du passé. *«J'ai passé»*, *«j'ai écrit»* appartiennent à une chronologie commune (celle des années 1650), distincte de celle de *«j'ai vu»*, qui renvoie à l'expérience des années 1640 ; il n'empêche que le passé composé relie tous ces faits révolus à l'actualité de l'énonciateur. Ce sont ici les valeurs de passé perfectif et de passé proche qui dominent : ce qui est actuel pour le locuteur tend à s'identifier à ce qui est proche dans le temps.

«Souvent» introduit un aspect itératif (*«m'a souvent donné»*, l. 5) dans un passé chronologiquement plus lointain, mais rattaché au moment d'énonciation par le passé composé.

«J'ai voulu», l. 4 : le passé composé peut aussi prendre en contexte une valeur modale, d'atténuation du propos.

Enfin le passé composé de la l. 33 («Cette liaison *a produit*») n'est pas un passé perfectif mais un accompli du présent : la valeur aspectuelle y domine.

5. Mémoires et autobiographie
Voir p. 51 la définition de l'auto-biographie.
Les mémoires ont donc en commun avec l'autobiographie : 1. la forme du langage (récit en prose) ; 2. l'identité de l'auteur (dont le nom renvoie à une personne réelle), du narrateur, et du personnage principal ; 3. le caractère rétrospectif du récit (Ph. Lejeune, *op. cit.*, p. 14).

6. Jean Starobinski, «Introduction» à La Rochefoucauld, *Maximes et Mémoires*, UGE, «10/18», p. 29.

● Le *présent* est employé, quant à lui, avec deux valeurs :
– Un présent de vérité générale («l'oisiveté que laisse d'ordinaire la disgrâce», l. 2), qui insère un savoir «gnomique» dans l'énoncé des *Mémoires*.
– Un présent qui inclut le moment de l'écriture. Le présent de : «Je ne jouis pas d'un moindre loisir» (l. 4) s'oppose au repère passé («les dernières années du ministère du cardinal Mazarin», l. 1), mais il est sans autre référence que sa propre réflexivité.

Après le développement du récit historique au passé simple et à l'imparfait (l. 6-33), le retour au présent et au passé composé nous fait rejoindre le temps de l'écriture, avec un double déictique : le présent, et l'adverbe «ici», qui désigne l'énoncé en train de s'écrire («il me *paraît* nécessaire de rapporter *ici*», l. 34). Nous sommes bien en régime de «discours» avec une combinatoire de la première personne, du présent d'énonciation, et du passé composé. Celui-ci joue le rôle de passé «subjectif» du discours. Il présente les événements comme vivants dans la mémoire, et tout proches. Mais on a vu que cette proximité subjective ne coïncide pas forcément avec la chronologie «réelle».

2. «Je» + passé simple

En contrepartie, l'évocation de faits plus anciens, les portraits de Louis XIII et d'Anne d'Autriche, entraînent l'emploi du passé simple, alternant avec l'imparfait, pour un temps coupé de l'énonciation présente. Distance énonciative et temporelle se recouvrent. «Je» est un personnage rejeté dans un lointain, daté par un repère relatif au cotexte : «*J'entrai* dans le monde quelque temps devant la disgrâce de la Reine mère» (l. 6-7). Le récit et les portraits sont dominés par la troisième personne : tout cela caractérise le plan énonciatif de l'«histoire».

3. La qualification subjective, les modalités et les figures

Il y a peu de marques subjectives dans le «discours», même si l'énonciateur adopte un discours en «je» : on trouve seulement quelques modalités d'énoncé comme «il *me paraît nécessaire* de» (l. 34), et une caractérisation intensive «*tant de* choses *extraordinaires* que» (l. 33-34).

7. La parataxe
«Mode de construction de phrase qui consiste à juxtaposer les propositions sans indiquer explicitement le rapport qui les unit» (*Grand Larousse de la langue française*) et s'oppose au mode de construction de la phrase par subordination ou **hypotaxe**.

De même, le récit «historique» est peu modalisé. Il y a peu de termes marquant le degré d'adhésion de l'énonciateur à l'égard de son récit. En revanche, la qualification subjective y est très forte. L'auteur procède par antithèses, par figures de répétition comme les métaboles et la dérivation, par gradations, par comparaisons, dans une syntaxe dominée par la parataxe[7] et les zeugmes[8] (où l'ellipse tient essentiellement à la mise en facteur commun des verbes «être» ou «avoir»).

– Exemples d'*antithèses* : «il *voulait* être gouverné et *portait impatiemment* de l'être» (l. 10-11) ; «il était libéral, *hardi* dans ses projets, *timide* pour sa personne» (l. 16-17) ; ou encore : «pour *élever* ses *créatures* ni pour *perdre* ses *ennemis*» (l. 21-22). L'antithèse est aussi soutenue par l'égalité syllabique et les échos phoniques : «la passion» (l. 22) / «l'aversion» (l. 23).

– Exemples de *métaboles* : «il était *sévère, défiant, haïssant* le monde» (l. 9-10) en antithèse avec la triade «elle avait de la douceur, de la bonté et de la politesse» (l. 28-29). Exemple de *dérivation* : «Le Roi était naturellement *jaloux*, et sa *jalousie*» (l. 24-25).

– En même temps que l'antithèse, l'autre figure centrale est la *litote*[9]. C'est une figure d'atténuation en apparence seulement, qui dit le moins pour faire entendre le plus, au contraire de l'*euphémisme*[10], dont l'effet d'atténuation vient du détour par la nomination indirecte. Figure éminemment subjective, la litote mobilise la compétence de l'énonciateur et celle de son destinataire dans le jeu sur l'intensité. Voici un exemple de litote fondé sur une négation à valeur d'assertion fortement positive : «il croyait que d'autres attachements *ne lui étaient pas désagréables*» (l. 23-24). En revanche, «et, avec beaucoup de vertu, *elle ne s'offensait pas d'être aimée*» (l. 30-31) n'est pas une litote : l'énoncé ne dit rien d'autre que le sens littéral – sur cette question, voir chap. 10, p. 191.

On voit que l'opposition entre «histoire» et «discours», dans ce début des *Mémoires* de La Rochefoucauld, est bien celle de deux types de repérage. Le repérage «déictique», qui se ressource à l'énonciation vive du mémorialiste, encadre un autre système qui prend pour repère le temps de l'événement passé. L'ensemble est unifié par une énonciation et un style

8. Le zeugme
«Figure de syntaxe qui consiste à réunir plusieurs membres de phrase au moyen d'un élément qu'ils ont en commun et qu'on ne répétera pas.» (Bernard Dupriez, *Gradus*, UGE, «10/18», 1980, p. 473.)
Le zeugme syntaxique se distingue du zeugme sémantique (ou «attelage» chez Morier), qui consiste à réunir dans une même construction des termes qui ne sont pas sur le même plan sémantique («vêtu de probité candide et de lin blanc»).

9. La litote
«Au lieu d'affirmer positivement une chose, elle nie absolument la chose contraire, ou la diminue plus ou moins, dans la vue même de donner plus d'énergie et de poids à l'affirmation positive qu'elle déguise. C'est [...] l'art de paraître affaiblir par l'expression, une pensée qu'on veut laisser dans toute sa force. On dit moins qu'on ne pense ; mais on sait bien qu'on ne sera pas pris à la lettre ; et qu'on fera entendre plus qu'on ne dit.» (Fontanier, *Les Figures du discours*, p. 133.)

10. L'euphémisme
Dumarsais le définit comme «une figure par laquelle on déguise des idées désagréables, odieuses ou tristes, sous des noms qui ne sont point les noms propres de ces idées ; ils leur servent comme de voile, et ils en expriment en apparence de plus agréables, de moins choquantes, ou de plus honnêtes, selon le besoin» (Dumarsais, *Des Tropes ou des différents sens,* éd. Françoise Douay-Soublin, Flammarion, 1988, p. 158. – 1ère éd. 1730).

qui allient l'expression de la non-personne et la présence d'une évaluation très forte, l'atténuation et la redondance sémantique, l'art de la pointe et la coexistence des contraires.

II. PROLONGEMENTS STYLISTIQUES

On pourra étudier, en prolongement :
– la construction des isotopies constitutives des portraits,
– le développement des antithèses,
– les oppositions d'aspect entre l'imparfait et le passé simple (imperfectif/perfectif) – voir chap. 3, p. 47-48. Voir aussi l'interprétation par la «mise en relief» chap. 5, p. 83-85.

■ **Indication bibliographique sur l'histoire des emplois du passé simple et du passé composé**
Nathalie Fournier, *Grammaire du français classique*, Belin, 2002 (chapitre 18). [L'ouvrage de référence sur le français classique.]

TEXTE
9

Jules Michelet
Histoire de la Révolution française, Livre I, chap. VII, éd. de P. Petitier, «Le Livre de Poche», 1988, p. 29.

De la Bastille, Michelet nous transporte à l'Hôtel de Ville, siège de l'autorité révolutionnaire provisoire.

Il était cinq heures et demie. Un cri monte de la Grève. Un grand bruit, d'abord lointain, éclate, avance, se rapproche, avec la rapidité, le fracas de la tempête... La Bastille est prise !

Dans cette salle déjà pleine, il entre d'un coup mille hommes, et
5   dix mille poussaient derrière. Les boiseries craquent, les bancs se renversent, la barrière est poussée sur le bureau, le bureau sur le président.

Tous armés, de façons[a] bizarres, les uns presque nus, d'autres vêtus de toutes couleurs. Un homme était porté sur les épaules et couronné de lauriers, c'était Elie[b], toutes les dépouilles et les prisonniers autour. En tête,
10   parmi ce fracas où l'on n'aurait pas entendu la foudre, marchait un jeune homme recueilli et plein de religion ; il portait suspendue et percée dans sa baïonnette une chose impie, trois fois maudite, le règlement de la Bastille.

Les clefs aussi étaient portées, ces clefs monstrueuses, ignobles, grossières, usées par les siècles et par les douleurs des hommes. Le hasard ou

15 la Providence voulut qu'elles fussent remises à un homme qui ne les
connaissait que trop, à un ancien prisonnier. L'Assemblée nationale les
plaça dans ses archives, la vieille machine des tyrans à côté des lois qui
ont brisé les tyrans. Nous les tenons encore aujourd'hui, ces clefs, dans
l'armoire de fer des archives de la France... Ah ! puissent, dans l'armoire
20 de fer, venir s'enfermer les clefs de toutes les bastilles du monde !

---

a. Au sens d'«allures».

b. «Vieux sous-officier qui a pris la tête des gardes françaises dans l'assaut final» (note de l'édition citée).

COMMENTAIRE DU TEXTE 9

L'évocation de ce 14 juillet 1789, vu de l'Hôtel de Ville, est celle d'un historien qui n'est jamais impassible, pour qui la parole historienne est la «résurrection de la vie intégrale» (Préface de 1869 à l'*Histoire de France*).

Aussi l'opposition entre l'«histoire» et le «discours» n'a-t-elle guère de sens chez Michelet, sinon pour dire que chez lui, tout est «discours». Il y a cependant des degrés dans l'intervention, dans la prise de parole, et une façon propre à Michelet d'écrire l'événement. C'est ce qui va nous retenir ici.

I. L'ÉNONCIATION

On peut distinguer trois plans d'énonciation, même si l'historien intervient à chaque moment :
– un récit où prédomine la «non-personne» : les tournures passives, la 3e personne et le «il» des tournures impersonnelles ou unipersonnelles («il entre d'un coup mille hommes», l. 4), avec pour temps du passé l'imparfait (imperfectif), le présent historique et le passé simple (perfectifs) ;
– un passage hybride, à l'indirect libre (sur cette notion, voir chap. 7, p. 115-117), où la voix de l'historien se fait l'écho de celle du peuple («La Bastille est prise !», l. 3) ;
– une prise de parole au présent («Nous les tenons encore aujourd'hui, ces clefs», l. 18). Le «nous» associe au «je» de l'énonciateur, de Michelet archiviste aussi, une personne plurielle, un «vous» élargi aux Français, par

CHAP. 4. TEMPS ET ÉNONCIATION   77

opposition à un tiers exclu («les tyrans»). L'adverbe «encore» marque la continuité entre le passé révolu de l'événement historique («L'Assemblée nationale les plaça dans ses archives», l. 16-17) et le présent de l'historien. Le passé composé de «à côté des lois qui ont brisé les tyrans» (l. 17-18) a une double valeur : celle de passé perfectif, en relation avec l'instance présente, mais surtout celle d'accompli pour le présent. La rupture exprimée («ont brisé») n'est pas seulement une métaphore, le passé composé la donne comme un fait acquis dans l'Histoire. Il semble que la parole historienne essaye ici ses pouvoirs : pouvoir de la mémoire (rappeler les acquis de la Révolution), pouvoir performatif aussi d'une énonciation qui prend parti pour le présent, et s'achève en souhait.

II. LES FORMES VERBALES DU RÉCIT

De la prise de la Bastille, Michelet retient la rumeur qui grandit, puis une scène divisée en deux : les hommes qui entrent, et la vision des clefs, symbole d'une tyrannie déchue. D'abord les sensations auditives, puis les choses vues. Le symbole s'incarne dans le sensible, il prend forme par l'intermédiaire d'un regard qui se fait témoin.

Trois ordres de questions retiendront notre attention :
– le présent historique,
– les tournures passives, pronominales et impersonnelles, et la syntaxe,
– la modalisation et la qualification subjective.

1. Le présent historique

C'est le temps principal du récit. Le passé simple n'intervient qu'à la fin, pour rétablir la distinction temporelle entre le passé et le présent. En revanche, le présent historique amenuise la distance entre le temps de l'événement et celui de la lecture. Dans un contexte au passé, il joue le rôle d'un passé perfectif, mais présente les faits comme s'ils étaient contemporains de leur réception. On peut rendre compte de ce décalage de plusieurs façons.

La rhétorique classique le décrit comme une énallage de temps. Selon Fontanier, «elle est très commune dans ces narrations et dans ces descriptions vives, animées, que l'on appelle *tableaux, images, hypotyposes.* Vous y voyez à tout moment le présent mis pour le passé.» (*Les Figures du discours*, p. 293.)[11] Mais cela n'explique rien.

Robert Martin propose d'appliquer au présent historique la distinction entre deux points de vue : celui du temps «*de re*» (celui de la situation chronologique du procès) et celui du temps «*de dicto*» («celui de la prise en charge des énoncés»). Cela permet de comprendre que le présent historique «donne pour contemporains des faits qui ne le sont pas» :

> «*De re* les faits sont saisis comme des faits passés ; *de dicto* ils sont pris en charge comme ils le seraient s'ils étaient des faits présents. [...] Tout se passe comme si, au moment même où les événements ont lieu, le locuteur les constatait et qu'ainsi la prise en charge de ce qu'il dit était simultanée, *de dicto*, des événements eux-mêmes.» (R. Martin, *Langage et croyance*, Bruxelles, Mardaga, 1987, p. 119.)

la fiction consistant à décaler la prise en charge énonciative du côté du passé.

Cette interprétation par le recours à la fiction est intéressante : le «comme si» résout la contradiction entre le repère historique «réel», et l'effet discursif du présent, sans pour autant supprimer la tension exigée du lecteur par ce déplacement imaginaire.

Dans le cadre d'une autre théorie linguistique, Antoine Culioli a recours, pour expliquer le «présent aoristique», à la notion de «repère-origine fictif» : le présent historique prend pour repère temporel un point fictif, construit à partir du repère de l'énonciation, mais coupé de lui, à la fois identifiable et non identifiable à lui («Valeurs aspectuelles et opérations énonciatives», p. 185-186). Se constitue ainsi un espace où les contradictions sont suspendues, comme dans les jeux («tu es le voleur, je suis le gendarme»), et de façon plus large dans les emplois d'ordre fantasmatique. L'intérêt de cette théorie est de relier l'emploi «historique» du présent à d'autres cas où le présent se construit en référence à un repère fictif (présent des indications scéniques, présent de scénario).

Dans le texte, les présents historiques inscrivent les étapes du récit. Ils ont une valeur perfective, renforcée par le sémantisme des verbes, presque tous conclusifs, la présence d'un adverbe comme «d'un coup» (l. 4), et la construction syntaxique (parataxe, zeugme) : «éclate,

11. L'hypotypose «peint les choses d'une manière si vive et si énergique, qu'elle les met en quelque sorte sous les yeux, et fait d'un récit ou d'une description, une image, un tableau, ou même une scène vivante.» (Fontanier, *op. cit.*, p. 390.)

avance, se rapproche» (l. 2), «Les boiseries craquent, les bancs se renversent, la barrière est poussée», l. 5-6). Ils créent, par ce télescopage des repères d'énoncé et d'énonciation, un effet fictif de proximité énonciative, qui devient, dans le fragment à l'indirect libre, une fusion des voix.

■ Indications bibliographiques sur le présent historique

Antoine Culioli, «Valeurs aspectuelles et opérations énonciatives», dans *La Notion d'aspect*, éd. par Jean David et Robert Martin, Klincksieck, 1980, p. 181-195.
Robert Martin, *Langage et croyance*, Bruxelles, Mardaga, 1987, p. 118-120.

2. Les tournures passives et pronominales, la tournure impersonnelle

Elles ont en commun d'effacer les traces de l'énonciateur.

Les *tournures passives* ont une valeur aspectuelle différente selon le contexte et le sémantisme, conclusif ou non conclusif, du verbe. Ainsi, le présent passif «la barrière est poussée sur le bureau», où le verbe est employé avec un complément, prend une valeur tensive, malgré le sens conclusif de «pousser» (= «on pousse la barrière sur le bureau»), alors que «La Bastille est prise», sans complément, a une valeur d'accompli (supposant : «on a pris la Bastille»).

La différence entre le passif et la tournure indéfinie avec «on» est que la tournure passive permet de ne pas exprimer l'agent, de le laisser implicite – ce qui, en l'occurrence, convient bien à l'expression d'une force collective, anonyme, comparée au déchaînement de forces naturelles (comparaison, filée, avec l'explosion d'une tempête).

Les *tournures pronominales*[12], tensives («Un grand bruit [...] se rapproche», l. 1-2, «les bancs se renversent», l. 5-6) correspondent ici à la catégorie des verbes neutres.

L'intérêt stylistique de ces tournures dans le texte est précisément leur autonomie sémantique à l'égard de tout agent, ce qui n'est pas le cas des tournures passives (qui n'expriment pas l'agent mais l'impliquent). «Un bruit se rapproche» et surtout «les bancs se renversent» évoquent donc un processus autonome. Il en va de façon un peu différente du souhait de la dernière phrase, qui en appelle à une transformation merveilleuse, où le sens réfléchi du pronom est réactivé.

12. Tournures pronominales et verbes neutres

On distingue traditionnellement, parmi les pronominaux,
– les verbes de *sens réfléchi* (restreints aux sujets animés : «il se regarde dans la glace»),
– les verbes de *sens réciproque* (avec un sujet pluriel, en principe animé : «ils se téléphonent souvent»),
– les verbes de *sens passif* (avec un sujet appartenant à la classe des inanimés : «ce disque se vend bien», ou un sujet générique : «les escrocs ne se comptent plus»),
– les verbes dits *essentiellement pronominaux* ou de sens lexicalisé (la tournure est figée et le pronom «se» inanalysable : «il se rend à son travail»), avec laquelle les verbes *neutres* sont souvent confondus. N. Ruwet a mis en évidence la particularité de ces verbes dont la catégorie paraît surtout pertinente pour des sujets inanimés ou collectifs («la foule se disperse») : la relation entre le sujet et l'objet est symétrique, ou, plus exactement, l'objet d'un verbe transitif («on disperse la foule») devient sujet d'un procès sans agent («la foule se disperse»).

La *tournure impersonnelle ou unipersonnelle* permet de jouer, comme les expressions passives, sur la place du sujet et la mise en valeur de l'information, en particulier lorsqu'elle rivalise avec une tournure personnelle possible. «Il entre d'un coup mille hommes» met en relief le verbe et le syntagme sujet, qui portent l'information nouvelle : «mille hommes» complète sémantiquement l'indice grammatical de sujet («il»).

■ **Indications bibliographiques sur les tournures pronominales**

Article «Les verbes pronominaux», du *Grand Larousse de la langue française*, et *Grammaire méthodique du français* de Martin Riegel, Jean-Christophe Pellat, René Rioul, PUF, 1994, p. 255-263 [pour une synthèse d'introduction].
Nicolas Ruwet, *Théorie syntaxique et syntaxe du français*, Éd. du Seuil, 1972, chap. 3, p. 87-125.

3. Modalisation, qualification

Sans entrer dans le détail, on peut aisément montrer le lien entre la qualification subjective, la modalisation, et la syntaxe.

La ponctuation suspensive, et la modalité exclamative de l'énoncé à l'indirect libre sont des marques de modalisation.

La qualification subjective dans le récit est exprimée par des *termes évaluatifs* : «grand», «lointain» (l. 1-2), «bizarres» (l. 7), l'adverbe *«déjà»* («cette salle *déjà* pleine», l. 4 – sur l'analyse de «déjà», voir chap. 8, p. 161), les nombres à valeur d'*hyperboles*[13], la formule hyperbolique «toutes les bastilles du monde», l'expression négative à valeur de *litote* «ne ... que trop» (l. 15-16), la comparaison de la tempête.

Elle est encore marquée par la présence, grandissante, d'expressions *axiologiques*[14] : d'adjectifs, de substantifs qui transmettent un jugement du type bon ou mauvais. L'isotopie du religieux oppose le bien au mal, à l'«impie», à la monstruosité de la tyrannie.

Enfin, de nouveau, on ne peut séparer la sémantique de la syntaxe et du rythme. On remarquera en particulier :
– le groupement binaire et ternaire des adjectifs («impie, trois fois maudite», l. 12, «monstrueuses, ignobles, grossières», l. 13-14) et le *zeugme* sémantique et syntaxique

13. Hyperbole
«Lorsque nous sommes vivement frappés de quelque idée que nous voulons représenter, et que les termes ordinaires nous paraissent trop faibles pour exprimer ce que nous voulons dire, nous nous servons de mots qui, à les prendre à la lettre, vont au-delà de la vérité, et représentent le plus ou le moins pour faire entendre quelque excès en grand ou en petit. Ceux qui nous entendent rabattent de leur expression ce qu'il faut en rabattre, et il se forme dans leur esprit une idée plus conforme à celle que nous voulons y exciter, que si nous nous étions servis de mots propres : par exemple, si nous voulons faire comprendre la légèreté d'un cheval qui court extrêmement vite, nous disons qu'*il va plus vite que le vent.*» (Dumarsais, *Des Tropes [...]*, éd. cit., p. 131-132.)

14. Axiologique
Parmi les mots évaluatifs, C. Kerbrat-Orecchioni distingue les termes «non axiologiques», qui marquent une évaluation subjective, sans juger de la qualité bonne ou mauvaise, et les termes «axiologiques» : les «termes péjoratifs (dévalorisants) / mélioratifs (laudatifs, valorisants)» (*L'Énonciation [...]*, éd. cit., p. 73).

(«usées par les siècles et par les douleurs des hommes»,
l. 14) ;
– le zeugme syntaxique, l. 6 : «la barrière est poussée sur
le bureau, le bureau sur le président», et la phrase sans
verbe, l. 7-8 ;
– les effets de reprise et d'apposition détachée qui jouent
du retard dans la désignation, et de la qualification
appréciative ;
– le détachement du complément d'objet à droite du syntagme verbal, avec anticipation du pronom : «Nous les
tenons encore aujourd'hui, ces clefs» (l. 18), repris en
écho à la phrase suivante par «les clefs».
– les figures de répétition, dont l'*épiphore* ou *conversion*,
le symétrique de l'anaphore, qui consiste à reprendre un
même terme ou une même expression à la fin de plusieurs propositions (Fontanier, p. 330) : «la vieille
machine des tyrans à côté des lois qui ont brisé les
tyrans» (l. 17-18).
– l'organisation vocalique et consonantique du texte.

Tout chez Michelet, est marque d'énonciation.
L'engagement de l'historien se lit dans l'écriture-même
de la non-personne, qui n'est pas pour autant impassible,
ni impartiale :

> «Je le déclare, cette histoire n'est pas impartiale. Elle ne
> garde pas un sage et prudent équilibre entre le bien et le mal.
> Au contraire, elle est partiale, franchement et vigoureuse-
> ment, pour le droit et la vérité» (Jules Michelet, *Histoire de
> France*, t. X, Conclusion).

■ Indications bibliographiques sur les expressions qualitatives et les modalisateurs

Catherine Kerbrat-Orecchioni, *L'Énonciation. De la subjectivité dans le langage,* Colin, 1980, p. 70-120 («Les subjectivèmes "affectif" et "évaluatif"»).
Jean-Claude Milner, *De la syntaxe à l'interprétation,* Éd. du Seuil, 1978, chap. IV à VI, p. 174-251. [Sur les expressions de qualité, du type «mon imbécile de frère».]

Chapitre 5

Temps, textualité
Les temps du passé

Nous avons abordé les temps du passé du point de vue de l'aspect et de l'énonciation. Nous allons maintenant considérer la perspective de la grammaire textuelle. Celle-ci dépasse le cadre de la phrase, comme l'approche énonciative de Benveniste, mais elle privilégie le rôle que jouent l'imparfait, le passé simple, et le passé composé dans la cohésion du texte.

I. L'IMPARFAIT ET LE PASSÉ SIMPLE

1. L'imparfait

On a vu qu'il existe une opposition d'aspect entre le passé simple et l'imparfait. L'imparfait, comme le présent, est un temps imperfectif, susceptible d'extensions d'emploi que ne connaît pas, de cette façon, le passé simple. Pierre Le Goffic l'explique par la spécificité aspectuelle de l'imparfait («Que l'imparfait n'est pas un temps du passé»). En bref, les valeurs de l'imparfait se répartissent en trois groupes :
– l'imparfait, temps du passé, à valeur imperfective, itérative, ou ponctuelle dans le cas précis de l'imparfait de rupture («Le lendemain, il partait») ;
– l'imparfait, transposition de l'indirect et de l'indirect libre dans un contexte au passé ;
– l'imparfait à valeurs modales : en subordonnées hypothétiques, ou comme imparfait «d'imminence» («un peu plus, et le train déraillait»).

A quoi l'on ajoute traditionnellement les emplois de l'imparfait hypocoristique («il était mignon le bébé»), ou d'atténuation («je voulais vous dire») : dans un contexte au présent, le décalage de l'imparfait est censé marquer une distance, une modalisation de l'énoncé.

Nous nous limiterons ici aux emplois de l'imparfait comme «temps du passé». Mais c'est précisément la valeur temporelle de ce «tiroir» qui est contestée par la grammaire de phrase et la grammaire de texte.

2. Imparfait et passé simple : la mise en relief

La grammaire de phrase montre que l'imparfait ne peut suffire à créer un ancrage temporel, à la différence du passé simple. C'est un temps anaphorique, qui doit se relier à un repère temporel défini par ailleurs, «et qui tire toutes ses déterminations du contexte» (Pierre Le Goffic, art. cit., p. 55) : si le passé simple «inscrit dans le passé», l'imparfait «s'inscrit dans un passé» (*ibid.*, p. 59).

La grammaire de texte, de son côté, considère le texte non comme une succession de phrases, mais comme un ensemble gouverné par des règles de progression et de répétition. Elle rejette l'étude de l'aspect et de la temporalité au seul plan de la phrase, au profit d'une analyse du rôle des temps verbaux dans la cohésion du texte.

Harald Weinrich aborde ainsi les formes verbales selon trois points de vue : l'attitude de locution, la perspective de locution, et la mise en relief.

– *L'attitude de locution* est définissable par le degré de tension du locuteur à l'égard de son énoncé, et de son destinataire. Elle recouvre l'opposition entre les temps du «*récit*» (passé simple, imparfait, plus-que-parfait, formes en «-rait») et ceux du «*commentaire*» (présent, passé composé, futurs). En dépit des apparences, ces catégories ne correspondent pas exactement à celles de Benveniste : elles diffèrent d'avec celles-ci par la perspective, plus psychologique, et par l'organisation des éléments du langage (il est question principalement des temps verbaux, et l'imparfait est réservé au seul «récit», alors qu'il ressortit aussi bien au «discours» qu'à l'«histoire» chez Benveniste). Weinrich aboutit à l'idée que les temps verbaux, dépourvus de leur rôle temporel, ont une valeur de signal de l'un ou l'autre régime, indépendant de la situation chronologique.

– *La perspective de locution* désigne la capacité d'une forme verbale à exprimer la rétrospection (information rapportée) ou la prospection (information anticipée), et la perspective zéro.

– *La mise en relief* concerne l'alternance de l'imparfait, et des formes en «-ait» avec le passé simple dans le «récit». Le passé simple, temps de l'information nouvelle, constitue la trame narrative du récit. C'est le temps de l'«*événement inouï*» (p. 115), du premier plan. L'imparfait, en revanche, est réservé aux «circonstances secondaires, aux descriptions, réflexions, et à tout ce que l'auteur désire repousser à l'arrière-plan» (*ibid.*)[1].

1. Voir l'encadré ci-dessous.

Weinrich évoque par ailleurs les transitions d'un plan à l'autre : certains adverbes ou expressions adverbiales comme «or», «or un soir», «une fois», «un jour» fonctionnent comme signaux de passage «du temps de l'arrière-plan à celui du premier-plan» (*ibid.*, p. 274), alors que «d'autres accompagnent de préférence les transitions homogènes» (c'est-à-dire internes à un même plan, *ibid.*, p. 275). Ce sont «(et) puis», «alors», qui «peuvent être regroupés dans la catégorie des *adverbes de la consécution narrative*» (*ibid.*, p. 276).

Cette approche textuelle des temps du passé n'est d'ailleurs pas incompatible avec l'approche aspectuelle. L'autonomie temporelle du passé simple et sa perfectivité ne sont pas étrangers à son rôle dans la constitution d'un premier plan du récit, de même que l'imperfectivité et la valeur anaphorique et thématique de l'imparfait (O. Ducrot – voir *infra,* p. 95) lui permettent de présenter des informations comme acquises, rattachées à l'arrière-plan.

■ **Indications bibliographiques sur l'imparfait et les temps du passé**

Jean-Michel Adam, *Langue et littérature. Analyses pragmatiques et textuelles,* Hachette, 1991 («*Si* hypothétique et l'imparfait : une approche linguistique de la fictionalité»).

Jean-Michel Adam, «Un très beau cadeau à la linguistique : la définition du passé simple par Roland Barthes», dans *Barthes après Barthes. Une actualité en questions,* Publications de l'Université de Pau, 1993, p. 91-103.

Oswald Ducrot, «L'imparfait en français», *Linguistische Berichte,* n°60, avril 1979, p. 1-23.

Langue française, n°67, sept. 1985, «La pragmatique des temps verbaux».

Langue française, n°138, mai 2003, «Temps et co(n)texte».

Pierre Le Goffic, «Que l'imparfait n'est pas un temps du passé», dans *Points de vue sur l'imparfait,* Centre de Publications de l'Université de Caen, 1986, p. 55-69.

Harald Weinrich, *Le Temps,* trad. fr., Éd. du Seuil, 1973.

3. Fiction et non fiction

Quant à la valeur temporelle des temps verbaux, elle n'est pas incompatible avec leur fonction narrative. Mais il faut distinguer, de fait, entre *récit fictif* et *non fictif.* Dans un récit non fictif, il est indéniable que les temps du passé ont un rôle temporel. Dans le récit de fiction, ce n'est pas aussi simple. «Il était une fois» joue bien le rôle d'un signal de fiction, signal de l'*incipit* du conte, et les récits de science-fiction recourent aux temps du passé pour désigner une époque future. Cela conduit Käte Hamburger[2] à dissocier de toute référence chronologique les temps verbaux dans le récit à la 3e personne, qu'elle nomme la «fiction épique». Pour K. Hamburger, la fiction narrative – restreinte d'ailleurs au seul récit à la 3e personne – a pour propriété de produire son objet, de créer sa propre référence :

> «On le voit : la fiction épique, la chose racontée n'est pas un objet pour la narration. Sa fictivité, c'est-à-dire sa non-réalité, signifie qu'elle n'existe pas indépendamment du fait de sa narration, qu'elle en est le produit. La narration est donc une fonction (la fonction narrative), productrice du récit, maniée par le narrateur comme le peintre manie couleurs et pinceaux.» (Käte Hamburger, *Logique des genres littéraires*, éd. cit., p. 126.)

Sa position est radicalement différente de celle d'un linguiste comme J. Searle (*Sens et expression*, trad. fr., Éd. de Minuit, 1982), pour qui la fiction utilise le langage

2. Käte Hamburger, *Logique des genres littéraires,* trad. fr., Éd. du Seuil, 1986.

ordinaire, et ne se distingue que par l'acte de langage qui la constitue. Selon K. Hamburger, le récit de fiction à la 3ᵉ personne se caractérise par un certain nombre d'indices de fictionalité : l'atemporalité des temps verbaux, l'emploi de verbes psychologiques, le recours à l'indirect libre qui permet de représenter la subjectivité de «sujets-origines» fictifs, et la présence de verbes de situation comme «se lever», rapportés à des moments révolus. Tous ces traits détachent la fiction du monde ordinaire et la constituent comme fiction.

Les thèses du livre prêtent à discussion. Mais, s'il est difficile de supprimer toute valeur temporelle aux temps verbaux (ne serait-ce qu'au sein même de l'histoire fictive), il n'est pas inintéressant de les considérer aussi comme des procédés de fictionalisation, dans une fiction «qui *constitue* à mesure ce qu'elle prétend représenter» (G. Genette, Préface à *Logique des genres littéraires*, p. 14).

LE PASSÉ SIMPLE ET L'ÉCRITURE DU ROMAN

«Retiré du français parlé, le passé simple, pierre d'angle du Récit, signale toujours un art ; il fait partie d'un rituel des Belles-Lettres. Il n'est plus chargé d'exprimer un temps. Son rôle est de ramener la réalité à un point, et d'abstraire de la multiplicité des temps vécus et superposés un acte verbal pur, débarrassé des racines existentielles de l'expérience, et orienté vers une liaison logique avec d'autres actions, d'autres procès, un mouvement général du monde : il vise à maintenir une hiérarchie dans l'empire des faits. Par son passé simple, le verbe fait implicitement partie d'une chaîne causale, il participe à un ensemble d'actions solidaires et dirigées, il fonctionne comme le signe algébrique d'une intention ; soutenant une équivoque entre temporalité et causalité, il appelle un déroulement, c'est-à-dire une intelligence du Récit. C'est pour cela qu'il est l'instrument idéal de toutes les constructions d'univers ; il est le temps factice des cosmogonies, des mythes, des Histoires et des Romans. [...] Le passé simple est précisément ce signe opératoire par lequel le narrateur ramène l'éclatement de la réalité à un verbe mince et pur, sans densité, sans volume, sans déploiement, dont la seule fonction est d'unir le plus rapidement possible une cause et une fin.»

Roland Barthes, «L'écriture du Roman», dans *Le Degré zéro de l'écriture* (1953), Éd. du Seuil, rééd. «Points», 1972, p. 25-26.

■ **Indications bibliographiques sur les approches linguistiques de la fiction narrative**

Dorrit Cohn, *Le Propre de la fiction*, trad. fr., Éd. du Seuil, 2000. [Sur les marqueurs narratologiques et linguistiques de la fictionalité.]
Gérard Genette, *Fiction et diction*, Éd. du Seuil, 1991 («Les actes de fiction», «Récit fictionnel, récit factuel», p. 41-94).
Käte Hamburger, *Logique des genres littéraires*, trad. fr., Éd. du Seuil, 1986 (Préface de G. Genette, p. 7-16).

Langue française, n°128, décembre 2000, «L'ancrage énonciatif des récits de fiction». [Mise en perspective des différentes approches énonciatives des récits de fiction].

Robert Martin, «Le paradoxe de la fonction narrative. Essai de traitement sémantico-logique», *Le Français moderne*, oct. 1988, p. 161-173 (discussion des théories de la fiction narrative), repris en partie dans *Pour une logique du sens*, PUF, 2ᵉ éd., 1992, chap. VI.

II. L'IMPARFAIT DE RUPTURE

L'*imparfait historique* ou *de rupture* se développe essentiellement après 1850 dans le roman et la nouvelle. Cette extension accompagne celle de l'imparfait d'arrière-plan dans le roman du XIXᵉ siècle. L'imparfait de rupture se distingue cependant des emplois habituels de l'imparfait en ce qu'il marque un procès perfectif, et qu'il peut faire progresser le récit. Mais ce n'est pas de la même façon que le passé simple : il joue en fait un rôle de clôture d'un épisode, ou d'une histoire, et son emploi est circonscrit à ces zones de transition ou de fin. Il se réduit le plus souvent à une phrase après un passé simple. On en prendra deux exemples.

Le premier exemple d'imparfait historique clôt le conte de Maupassant, *La Chambre 11*.

Tout le récit est une réponse à la question initiale : «– Comment ! vous ne savez pas pourquoi on a déplacé M. le premier président Amandon ?» La réponse est dans la chambre 11 de l'hôtel du Cheval d'or, que Mme Amandon loue à l'année, sous le nom de Mlle Clarisse, pour rencontrer ses amants, et où elle a découvert le cadavre d'un homme, qu'on avait logé là, faute de place.

> «Les explications furent difficiles. M. Tourveau, cependant, raconta la vérité et demanda qu'on relâchât immédiatement Mamzelle Clarisse, dont il répondait sur sa tête. Mais le commis-voyageur en chaussettes, ayant examiné le cadavre, affirma qu'il y avait crime, et il décida les autres voyageurs à empêcher qu'on laissât partir Mamzelle Clarisse et son amant.
>
> Ils durent attendre l'arrivée du commissaire de police, qui leur rendit la liberté, mais qui ne fut pas discret.
>
> Le mois suivant, M. le Premier Amandon recevait un avancement avec une nouvelle résidence.» (Guy de Maupassant, *La Chambre 11* [1884], dans *Toine*, Gallimard, «Folio», 1991, p. 142.)

Cet imparfait clôt le conte : il énonce une information qui fait avancer le récit mais qui est rattachée à l'unité thématique précédente. Un passé simple serait perçu comme le point de départ d'une nouvelle série, alors que l'imparfait présente «une vue totalisante» (O. Ducrot). Le rattachement thématique est souligné par la présence d'indications temporelles accompagnant l'imparfait de rupture («Le mois suivant»). L'ancrage temporel peut être aussi constitué implicitement par la situation discursive antérieure. On trouvera nombre de ces imparfaits dans les *Contes* de Maupassant (voir les analyses de Weinrich, *Le Temps*, p. 131-133).

Il en va de même pour cet autre exemple pris dans le «Journal» de Roquentin, dans *La Nausée*. Le narrateur évoque son retour en France, après son refus d'accompagner son supérieur au Bengale.

> «– Je vous remercie, mais je crois que j'ai assez voyagé : il faut maintenant que je rentre en France.
>
> Le surlendemain, je prenais le bateau pour Marseille.
>
> Si je ne me trompe pas, si tous les signes qui s'amassent sont précurseurs d'un nouveau bouleversement de ma vie, eh bien, j'ai peur.» (Jean-Paul Sartre, *La Nausée* (1938), Gallimard, «Folio», p. 17-18.)

L'imparfait désigne un événement ponctuel, daté par l'expression adverbiale «Le surlendemain», mais l'énoncé n'ouvre pas sur une suite temporelle. Il vient au contraire conclure l'étape du récit, qui laisse place au retour du «discours».

■ **Indications bibliographiques sur l'imparfait de rupture**

Oswald Ducrot, «L'imparfait en français», *Linguistische Berichte,* n°60, avril 1979, p. 11-12.
Liliane Tasmowski-de Ryck, «L'imparfait avec et sans rupture», *Langue française*, n°67, p. 59-77.
Harald Weinrich, *Le Temps*, trad. fr., Éd. du Seuil, 1973, p. 131-133.

III. LES DÉICTIQUES TEMPORELS ET LES TEMPS DU PASSÉ

Marcel Vuillaume s'est intéressé à l'alliance paradoxale de récits de fiction au passé avec des déictiques temporels. Voici l'exemple inaugural, tiré du *Rouge et le Noir* de Stendhal :

«Notre héros eut la gaucherie de s'arrêter auprès de cette petite chaise de paille, qui jadis avait été le témoin de triomphes si brillants. Aujourd'hui personne ne lui adressa la parole ; sa présence était comme inaperçue et pire encore.» (cité par Marcel Vuillaume, *Grammaire temporelle des récits*, p. 9).

La question est de savoir comment expliquer «*Aujourd'hui* personne ne lui adressa la parole». Il ne s'agit pas d'un contexte à l'indirect libre (du type de «Demain c'était dimanche»), renvoyant à l'énonciation du personnage. Le déictique ne renvoie pas non plus au temps de l'écriture, comme dans :

«Il y a *aujourd'hui* trois cent quarante-huit ans six mois et dix-neuf jours que les Parisiens s'éveillèrent au bruit de toutes les cloches sonnant à la grande volée dans la triple enceinte de la Cité, de l'Université et de la ville» (V. Hugo, *Notre-Dame de Paris*, cité par M. Vuillaume, *ibid.,* p. 26).

Il ne fait pas non plus référence à la scène de la lecture, comme cette métalepse narrative[2] d'Alexandre Dumas :

«Tel était le préambule que nous devions à nos lecteurs ; *maintenant,* retrouvons nos personnages.» (A. Dumas, *Le Collier de la reine*, cité et par M. Vuillaume, *ibid.,* p. 29.)

M. Vuillaume propose de recourir à la double dimension des récits de fiction : «D'une part, ils se présentent comme s'ajustant après coup à une réalité passée, c'est-à-dire antérieure à la date de leur production. Mais d'autre part, ils possèdent la propriété singulière de ressusciter l'univers qu'ils décrivent» (p. 69-70). Il explique ainsi les combinaisons du type «aujourd'hui/maintenant + temps du passé», en considérant que «l'adverbe – *aujourd'hui, maintenant*, etc. – se définit par rapport au moment de la lecture et date, non pas l'événement auquel réfère la proposition au passé, mais le reflet présent de cet événement» (p. 74). Le point de repère serait ainsi la scène de la fiction, actualisée par la lecture.

2. Métalepse narrative
G. Genette appelle «métalepse narrative» la figure «par laquelle le narrateur feint d'entrer (avec ou sans son lecteur) dans l'univers diégétique» (*Figures III,* éd. cit., p. 135, n.1). Sur les métalepses comme transgressions des niveaux narratifs, voir aussi *ibid.,* p. 243-245.

■ Indications bibliographiques sur les déictiques temporels et les temps du passé

Jean-Michel Adam, *Du style dans la langue*, Lausanne, Delachaux et Niestlé, 1997, chapitre 8. [Sur les déictiques temporels chez P. Modiano.]
Marcel Vuillaume, *Grammaire temporelle des récits*, Éd. de Minuit, 1990. [Contient une discussion des théories de H. Weinrich et de K. Hamburger sur la temporalité des récits de fiction.]

IV. LE PASSÉ COMPOSÉ

La théorie de l'énonciation permet de lire le passé composé comme un passé du «discours» mais elle ne rend pas compte de son rôle dans l'enchaînement narratif. Pour Weinrich, le passé composé est un temps de la rétrospection, qui se prête mal à la continuité narrative. Ceci explique qu'on ait recours, en compensation, à des adverbes de la continuité narrative («puis», «alors»...). Weinrich illustre son propos par l'exemple, combien célèbre, de *L'Étranger* de Camus, dont Sartre écrivait dans *Situations I* :

> «[...] une phrase de *L'Étranger* c'est une île. Et nous cascadons de phrase en phrase, de néant en néant. C'est pour accentuer la solitude de chaque unité phrastique que M. Camus a choisi de faire son récit au parfait composé.» (Jean-Paul Sartre, *Critiques littéraires (Situations, I)*, Gallimard, 1947, rééd. «Idées», p. 142-143).

EXEMPLES

Nous étudierons l'alternance de l'imparfait et du passé simple, et la mise en relief dans le récit à partir des exemples de Queneau (Exercices de style) *et de Voltaire* (Candide). *Nous analyserons ensuite l'emploi du passé composé en liaison avec l'enchaînement du récit dans un passage du* Dernier Jour d'un condamné *de Victor Hugo.*

TEXTE
10

Raymond Queneau
Exercices de style, Gallimard, 1947, p. 49-50.

Passé simple

Ce fut midi. Les voyageurs montèrent dans l'autobus. On fut serré. Un jeune monsieur porta sur sa tête un chapeau entouré d'une tresse, non d'un ruban. Il eut un long cou. Il se plaignit auprès de son voisin des
5   heurts que celui-ci lui infligea. Dès qu'il aperçut une place libre, il se précipita vers elle et s'y assit.

Je l'aperçus plus tard devant la gare Saint-Lazare. Il se vêtit d'un pardessus et un camarade qui se trouva là lui fit cette remarque : il fallut mettre un bouton supplémentaire.

Imparfait

C'était midi. Les voyageurs montaient dans l'autobus. On était serré. Un jeune monsieur portait sur sa tête un chapeau qui était entouré d'une tresse et non d'un ruban. Il avait un long cou. Il se plaignait auprès de
5 son voisin des heurts que ce dernier lui infligeait. Dès qu'il apercevait une place libre, il se précipitait vers elle et s'y asseyait.

Je l'apercevais plus tard, devant la gare Saint-Lazare. Il se vêtait d'un pardessus et un camarade qui se trouvait là lui faisait cette remarque : il fallait mettre un bouton supplémentaire.

COMMENTAIRE DU TEXTE 10

I. LE PASSÉ SIMPLE

Parmi les 99 «Exercices de style» de Queneau, ces deux variations au passé simple et à l'imparfait ont en commun de créer un récit intenable, par l'emploi unique d'un temps de l'arrière-plan ou du premier-plan. Ils montrent ainsi, par défaut, les propriétés complémentaires de chaque temps.

Le sémantisme des verbes d'état est peu compatible avec le passé simple. Celui-ci pose des événements, dont l'énumération s'interprète comme une succession temporelle. C'est ce qui ne va pas dans le premier paragraphe : «Ce fut midi», «On fut serré» (l. 2), «Un jeune monsieur porta» (l. 3), «Il eut un long cou» (l. 4) présentent des propriétés sur le même plan que les faits de la trame événementielle. La suite des passés simples s'ordonne comme une suite chronologique.

Parmi ces faits, il en est, d'autre part, qui font dérailler la logique narrative. Étant donné le syntagme pluriel, «des heurts que celui-ci lui infligea» énonce un procès répétitif, incohérent avec «se plaignit». A cela s'ajoute l'inadéquation du syntagme «infliger des heurts», qui tend à transformer les chocs de l'autobus en coups intentionnels.

Dans le second paragraphe, l'emploi du passé simple insère «Il se vêtit» (l. 7) dans une série d'événements successifs : «apercevoir», «se vêtir», «faire une remarque», «mettre un bouton». L'énoncé est bien entendu possible, mais il transforme une description en récit : un imparfait passif comme «il était vêtu» aurait posé l'objet de la description comme un état contemporain du passé simple, une tournure pronominale à l'imparfait («il se vêtait») l'aurait présenté comme un procès en cours, également contemporain du passé simple. Si l'on peut admettre la succession des procès, il manque une motivation à leur enchaînement : «il se vêtit» laisse attendre une suite qui tourne court. Le récit perd en effet sa cohésion avec la dernière phrase, qui ne peut représenter la suite au direct ou à l'indirect, attendue après «cette remarque». L'énoncé au passé simple «Il fallut mettre un bouton supplémentaire» ne peut indiquer que la conséquence d'une «remarque» qui n'est pas formulée. Il s'inscrit dans une chaîne narrative dont les liens de cause à effet font défaut.

II. L'IMPARFAIT

Si l'absurdité de ce récit tout au passé simple tient à la production d'une «vision éclatée, de pure successivité, sans lien intelligible» (P. Le Goffic, art. cit., p. 61), celle du récit tout à l'imparfait vient de ce que «les ancrages référentiels et temporels du texte dans son ensemble sont inexistants ou contradictoires» (*ibid.*, p. 60). L'imparfait, imperfectif, inscrit un arrière-plan qui n'en finit pas de nous faire attendre l'événement inouï. Après «dès que», l'imparfait itératif produit une situation absurde, proche de l'univers des comiques muets (comme dit P. Le Goffic, «le maniaque de la place libre»).

Quant à l'imparfait du second paragraphe, il lui manque un repère temporel qui permette de dater l'indication relative «plus tard», et de fixer la référence. Contrairement au passé simple, l'imparfait ne peut à lui seul inscrire la temporalité. Tout ce qui suit «Je l'apercevais» est ainsi présenté dans un déroulement sans limite, et constitue un arrière-plan sans contours, qui n'ouvre sur aucun événement. Ce qui ne veut pas dire qu'un récit (ou, disons, de façon plus large, une fiction) tout à l'imparfait (ou tout au passé simple) ne soit pas concevable. Mais l'emploi de chacun des temps est régi par des contraintes, qui tiennent à la mise en valeur de l'information, à l'insistance sur l'événementiel ou au contraire sur l'état des choses : il n'est pas surprenant que l'imparfait et le présent, imperfectifs tous les deux, aient pris tant de place dans le roman depuis Flaubert.

On pourra, à titre d'exercice, analyser le fonctionnement de la mise en relief dans le «Récit» des *Exercices de style*.

Récit

«Un jour vers midi du côté du parc Monceau, sur la plate-forme arrière d'un autobus à peu près complet de la ligne S (aujourd'hui 84), j'aperçus un personnage au cou fort long qui portait un feutre mou entouré d'un galon tressé au lieu de ruban. Cet individu interpella tout à coup son voisin en prétendant que celui-ci faisait exprès de lui marcher sur les pieds chaque fois qu'il montait ou descendait des voyageurs. Il abandonna d'ailleurs rapidement la discussion pour se jeter sur une place devenue libre.

Deux heures plus tard, je le revis devant la gare Saint-Lazare en grande conversation avec un ami qui lui conseillait de diminuer l'échancrure de son pardessus en en faisant remonter le bouton supérieur par quelque tailleur compétent.»

Raymond Queneau,
Exercices de style, éd. cit., p. 27.

11

Voltaire
Candide (1759), chap. V, «Tempête, naufrage, tremblement de terre, et ce qui advint du docteur Pangloss, de Candide et de l'anabaptiste Jacques», dans Voltaire, *Romans et contes,* Gallimard, «Folio», 1972, p. 147-1480.

La moitié des passagers, affaiblis, expirants de ces angoisses inconcevables que le roulis d'un vaisseau porte dans les nerfs et dans toutes les humeurs du corps agitées en sens contraires, n'avait pas même la force de s'inquiéter du danger. L'autre moitié jetait des cris et faisait des prières ;
5 les voiles étaient déchirées, les mâts brisés, le vaisseau entrouvert. Travaillait qui pouvait, personne ne s'entendait, personne ne commandait. L'anabaptiste aidait un peu à la manœuvre ; il était sur le tillac ; un matelot furieux le frappe rudement et l'étend sur les planches ; mais du coup qu'il lui donna il eut lui-même une si violente secousse qu'il tomba hors du vais-
10 seau la tête la première. Il restait suspendu et accroché à une partie de mât rompue. Le bon Jacques court à son secours, l'aide à remonter, et de l'effort qu'il fit il est précipité dans la mer à la vue du matelot, qui le laissa périr sans daigner seulement le regarder. Candide approche, voit son bienfaiteur qui reparaît un moment et qui est englouti pour jamais. Il veut se jeter après
15 lui dans la mer ; le philosophe Pangloss l'en empêche, en lui prouvant que la rade de Lisbonne avait été formée exprès pour que cet anabaptiste s'y noyât. Tandis qu'il le prouvait *a priori*, le vaisseau s'entrouvre, tout périt, à la réserve de Pangloss, de Candide, et de ce brutal de matelot qui avait noyé le vertueux anabaptiste ; le coquin nagea heureusement[a] jusqu'au rivage, où
20 Pangloss et Candide furent portés sur une planche.

Quand ils furent revenus un peu à eux, ils marchèrent vers Lisbonne ; il leur restait quelque argent, avec lequel ils espéraient se sauver de la faim après avoir échappé à la tempête.

a. adverbe d'énoncé : «avec succès».

■ **Indication bibliographique**

Jean Starobinski, «Sur le style philosophique de *Candide*», repris dans *Le Remède dans le mal*, Gallimard, 1989, p. 123-144.

COMMENTAIRE DU TEXTE 11

I. L'IMPARFAIT ET LA MISE EN RELIEF

Nous étudierons dans ce récit de la tempête et du naufrage les effets de sens de l'imparfait, et la valeur stylistique de son alternance avec le présent historique et le passé simple.

1. L'imparfait

L'imparfait transforme le récit du naufrage en tableau. O. Ducrot rend compte de cet effet stylistique par la «fonction qualificatrice» de l'imparfait. Selon lui, l'énoncé à l'imparfait suppose un thème temporel, à savoir, «soit une période du passé, soit plus fréquemment, un objet ou événement considéré à l'intérieur d'une certaine période du passé» (art. cit., p. 6) et il le qualifie dans sa totalité. L'événement présenté à l'imparfait est transformé en propriété, en qualité. «Lorsqu'un événement est rapporté à l'imparfait, il semble donc qu'on ne le voie pas apparaître, se produire : on le voit, pour ainsi dire, déjà là» (p. 10). Ainsi, «on comprend qu'un énoncé à l'imparfait ne puisse pas être perçu comme un récit. Car son thème temporel n'est pas présenté comme une succession d'instants, mais comme un bloc inanalysable». Une succession de verbes à l'imparfait est vue «comme autant de caractérisations successives du même objet» (p. 11). Cette analyse est une autre façon de rendre compte des effets d'arrière-plan.

Et de fait, le récit du naufrage se donne à lire comme l'évocation simultanée d'états relevant d'une même unité thématique, inscrite dans la même unité de temps. La syntaxe y est aussi pour quelque chose : elle procède d'un «style de la soustraction» (J. Starobinski), fait d'ellipses, d'asyndètes, et elle tend à transposer, dans la juxtaposition linéaire, la simultanéité temporelle. Même la situation du matelot («Il restait suspendu et accroché à une partie de mât rompue», l. 10-11), qui forme une étape ultérieure de l'histoire, ne paraît pas faire avancer le récit. L'ensemble produit une hypotypose, qui présente comme sous les yeux cette histoire de tempête et de naufrage.

2. Le présent historique, le passé simple et la mise en relief

Une des caractéristiques de ce début de chapitre est en effet le recours au présent historique, en alternance rapide avec le passé simple :

> «L'anabaptiste aidait un peu à la manœuvre ; il était sur le tillac ; un matelot furieux le frappe rudement et l'étend sur les planches ; mais du coup qu'il lui donna il eut lui-même une si violente secousse [...]» (l. 7-9),

ou encore :

> «Le bon Jacques court à son secours, l'aide à remonter, et de l'effort qu'il fit il est précipité dans la mer à la vue du matelot, qui le laissa périr [...]» (l. 11-12).

Le présent historique, on l'a vu au chapitre précédent, opère un raccourci temporel et énonciatif, comme si l'énonciation se faisait contemporaine de l'événement, alors que le passé simple présente les faits rapportés dans la distance d'un passé révolu.

L'emploi du présent n'est pas sans conséquences sur la progression du texte. L'enchaînement du présent historique et du passé simple dans la même phrase crée une disparate énonciative qui déréalise l'objet du récit. C'est d'autre part le présent historique et non le passé simple qui sert ici de relais perfectif à l'imparfait. Ce passage de l'imparfait au présent historique ne constitue pas une mise en relief, comme celui de l'imparfait au passé simple : le présent historique implique un changement de prise en charge énonciative, qui atténue l'opposition des plans et complète l'effet de tableau.

II. PROLONGEMENTS STYLISTIQUES

On pourra retenir :
– le style de soustraction (les effets de style coupé – voir chap. 12, p. 272-273 – et l'enchaînement du récit) ;

– les formes de la dénomination, en particulier les expressions de qualité («ce brutal de matelot») ;
– les expressions passives ;
– les marques de l'ironie (voir chap. 8).

Victor Hugo
Le Dernier Jour d'un condamné (1829), chapitre XLVIII, «Le Livre de Poche», 1989, p. 152-153.

TEXTE
12

Ils m'ont fait traverser leurs corridors et descendre leurs escaliers. Ils m'ont poussé entre deux guichets du rez-de-chaussée, salle sombre, étroite, voûtée, à peine éclairée d'un jour de pluie et de brouillard. Une chaise était au milieu. Ils m'ont dit de m'asseoir ; je me suis assis.

5 Il y avait près de la porte et le long des murs quelques personnes debout, outre le prêtre et les gendarmes, et il y avait aussi trois hommes.

Le premier, le plus grand, le plus vieux, était gras et avait la face rouge. Il portait une redingote et un chapeau à trois cornes déformé. C'était lui.

C'était le bourreau, le valet de la guillotine. Les deux autres étaient 10 ses valets, à lui.

A peine assis, les deux autres se sont approchés de moi, par derrière, comme des chats ; puis tout à coup j'ai senti un froid d'acier dans mes cheveux, et les ciseaux ont grincé à mes oreilles.

Mes cheveux, coupés au hasard, tombaient par mèches sur mes 15 épaules, et l'homme au chapeau à trois cornes les époussetait doucement avec sa grosse main.

Autour, on parlait à voix basse.

Il y avait un grand bruit au-dehors, comme un frémissement qui ondulait dans l'air. J'ai cru d'abord que c'était la rivière ; mais, à des 20 rires qui éclataient, j'ai reconnu que c'était la foule.

Un jeune homme, près de la fenêtre, qui écrivait, avec un crayon, sur un portefeuille, a demandé à un des guichetiers comment s'appelait ce qu'on faisait là.

– La toilette du condamné, a répondu l'autre.

25 J'ai compris que cela serait demain dans le journal.

PRÉSENTATION DU TEXTE 12

Le Dernier Jour d'un condamné est le journal intime fictif d'un condamné à mort. La force du texte est précisément ce discours en «je», qui en 1829 n'était pas signé, ni précédé de la préface où l'auteur «déclare, ou plutôt [...] avoue hautement que *Le Dernier Jour d'un condamné* n'est autre chose qu'un plaidoyer, direct ou indirect, comme on voudra, pour l'abolition de la peine de mort». Flaubert ne s'y est pas trompé, préférant aux réflexions moralisatrices de *La Case de l'Oncle Tom*, l'exposition des faits par le narrateur hugolien :

> «Les réflexions de l'auteur m'ont irrité tout le temps. Est-ce qu'on a besoin de faire des réflexions sur l'esclavage ? Montrez-le, voilà tout. – C'est là ce qui m'a toujours semblé fort dans *Le Dernier Jour d'un condamné*, pas une réflexion sur la peine de mort (il est vrai que la préface échigne le livre, si le livre pouvait être échigné).» (Lettre à Louise Colet, [9 décembre 1852].)

Le passage que nous étudions provient du chap. XLVIII, écrit «D'une chambre de l'hôtel de ville», où le condamné, qui a demandé à faire une dernière déclaration, attend «quelque procureur du roi», avant son exécution.

Avant *L'Étranger* de Camus, Hugo propose un récit au passé composé, marqué par la discontinuité, l'impression d'étrangeté, et la peur.

COMMENTAIRE DU TEXTE *12*

LE PASSÉ COMPOSÉ ET LA COHÉSION DU RÉCIT

1. Le passé composé

Le passé composé désigne un passé immédiat. Le présent de référence est le temps de l'écriture du journal. Il sert aussi de repère au déictique «demain» («J'ai compris que cela serait demain dans le journal», l. 25 – en un autre sens du mot «journal», celui pour lequel le «jeune homme» prend des notes).

Le passé composé a valeur de passé perfectif, en alternance avec l'imparfait d'arrière-plan[3]. A l'imparfait nous sont données les perceptions du condamné, visuelles, et auditives, de ce qui l'entoure. Mais le passé composé se prête mal à la continuité narrative : chaque énoncé paraît isolé des autres.

3. Bien que Weinrich limite la mise en relief au récit au passé simple.

2. Le mode d'enchaînement du récit

Cela est renforcé par le mode d'enchaînement du récit, dominé par la discontinuité.

Prédomine *l'asyndète*, soulignée par la fragmentation des paragraphes. Les seuls liens syntaxiques sont des outils de coordination ou des substituts adverbiaux, à valeur de succession chronologique et de liaison du récit («et», «puis») ou à valeur d'opposition («mais»).

Hugo emploie deux procédés, qui vont dans le même sens de la discontinuité, et de l'égalisation des impressions, de l'étrangeté à soi-même et aux autres :
– la *répétition de schémas syntaxiques*, en particulier les *anaphores*[4] *rhétoriques* («Ils m'ont fait traverser», «Ils m'ont poussé», «Ils m'ont dit de m'asseoir») qui soulignent la passivité du personnage – objet syntaxique. Dans «Ils m'ont dit de m'asseoir, je me suis assis», la parataxe, le changement de thème (voir chap. 11, p. 245) et la répétition lexicale, expriment la causalité par la contiguïté.
– la *rupture* des alinéas (sur le paragraphe, voir chap.11, p. 249).

3. L'ordre du récit et la focalisation perceptive et interprétative

Le récit suit l'ordre des perceptions visuelles, auditives et tactiles du condamné : découverte progressive de l'entourage, identification et interprétation («j'ai cru d'abord», «j'ai reconnu», «j'ai compris»).

Le premier temps de la découverte est la vision du bourreau et de ses «valets». Le bourreau est d'abord qualifié par des adjectifs évaluatifs («le plus grand, le plus vieux»), par les détails de son corps et de ses vêtements (plus loin marqué par l'alliance de la douceur des gestes et des «grosses mains»), puis identifié par le «C'était lui», à l'indirect libre (repris par «à lui», en clausule, l. 10) : l'ellipse du référent ne peut que renvoyer à un contenu de pensée qui semble une évidence. La force de l'expression est de contraindre le lecteur, plus que jamais coénonciateur, à partager les références implicites du personnage. La mention «C'était le bourreau» (l. 9), suivie de l'expression qualificative «valet de la guillotine», ne vient qu'ensuite, après la pause et la rupture de l'alinéa.

4. Il faut y ajouter les épiphores (symétriques des anaphores pour les fins de proposition ou de phrase) en clausule des paragraphes : «C'était lui» et «à lui», ainsi que le retour des finales vocaliques. Sur le rythme et la prosodie du *Dernier Jour d'un condamné*, voir l'analyse d'Henri Meschonnic, dans *Pour la poétique IV. Écrire Hugo*, vol. 2, Gallimard, 1977, p. 63-71. H. Meschonnic y souligne en particulier la valeur des finales «vocaliques, conclusives» qui correspondent «par leur refus de la mélodie au refus du lyrisme et marquent les notations objectives, descriptives et le définitif, l'inéluctable» (p. 67).

La description procède par morceaux que recompose rétrospectivement l'appellatif : description métonymique ou synecdochique, qui traduit l'ordre de la découverte, la perception parcellaire, discontinue, du monde alentour.

Le second moment important du récit suit la même progression : d'abord les sensations, tactiles, auditives («j'ai senti un froid d'acier dans mes cheveux et les ciseaux ont grincé à mes oreilles», l. 12-13), puis visuelles («mes cheveux, coupés au hasard, tombaient par mèches», l. 14) – mutilation symbolique du corps, et perception mutilée du condamné, qui procède par détails – synecdoques du corps.

L'expression «un froid d'acier» est à retenir : l'emploi de la construction prédicative avec l'indéfini («un froid d'acier» au lieu de : «l'acier froid»/«le froid de l'acier») met en relief la sensation et en fait le point de départ d'une qualification métaphorique : «un froid» (alliance d'un substantif non comptable avec un article indéfini) devient une sensation indéterminée, symbole avant-coureur de la mort, qualifiée par le complément déterminatif «d'acier», qui perd sa valeur référentielle et devient un repère intensif et métaphorique.

Voir aussi l'expression à surdétermination symbolique : «un jour de pluie et de brouillard» (l. 3), qui est un calque des expressions bibliques du style «jour de colère» : elle garde l'ordre déterminé/déterminant, mais le complément déterminatif constitue l'essence du déterminé – sur ces constructions, voir chap. 2 p. 39.

Il revient ensuite à un tiers («l'autre») de nommer la scène en retour, de l'identifier par un nom, comme un tableau porte un titre, qui donne sens aux éléments de la composition. «La toilette du condamné» ordonne rétrospectivement les sensations. Mais l'expression est une étiquette surajoutée à une expérience de l'horrible. Le condamné emploie, pour sa part, le neutre de l'innommable, «cela».

Chapitre 6

Frontières de la parole : les guillemets et l'italique

Comment un énonciateur définit-il ses frontières, sa distance, avec la voix des autres ?

Nous consacrerons ce chapitre à ces signes typographiques qui, dans l'usage moderne (développé au cours du XVIIIe siècle), servent de démarcation énonciative : les guillemets et l'italique.

I. LES GUILLEMETS

A l'origine, les guillemets ne marquent pas une citation, ils font partie d'un système de signes diacritiques qui servent à démarquer le texte de ses gloses, en particulier le texte biblique. En français moderne, ils sont un signal de distance, et peuvent, selon Jacqueline Authier :

1. Encadrer un discours cité («Il m'a dit : "J'arrive"») ou un emploi autonyme[1] des signes («"J'arrive", chez lui, signifie : "j'en ai encore pour une bonne heure"»). Dans ces deux cas, les paroles constituent dans l'énoncé «un corps étranger, un objet "montré" au récepteur» ; elles sont «tenues à distance» au sens où «on tient à bout de bras un objet que l'on regarde et que l'on montre» (J. Authier, «Paroles tenues à distance», p. 127).

2. Encadrer une *connotation autonymique*[2], c'est-à-dire l'emploi de mots cités pour désigner le monde, citation qu'on accompagnerait d'un «je dis», «comme on dit», ou «comme il dit[3]». Jacqueline Authier préfère employer l'expression «modalisation autonymique» pour insister sur la dimension énonciative de cette «modalité

1. Sur la notion d'«autonymie» ou de «mention», voir p. 51 et Josette Rey-Debove, *Le Métalangage,* Le Robert, 1978.

2. Voir l'article fondateur de J. Rey-Debove, «Notes sur une interprétation autonymique de la littérarité : le mode du "comme je dis"», *Littérature,* n°4, déc. 1971, p. 90-95 et *Le Métalangage,* chap. 6.

3. Voir page suivante.

3. Jacqueline Authier-Revuz, *Ces mots qui ne vont pas de soi. Boucles réflexives et non-coïncidences du dire*, Larousse, 1995 (2 vol.), t. I, p. 33.
La typographie (guillemets, italiques, mais aussi d'autres signes énonciatifs
tels que les parenthèses), ainsi que certaines expressions de commentaire soulignent
cet usage du langage qui fait retour sur lui-même et marque une «non-coïncidence du dire». J. Authier distingue quatre formes de boucles réflexives, selon que la non-coïncidence porte :
– sur l'interlocution («comme vous dites», «passez-moi l'expression»…),
– sur la relation du discours à lui-même (la présence de l'autre est marquée par des expressions telles que «comme on dit», «ce qu'on appelle», «le soi-disant»…),
– sur la relation entre les mots et les choses (l'inadéquation des mots s'exprime par des formules comme : «entre guillemets», «je devrais dire», «ou plutôt», «pas à proprement parler» ; ou bien le mot est confirmé par : «c'est le mot», «je dis bien X»…),
– sur la relation des mots à eux-mêmes (l'énonciateur est confronté à l'équivoque du sens, en particulier dans les jeux de mots : «au sens p», «à tous les sens du terme», «à proprement parler», «c'est le cas de le dire», «sans jeu de mots»…).

réflexive opacifiante du dire». Ce sont des paroles véritablement tenues au sens où on «tient un propos, un discours» mais elles donnent lieu à une «*suspension de prise en charge*» (p. 128), et appellent un «*commentaire critique*». Elles sont alors «tenues» aussi au sens où l'on «sait se tenir», où elles sont des paroles sous surveillance.

Dans les deux cas, les guillemets marquent l'hétérogénéité insérée dans le discours, mais pour la modalisation autonymique, la frontière entre le même et l'autre ne sépare pas deux énonciations successives, elle est interne à l'énonciation. J. Authier distingue plusieurs catégories d'emploi de ces guillemets :
– guillemets désignant des mots appartenant à un autre discours : étrangers, néologiques, techniques, familiers ;
– guillemets de «distinction» au sens de P. Bourdieu, signifiant «je suis irréductible aux mots que j'emploie» ;
– guillemets de condescendance, désignant des mots appropriés au récepteur, et non au locuteur, en particulier les guillemets pédagogiques, sous-entendant «si je ne vous parlais pas, je le dirais sans guillemets» (voir, à ce sujet, la nouvelle de Nathalie Sarraute, «Esthétique», dans *L'Usage de la parole,* Gallimard, «Folio», 1980) ;
– guillemets de protection, signalant d'avance un mot comme approximatif, ou, à l'inverse, guillemets offensifs visant à mettre en cause un usage dominant du mot, rejeté comme inapproprié ;
– guillemets d'emphase, en alternance avec l'italique ou les caractères gras.

Tous ces guillemets jouent le rôle de signaux critiques. Mais plutôt qu'une limite franche avec l'extérieur, ils désignent les bords instables du discours, ils le désignent comme étant en interaction avec la parole des autres. L'hétérogénéité «montrée» dans le discours par les guillemets a pour revers une hétérogénéité «constitutive», qui échappe à la visée volontariste du sujet.

■ Indications bibliographiques sur les guillemets et l'hétérogénéité discursive

Jacqueline Authier, «Paroles tenues à distance», dans *Matérialités discursives,* Presses Universitaires de Lille, 1981, p. 127-142. [Sur les guillemets.]
— «Hétérogénéité montrée et hétérogénéité constitutive : éléments pour une approche de l'autre dans le discours», *DRLAV*, n°26, 1982, p. 91-151.

[L'article ne parle pas précisément des guillemets, mais développe la problématique de l'«autre» dans le discours, à partir d'une présentation des travaux de Bakhtine.]
— «Hétérogénéité(s) énonciative(s)», *Langages,* n°73, mars 1984, p. 98-111. [Article de synthèse sur le sujet.]

II. L'ITALIQUE

On distingue aujourd'hui l'italique d'usage (pour les titres d'ouvrages, notamment) et l'italique de soulignement, de mise en relief, dont l'emploi rejoint d'ailleurs souvent celui des guillemets.

Créé au XVIe siècle par Alde Manuce, à l'imitation de l'écriture «cursive», l'italique distinguait sur une même page le texte ancien et son commentaire critique, et il a pu servir, au XVIIIe siècle, avant la généralisation des guillemets, à caractériser les répliques de l'interlocuteur, par opposition au narrateur.

De fait, la fonction d'insistance de l'italique se comprend par opposition au romain, sur lequel il se détache. Claude Duchet a ainsi souligné l'importance de l'italique dans *Madame Bovary*. Dans ce roman, c'est à la limite tout le rapport entre romain et italique qui s'inverse, l'italique «généralisé» manifestant l'omniprésence du discours social dans les discours individuels.

L'insistance de l'italique est celle du changement de registre, lié au changement de caractère : changement de registre sémantique, de registre énonciatif (alternance des voix, même pour l'italique de convention qui sépare les didascalies[4] du texte dramatique). L'imitation du «penchant de la main» sert, à des titres divers, d'icone de l'écriture personnelle contre la convention du romain : mais c'est bien souvent pour signifier une pesée critique sur le corps étranger ainsi souligné.

Dans de très belles pages sur André Breton, Julien Gracq montre que l'italique est au service d'une «*énergétique du mot*». Il en décrit quelques emplois, dont celui qui consiste :

> «à rompre la sujétion ordinaire du mot qui le contraint tant bien que mal à servir, à le laisser une seconde comme en suspens, en proie à tout son pouvoir de suggestion pure, à la manière d'un visage qui se fige devant nous sur l'écran en *gros plan*, dans une immobilité fascinante, dans un air purifié qui lui restitue

4. Didascalie
En Grèce ancienne, instructions données par l'auteur dramatique aux acteurs. Le terme est employé de nos jours pour désigner les indications de jeux de scène prévues par l'auteur.

un bref flamboiement. "Éclatement" véritable du mot qui sera d'autant plus suggestif qu'il s'agira d'un mot plus banal, d'une locution plus usagée.» (*André Breton*, p. 188-189.)

et celui qui vise à souligner au milieu d'une phrase, comme son «noyau résistant», la «trouvaille de mot» :

«le *point focal* autour duquel la pensée a gravité, inconsciemment d'abord et de façon hésitante, puis infaillible à partir du moment où le coup de théâtre de la trouvaille intervient et où – la pensée ainsi révélée à elle-même – la phrase s'organise d'un jet, prend son sens et sa perspective.» (*ibid.*, p. 191-192.)

Ce qui n'est pas sans correspondance avec l'usage que Gracq fait lui-même de l'italique – voir *infra*, p. 225.

■ Indications bibliographiques sur l'italique

Philippe Dubois, «L'italique et la ruse de l'oblique», dans *L'Espace et la lettre, Cahiers Jussieu* n°3, UGE, «10/18», 1977, p. 243-256. [Sur l'italique chez Restif de La Bretonne comme marque typographique du double sens érotique.]

Claude Duchet, «Signifiance et in-signifiance : le discours italique dans *Madame Bovary*», dans *La Production du sens chez Flaubert,* UGE, «10/18», 1975, p. 358-394. [Sur l'italique généralisé dans *Madame Bovary.*]

Julien Gracq, *André Breton*, Corti, 1946. [Sur l'italique chez André Breton, p. 183-194.]

Roger Laufer, «Du ponctuel au scriptural (signes d'énoncé et marques d'énonciation)», *Langue française*, n°45, février 1980, p. 77-87. [Sur les guillemets et l'italique, p. 82-84.]

Jean-Pierre Richard, «*A tombeau ouvert*», dans *Microlectures*, Éd. du Seuil, 1979. [Sur l'italique dans *Le Rivage des Syrtes* de Julien Gracq, p. 278-280.]

*Voici quelques illustrations de ces frontières typogra-
phiques de l'énonciation. Nous étudierons l'usage des
guillemets chez Proust, puis les usages de l'italique chez
Stendhal, Vallès et Laclos.*

Marcel Proust
Du côté de chez Swann (1913), 2ᵉ partie, «Un amour de Swann» (début),
Flammarion, «GF», 1987, p. 303.

TEXTE
13

Pour faire partie du «petit noyau», du «petit groupe», du «petit clan»
des Verdurin, une condition était suffisante mais elle était nécessaire : il
fallait adhérer tacitement à un Credo dont un des articles était que le jeune
pianiste, protégé par Mme Verdurin cette année-là et dont elle disait : «Ça
5 ne devrait pas être permis de jouer Wagner comme ça !», «enfonçait» à la
fois Planté et Rubinstein et que le docteur Cottard avait plus de diagnostic
que Potain. Toute «nouvelle recrue» à qui les Verdurin ne pouvaient pas
persuader que les soirées des gens qui n'allaient pas chez eux étaient
ennuyeuses comme la pluie, se voyait immédiatement exclue.

COMMENTAIRE DU TEXTE 13

LES GUILLEMETS
DANS *DU CÔTÉ DE CHEZ SWANN*

Proust utilise peu l'italique. En revanche, les guillemets
sont l'intrument d'une mise en valeur des intonations particulières, des tournures spécifiques à un personnage ou à
un groupe, comme dans les conversations de Swann :

«quand il parlait de choses sérieuses, quand il employait une
expression qui semblait impliquer une opinion sur un sujet
important, il avait soin de l'isoler dans une intonation spéciale, machinale et ironique, comme s'il l'avait mise entre
guillemets, semblant ne pas vouloir la prendre à son compte,
et dire : "la *hiérarchie*, vous savez, comme disent les gens
ridicules" ?» (*Du côté de chez Swann*, «GF», p. 201).

Proust, dans ce passage, décrit «l'intonation spéciale»
comme «mise entre guillemets», et transcrit l'exemple en
italique.

Dans l'extrait d'«Un amour de Swann», il s'agit d'autre
chose. Les guillemets ont un double rôle. Ils encadrent un

passage cité au discours direct (l. 4-5) et signalent le décalage d'énonciation : l'énoncé du narrateur inclut un acte d'énonciation rapportable à un autre locuteur. Mais ils encadrent aussi des fragments employés par le narrateur comme des citations du langage du «petit clan». C'est le «petit noyau» le «petit groupe», «le petit clan», ou «la nouvelle recrue», «comme ils disent» – des formes de la modalisation autonymique, qui indiquent dans l'énoncé la présence du discours de l'autre. Les guillemets affichent un lexique de clan, repris et mis à distance. Enfin, ils peuvent jouer les deux rôles : celui d'introducteur de citation et de modalisateur. C'est le cas de «enfonçait» (l. 50 : «un Credo dont un des articles était que le jeune pianiste [...] "enfonçait" à la fois Planté et Rubinstein»), qui est à l'indirect libre : les guillemets insistent sur la délégation de parole et mettent en relief la familiarité de Mme Verdurin. Où l'on reconnaît le talent du pastiche.

TEXTE
14

Stendhal
Vie de Henry Brulard [1ère éd., 1890], Gallimard, «Folio», 1973, p. 112-113.

A vrai dire, en y pensant bien, je ne me suis pas guéri de mon horreur peu raisonnable pour Grenoble, dans le vrai sens du mot je l'ai *oubliée*. Les magnifiques souvenirs de l'Italie, de Milan, ont tout effacé.

5   Il ne m'est resté qu'un notable manque dans ma connaissance des hommes et des choses. Tous les détails qui forment la vie de Chrysale dans *L'École des femmes* :
Et hors un gros Plutarque à mettre mes rabats,
me font horreur. Si l'on veut me permettre une image *aussi dégoûtante que ma sensation*, c'est comme l'odeur des huîtres pour un homme qui a
10   eu une effroyable indigestion d'huîtres.

Stendhal
Vie de Henry Brulard, Gallimard, «Folio», p. 211.

Cet espagnolisme, communiqué par ma tante Elisabeth, me fait passer, même à mon âge, pour un fou *de plus en plus incapable d'aucune affaire sérieuse*, aux yeux de mon cousin Colomb (dont ce sont les propres termes), vrai bourgeois.

5   La conversation du vrai bourgeois sur les *hommes et la vie*, qui n'est qu'une collection de ces détails laids, me jette dans un *spleen* profond quand je suis forcé par quelque convenance de l'entendre un peu longtemps.

Voilà le secret de mon horreur pour Grenoble vers 1816 qu'alors je ne pouvais m'expliquer.

10 Je ne puis pas encore m'expliquer aujourd'hui, à cinquante-deux ans, la disposition au malheur que me donne le dimanche. Cela est au point que je suis gai et content ; au bout de deux cents pas dans la rue, je m'aperçois que les boutiques sont fermées : Ah ! *c'est dimanche*, me dis-je.

15 A l'instant, toute disposition intérieure au bonheur s'envole.

Est-ce envie pour l'air content des ouvriers ou des bourgeois endimanchés ?

J'ai beau me dire : mais je perds ainsi cinquante-deux dimanches par an et peut-être dix fêtes, la chose est plus forte que moi, je n'ai de res-
20 source qu'un travail obstiné.

L'ITALIQUE STENDHALIEN

La *Vie de Henry Brulard*, comme les romans de Stendhal, manifeste un souci des mots, et de l'usure des mots. Dans le premier passage, l'italique, à côté de sa valeur d'usage pour le titre d'œuvre (l. 6), a une valeur d'insistance sur la propriété de l'expression. Il marque la réappropriation du langage, et l'affirmation du moi contre le jugement commun. Il s'accompagne d'expressions métalinguistiques, comme : «dans le vrai sens du mot» (l. 2), «Si l'on veut me permettre une image» (l. 8). L'opposition de l'italique et du romain va de pair avec la revendication personnelle, et la provocation du destinataire.

Dans le second passage, l'italique a essentiellement une valeur citationnelle, proche des guillemets de modalisation autonymique. Il souligne des mots repris à la norme bourgeoise, et pourvus d'un commentaire métalinguistique entre parenthèses, qui fait retour sur le dire et sur l'hétérogénéité discursive : «*de plus en plus incapable d'aucune affaire sérieuse*, aux yeux de mon cousin Colomb (dont ce sont les propres termes)», l. 2-4. Il signale une citation, comme dans l'exemple précédent, ou la mention plus diffuse des banalités du discours social («les *hommes et la vie*», l. 5 ; «*c'est dimanche*», l. 14). Il indique aussi l'emprunt d'un mot étranger, intraduisible dans ses connotations («*spleen*», l. 6).

TEXTE
15

Jules Vallès
L'Enfant (1879), Flammarion, «GF», 1968, p. 220-221.

J'ai marché ce matin, pieds nus, sur un *chose* de bouteille. (Ma mère dit que je grandis et que je dois me préparer à aller dans le monde ; elle me demande pour cela de châtier mon langage, et elle veut que je dise désormais : *chose* de bouteille, et quand j'écris je dois remplacer *chose*
5 par un trait.)

J'ai marché sur un *chose* de bouteille et je me suis entré du verre dans la plante des pieds. Ah ! quel mal cela m'a fait !

C O M M E N T A I R E   D U   T E X T E   *15*

L'ITALIQUE CHEZ VALLÈS

Le récit d'enfance de Vallès dénonce l'hypocrisie bourgeoise incarnée par Mme Vingtras, la mère de Jacques. L'attention prêtée au langage fait ressortir l'opposition entre les mots et les choses, entre la convention sociale, et la réalité du corps de l'enfant. L'italique met les mots en relief, sur fond de romain. Et, comme des guillemets, il indique que le langage n'est plus seulement en usage mais en mention, ou en usage et en mention.

«J'ai marché sur un *chose* de bouteille» est un exemple de modalisation autonymique («je dis, comme elle dit, comme on dit»), qui est commenté dans la parenthèse (l. 1-5).

«Elle veut que je dise *chose* de bouteille, et quand j'écris je dois remplacer *chose* par un trait» : l'italique signale l'emploi autonymique du mot (ou son emploi en mention). «*Chose*» désigne le signe «chose», et non le référent visé par le signe.

En revanche, «J'ai marché sur un *chose* de bouteille» souligne ironiquement un emploi des signes qui vise non plus les mots, mais la violence du réel : les euphémismes n'empêchent pas d'avoir mal.

Choderlos de Laclos
Les Liaisons dangereuses (1782), Lettre 74, de la Marquise de Merteuil
au Vicomte de Valmont, Éd. Garnier, 1961, p. 150.

Cette lettre répond à la lettre 70 du Vicomte de Valmont, qui avertit la Marquise de se méfier de Prévan : lors d'une soirée, celui-ci a mis en doute la vertu de Mme de Merteuil et s'est fait fort de la séduire.

1   Il [Prévan] était à deux pas de moi, à la sortie de l'Opéra, et j'ai donné, très haut, rendez-vous à la Marquise de *** pour souper le vendredi chez la Maréchale. C'est je crois la seule maison où je peux le rencontrer. Je ne doute pas qu'il ne m'ait entendue... Si l'ingrat allait n'y
5   pas venir ? Mais, dites-moi donc, croyez-vous qu'il y vienne ? Savez-vous que s'il n'y vient pas, j'aurai de l'humeur toute la soirée ? Vous voyez qu'il ne trouvera pas tant de difficulté *à me suivre* ; et ce qui vous étonnera davantage, c'est qu'il en trouvera moins encore *à me plaire*. Il veut, dit-il, crever six chevaux à me faire sa cour ! Oh ! je sauverai la vie
10   à ces chevaux-là. Je n'aurai jamais la patience d'attendre si longtemps. Vous savez qu'il n'est pas dans mes principes de faire languir, quand une fois je suis décidée, et je le suis pour lui.

Oh ! çà, convenez qu'il y a plaisir à me parler raison ! Votre *avis important* n'a-t-il pas un grand succès ? Mais que voulez-vous ? je
15   végète depuis si longtemps ! Il y a plus de six semaines que je ne me suis pas permis une gaieté. Celle-là se présente ; puis-je me la refuser ? le sujet n'en vaut-il pas la peine ? en est-il de plus agréable, dans quelque sens que vous preniez ce mot ?

COMMENTAIRE DU TEXTE 16

L'ITALIQUE LIBERTIN

Les Liaisons dangereuses est un roman par lettres, qui paraît vingt ans après *La Nouvelle Héloïse* (1761). La lettre n'y est plus seulement l'expression d'un sentiment authentique, mais la démonstration des illusions, et pour Valmont et Merteuil, l'instrument de la séduction, et du pouvoir.

La Lettre 74 de la Marquise de Merteuil est une réponse provocante à la mise en garde de Valmont dans la lettre 70. L'italique met en relief les expressions reprises au correspondant. «*A me suivre*» (l. 7) et «*à me plaire*» (l. 8), font écho à la phrase de Prévan rapportée par Valmont : «Il est peut-être plus difficile de la suivre que de lui plaire» (éd. cit., p. 140). «Votre *avis important*» (l. 13-14) reprend l'incipit de Valmont («J'ai un avis important à vous donner, ma chère amie», p. 139) pour le détourner. L'italique signale l'emprunt et son intégration à une nouvelle stratégie de séduction : il est l'indice d'un pouvoir du langage, que met admirablement en valeur le roman par lettres.

Ailleurs encore, il accompagne l'échange d'un jargon libertin, le jeu sur le langage ordinaire, et la parodie[5] (dans la même lettre 74, la Marquise dit à propos de Prévan : «songez que *rien de ce qui l'intéresse ne m'est étranger*», p. 150). Il «rompt dans le roman épistolaire la continuité de la voix», «dénonce ce qu'il y a d'illusion dans cette apparence de jaillissement spontané d'une intériorité» (Michel Delon, *P.-A. Choderlos de Laclos*, «*Les Liaisons dangereuses*», PUF, 1986, p. 79). «Si Merteuil et Valmont sont les principaux utilisateurs d'italique, c'est que le libertinage apparaît essentiellement comme une maîtrise du langage» (M. Delon, *op. cit.*, p. 82).

Chapitre 7

Le discours rapporté et la polyphonie

Comment fait-on exister la parole des autres à travers son propre énoncé ? Et, en particulier, comment le roman fait-il émerger des voix, les fait-il se mêler jusqu'à les rendre parfois indistinctes ? Il revient à Bakhtine d'avoir montré qu'une des puissances du modèle romanesque est la mise en scène de la parole :

> «L'objet principal du genre romanesque qui le "spécifie", qui crée son originalité stylistique, c'est *l'homme qui parle et sa parole.*» (Mikhaïl Bakhtine, «Du Discours romanesque», dans *Esthétique et théorie du roman,* trad. fr., Gallimard, 1978, rééd. «Tel», p. 152-153.)

Nous entendrons cette parole au sens large – paroles prononcées et pensées rapportées. Pour Käte Hamburger, c'est même un trait du récit de fiction à la 3e personne que de nous faire entrer dans la conscience de personnages, par le biais du style indirect libre.

Nous présenterons successivement les formes du discours rapporté et la notion de polyphonie, développée par Oswald Ducrot.

I. LES FORMES DU DISCOURS RAPPORTÉ

On distingue traditionnellement trois manières de rapporter des paroles ou (dans la fiction) des pensées : les discours (ou styles) direct, indirect, et indirect libre. Rappelons-en brièvement les données.

1. Le discours direct

Soit ce fragment de conversation entre le chevalier des Grieux et son ami Tiberge :

> «Hélas ! lui dis-je, avec un soupir parti du fond du cœur, votre compassion doit être excessive, mon cher Tiberge, si vous m'assurez qu'elle est égale à mes peines. J'ai honte de vous les laisser voir, car je confesse que la cause n'en est pas glorieuse, mais l'effet en est si triste qu'il n'est pas besoin de m'aimer autant que vous faites pour en être attendri.» (Abbé Prévost, *Histoire du Chevalier des Grieux et de Manon Lescaut* [1731], Éd. Garnier, 1965, p. 59.)

Le *discours direct* reprend non seulement un énoncé mais un acte d'énonciation. Rien ne garantit qu'il est donné authentiquement, puisqu'il n'existe qu'au travers de l'énoncé qui le rapporte. Le texte de fiction doit bien entendu construire le cadre énonciatif du discours rapporté : dans cet exemple de *Manon Lescaut*, le discours direct est introduit par un verbe de parole («dis-je»), et son énonciation est qualifiée par un commentaire proche d'une didascalie («avec un soupir parti du fond du cœur»), qui renforce l'impression d'authenticité.

Le discours direct est en effet le plus «mimétique» des trois discours : il reproduit les intonations, transmet le signifiant des paroles rapportées, y compris les interjections (dans l'exemple ci-dessus : «Hélas !»), les termes agrammaticaux, les mots étrangers, mais il n'est pas autonome pour autant. Le choix des signes dépend du rapporteur, et le verbe de présentation peut modaliser les propos transmis, en évaluer la vérité («reconnaître») ou la fausseté («prétendre»), en qualifier l'énonciation («vociférer»/«chuchoter»)[1], comme les indications qui l'accompagnent. Le «monologue autonome[2]» dont nous étudierons un exemple texte n°22, est une variante de discours direct d'un personnage, complètement émancipé de la narration.

2. Le discours indirect

Le *discours indirect* implique un autre type d'opération sur le langage. Il relève de la traduction ou de la paraphrase.

Le dialogue de Tiberge et du chevalier, est présenté, quelques lignes auparavant, au style indirect :

> «Je lui dis que *je ne me présentais à lui qu'avec confusion, et que je portais dans le cœur un vif sentiment de mon*

1. On peut se reporter à l'analyse des «verbes subjectifs» que propose Catherine Kerbrat-Orecchioni dans *L'Énonciation [...]*, éd. cit., p. 100-118.

2. Sur le «monologue autonome», voir p. 134-148 et chap. 1, n. 1.

ingratitude ; que *la première chose dont je le conjurais était de m'apprendre s'il était encore permis de le regarder comme mon ami* […]. Il me répondit, du ton le plus tendre, que *rien n'était capable de le faire renoncer à cette qualité ; que mes malheurs mêmes, et si je lui permettais de le dire, mes fautes et mes désordres, avaient redoublé sa tendresse pour moi ;* mais que *c'était une tendresse mêlée de la plus vive douleur, telle qu'on la sent pour une personne chère, qu'on voit toucher à sa perte sans pouvoir la secourir.*» (*ibid.*, p. 58-59, nous soulignons.)

Les marques du style indirect sont d'abord la *subordination* à un verbe de communication, ou de pensée, d'un énoncé introduit par «que» (parfois par «de» après un verbe comme «demander», «dire», au sens d'«ordonner»), par «si», ou un autre marqueur interrogatif ou exclamatif – dans l'exemple ci-dessus, ce sont des expressions déclaratives («je lui dis que», «il me répondit […] que», avec une indication d'intonation).

Ce sont ensuite les *transpositions* des temps, des modes (accompagnant la transformation des intonations fondamentales), des degrés personnels et des adverbes déictiques de lieu et surtout de temps, modifiés en fonction des repères énonciatifs du discours citant. Comme la subordination, ces transpositions sont l'indice de la dépendance du propos, rapporté selon un «repérage externe» (par opposition au «repérage interne» du discours direct).

Si le verbe introducteur est au passé, les temps de l'énoncé rapporté sont transposables dans la perspective du passé : le présent (sauf le présent gnomique qui reste inchangé) se transpose en imparfait, le passé composé en plus-que-parfait, le futur devient forme en «-rait». Le mode impératif est transformable en infinitif. Dans le dialogue cité de *Manon Lescaut*, les imparfaits correspondent à un présent de discours direct, le plus-que-parfait («avaient redoublé») à un passé composé de «discours». Les présents de la fin («on la sent», «on voit») s'expliquent par la valeur sentencieuse de l'énoncé.

Les intonations fondamentales, autres que celle de l'assertion (à savoir les intonations exclamative, jussive, interrogative) disparaissent, et se retrouvent lexicalisées dans le verbe introducteur du discours indirect («ordonner», «demander», «s'indigner de ce que»...).

Quant aux personnes, leur transposition paraît souvent compliquée, mais elle dépend en fait de l'énonciateur qui rapporte le discours indirect. Si «je» et «tu» sont coréférents dans l'énonciation qui rapporte et l'énonciation rapportée, ils ne sont pas modifiés au discours indirect. C'est le cas du «je» du chevalier Des Grieux (le «je» désigne à la fois le narrateur rétrospectif – qui rapporte les paroles, et le personnage). En revanche, les indices de 1ère et de 2e personne sont transposés à la 3e personne dans le discours indirect, s'ils désignent des personnes qui ne sont ni le locuteur ni l'allocutaire du discours citant. En l'occurrence, les pronoms désignant Tiberge dans les propos de style indirect sont à la 3e personne, parce que le personnage n'est pas le destinataire de Des Grieux-narrateur. Le narrataire de Des Grieux est le marquis de Renoncourt, lui-même auteur fictif des *Mémoires d'un homme de qualité* et rédacteur fictif de l'*Histoire du chevalier des Grieux et de Manon Lescaut*[3].

On peut évoquer aussi, à l'instar des degrés personnels, la transposition des adverbes déictiques de temps et de lieu, selon le même principe de repérage cotextuel[4]. «Hier» / «aujourd'hui» / «demain» sont transposables en «la veille», «ce jour-là», «le lendemain», si le point de référence chronologique n'est pas celui de la parole citante : «Il m'a dit qu'il avait vu son frère la veille» (= la veille du jour où il m'a parlé). De même, la référence déictique «ici» est transposable en «là» ou «là-bas» si le lieu ne coïncide pas avec celui où se trouve le locuteur citant.

Il ne faudrait pas imaginer, toutefois, qu'il existerait de manière réaliste un discours direct dont le discours indirect serait la traduction. C'est une autre manière de transmettre un message, qui a un effet d'abstraction. Ne passent pas en effet au discours indirect : les modalités autres que l'assertion, les interjections (*«Il m'a dit que ouf !»), les jurons, les énoncés inachevés ou agrammaticaux, les mots étrangers. Ceci fait bien apparaître le caractère de traduction du discours indirect : il ne se contente pas de paraphraser le signifié du discours rapporté, mais suppose une interprétation de son contenu et de son énonciation.

3. Sur les niveaux narratifs dans *Manon Lescaut* voir chap. 2, p. 32.

4. Sur tout ceci, voir chap. 1, p. 9-11. Pour un tableau des expressions temporelles, consulter C. Kerbrat-Orecchioni, *L'Énonciation [...]*, éd. cit., p. 47.

3. Le discours indirect libre

Le *discours indirect libre* est, littérairement, le plus intéressant des trois discours. Il existe depuis longtemps, si l'on en croit les analyses de Bernard Cerquiglini (voir bibliographie), mais son étude date du début du XXᵉ siècle. Comme le remarque B. Cerquiglini, il s'impose à l'attention à la fin du XIXᵉ siècle, précisément à un moment où règne une linguistique – essentiellement la phonétique historique – qui n'a pas les moyens d'en rendre compte, et qui oblige les philologues à déplacer leur intérêt vers un objet jusque là hors du champ de la science : la littérature contemporaine.

De fait, si l'on en repère des traces dans les textes médiévaux, il se développe massivement dans le roman de la seconde moitié du XIXᵉ siècle, au point qu'on l'a souvent restreint de façon stéréotypée aux formes de l'imparfait (d'indirect libre), généreusement employées de Flaubert à Huysmans, et Zola. Mais il apparaît auparavant chez d'autres écrivains, comme La Fontaine :

«La Mouche en ce commun besoin
Se plaint qu'elle agit seule, et qu'elle a tout le soin ;
Qu'aucun n'aide aux chevaux à se tirer d'affaire.
Le Moine disait son Bréviaire ;
Il prenait bien son temps ! une femme chantait ;
C'était bien de chansons qu'alors il s'agissait !»
(La Fontaine, *Fables,* VII, «Le Coche et la Mouche», Gallimard, «Folio», 1991, p. 209 ; nous soulignons.)

et son usage se répand chez les romanciers du XVIIIᵉ siècle (Marivaux, Prévost, Laclos, Diderot...) – voir par exemple le texte n°20.

D'autre part, on trouve aussi des formes d'indirect libre au présent, par exemple dans la conversation écrite des lettres. Ainsi, dans cette recommandation de Proust à sa mère :

«Si par hasard (c'est sûr que non mais il faut tout prévoir) tu rencontrais Yturri ou Montesquiou demain (ils voulaient absolument venir te voir, j'ai dû les prier de ne pas le faire) *si je ne vais pas lundi avec France à Douai pour Mme Desbordes c'est que tu ne veux absolument pas que j'aille en ce moment à ces* fêtes.» (Lettre à Mme Adrien Proust du [6 juillet 1896] ; nous soulignons.)

Qu'est-ce qui caractérise le discours indirect libre ?

Formellement, il est sans subordination, mais il peut être introduit par un verbe de parole ou de pensée en incise. Dans l'exemple de La Fontaine, le discours indirect libre est la suite du discours indirect («La Mouche [...] se plaint que [...]»).

Il garde les diverses intonations du discours direct, mais il est susceptible de marquer les transpositions de personnes et de temps du style indirect, signes de la dépendance énonciative des paroles ou pensées rapportées. Ces marques formelles sont d'ailleurs souvent inexistantes.

En revanche, la spécificité de l'indirect libre tient à ce qu'il superpose au moins deux instances d'énonciation, le discours rapportant se faisant l'écho d'une autre voix, dont on ne peut reconstituer les paroles comme une citation distincte. Dans l'exemple précédent, l'énonciation double est le seul critère qui permette de dire que le passage souligné est de l'indirect libre : Proust donne à lire son point de vue tel qu'il souhaite que sa mère le rapporte. Discours fictif, hybride[5], le style indirect libre est un discours du «comme si», «suspendu ainsi entre l'immédiateté de la narration et le détour du récit» (D. Cohn).

Tout l'intérêt littéraire de ce style tient dans son ambiguïté, dans l'indécision de ses frontières. Son effet peut jouer dans le sens d'une fusion, d'un lissé des voix, comme dans celui de la dissonance ironique. Son déchiffrement requiert l'interprétation du cotexte environnant (contexte de paroles ou de pensées), la recherche de signaux énonciatifs qui, dans un récit, servent d'embrayeurs à la parole du personnage, qui font entendre que l'énonciation n'est pas simple, qu'à l'instance narrative se joignent une ou plusieurs voix. Son émergence est souvent fugace.

Ainsi, dans cette phrase de *Madame Bovary*, qui prend place après une rêverie amoureuse de Rodolphe :

«Il la revit le soir, pendant le feu d'artifice ; mais elle était avec son mari, madame Homais et le pharmacien [...].» (Gustave Flaubert, *Madame Bovary*, Le Livre de Poche classique, 1999, p. 252.)

Le «mais», pour reprendre les analyses de Ducrot, n'est pas un «mais» d'opposition (il n'oppose pas le contenu des deux propositions qu'il coordonne), mais un «mais» argumentatif, qui modifie l'orientation de l'argumentation. L'énoncé de la seconde proposition («elle était avec

5. Énoncé hybride
«Nous qualifions de construction hybride un énoncé qui, d'après ses indices grammaticaux (syntaxiques) et compositionnels, appartient au seul locuteur, mais où se confondent, en réalité, deux énoncés, deux manières de parler, deux styles, deux "langues", deux perspectives sémantiques et idéologiques», M. Bakhtine, «Du discours romanesque», éd. cit., p. 125-126.

son mari») s'oppose en fait à la conclusion implicite qu'on pourrait tirer de la première proposition. «Mais» enchaîne en effet non sur l'énoncé de la rencontre mais sur l'espoir que peut faire naître une telle rencontre, le soir des Comices. L'objection, fondamentalement subjective, sur la présence des tiers, est dès lors attribuable à Rodolphe, et non pas seulement au narrateur. L'indirect libre permet d'insérer la voix du personnage, de dire à la fois l'événement et le point de vue sur l'événement.

■ Indications bibliographiques sur «mais»

Jean-Claude Anscombre, Oswald Ducrot, «Deux *mais* en français ?», *Lingua*, n°43, 1977, p. 23-40.
Oswald Ducrot, «Analyses pragmatiques», *Communications*, n°32, 1980, p. 11-29. [Analyses de «mais» dans des exemples tirés des *Caractères* de La Bruyère, de *Madame Bovary* et *Une vie* de Maupassant.]
— *Le Dire et le dit,* Éd. de Minuit, 1984, p. 192. [Pour une interprétation polyphonique de «mais»]
— «Sémantique linguistique et analyse de textes», *Littérature*, n°115, sept. 1999, p. 104-125.
O. Ducrot, *et al., Les Mots du discours,* Éd. de Minuit, 1980, chap. 3 («*Mais* occupe-toi d'Amélie»).

4. Le discours narrativisé

Pour sa part, G. Genette ajoute une autre catégorie à cette triade, qu'il englobe sous les deux termes de «discours rapporté» (style direct), et «discours transposé» (style indirect, et indirect libre) : celle du «*discours narrativisé* ou *raconté*».

Celui-ci constitue un degré de plus dans l'abstraction des paroles ou pensées transmises. Il consiste à traiter le récit de paroles ou de pensées comme le récit d'un événement : «J'informai ma mère de ma décision d'épouser Albertine» ou «Je décidai d'épouser Albertine» condensent les paroles ou les pensées en les notant comme des faits. Ce récit de pensées correspond au traditionnel récit d'analyse par un narrateur omniscient (le «*psycho-récit*» pour Dorrit Cohn, «ou discours du narrateur sur la vie intérieure du personnage»). Il précède souvent, ou encadre, les autres formes de discours rapporté. Comme dans ce passage de *La Princesse de Clèves,* où Mme de Chartres engage une conversation avec la princesse de Clèves, sa fille, à propos du duc de Nemours :

> «Mme de Chartres n'avait pas voulu laisser voir à sa fille qu'elle connaissait ses sentiments pour ce prince, de peur de

se rendre suspecte sur les choses qu'elle avait envie de lui dire. Elle se mit un jour à parler de lui ; elle lui en dit du bien et y mêla beaucoup de louanges empoisonnées sur la sagesse qu'il avait d'être incapable de devenir amoureux et sur ce qu'il ne se faisait qu'un plaisir et non pas un attachement sérieux du commerce des femmes. Ce n'est pas, ajouta-t-elle, que l'on ne l'ait soupçonné d'avoir une grande passion pour la reine dauphine ; je vois même qu'il y va très souvent, et je vous conseille d'éviter, autant que vous pourrez, de lui parler, et surtout en particulier, parce que, Mme la Dauphine vous traitant comme elle fait, on dirait bientôt que vous êtes leur confidente, et vous savez combien cette réputation est désagréable.» (Mme de Lafayette, *La Princesse de Clèves* [1678], Flammarion, «GF», 1966, p. 61.)

Dans ce récit très dense, les pensées de Mme de Chartres sont résumées en une phrase. Une autre phrase reprend au discours narrativisé le début de sa conversation empoisonnée sur le duc de Nemours. L'argument le plus dissuasif est laissé pour la fin au discours direct («Ce n'est pas, ajouta-t-elle, que l'on ne l'ait soupçonné») : sous couvert d'un conseil, c'est une insinuation. Celle-ci atteint d'ailleurs son but :

«Mme de Clèves n'avait jamais ouï parler de M. de Nemours et de Mme la Dauphine ; elle fut si surprise de ce que lui dit sa mère, et elle crut si bien voir combien elle s'était trompée dans tout ce qu'elle avait pensé des sentiments de ce prince, qu'elle en changea de visage.» (*ibid.*)

■ Indications bibliographiques sur le discours rapporté

Jacqueline Authier-Revuz, «Repères dans le champ du discours rapporté», *L'Information grammaticale*, n°55, 1992, p. 38-42, et n°56, 1993, p. 10-15. [Article de synthèse.]
— «Le discours rapporté», dans *Une langue : le français* (éd. Roberte Tomassone), Hachette, «Grands Repères Culturels», 2001, p. 192-204. [Sur les différentes formes de représentation du discours autre.]
— «Remarques sur la catégorie de "l'îlot textuel"», *Cahiers du Français Contemporain*, n°3, *Hétérogénéités en discours*, juin 1996, p. 91-115.
Ann Banfield, *Phrases sans paroles. Théorie du récit et du style indirect libre,* trad. fr., Éd. du Seuil, 1995. [Présente une théorie non communicationnelle du récit.]
Bernard Cerquiglini, «Le style indirect libre et la modernité», *Langages*, n°73, mars 1984, p. 7-16.
Dorrit Cohn, *La Transparence intérieure*, trad. fr., Éd. du Seuil, 1981.
Gérard Genette, *Figures III*, Éd. du Seuil, 1972, p. 189-203 et *Nouveau discours du récit*, Éd. du Seuil, 1983, chap. IX-X.
Langue française, n°132, décembre 2001, «La parole intérieure».

Marguerite Lips, *Le Style indirect libre*, Payot, 1926. [Livre descriptif, qui contient un utile parcours d'exemples.]

Laurence Rosier, *Le Discours rapporté. Histoire, théories, pratiques.* Paris-Bruxelles, Duculot, 1999. [Histoire et théories du discours rapporté.]

II. LA POLYPHONIE

La notion de polyphonie, que O. Ducrot emprunte aux travaux de Bakhtine, pour l'appliquer à l'étude de l'énonciation, permet de renouveler l'interprétation de phénomènes comme l'indirect libre, ou l'ironie (voir chap. 8).

La théorie de la polyphonie permet de contester l'unicité du sujet d'énonciation. O. Ducrot distingue en effet trois instances, qui se confondent souvent : le *sujet parlant* (le producteur empirique de l'énoncé), le *locuteur* (le responsable des actes illocutoires) et l'*énonciateur* (l'auteur d'un point de vue, qui ne s'exprime pas forcément par des mots). C'est la distinction entre locuteur et énonciateur qui nous retiendra ici.

Le locuteur ainsi défini ne se confond pas toujours avec le producteur empirique d'un énoncé – par exemple, le signataire d'un formulaire en prend la responsabilité mais il n'en est pas forcément le rédacteur. Mais le locuteur ne coïncide pas toujours non plus – et c'est ce qui nous intéresse – avec le point de vue exprimé au travers de son énoncé. C'est là qu'intervient la notion d'énonciateur :

> «J'appelle "énonciateurs" ces êtres qui sont censés s'exprimer à travers l'énonciation, sans que pour autant on leur attribue des mots précis ; s'ils "parlent", c'est seulement en ce sens que l'énonciation est vue comme exprimant leur point de vue, leur position, leur attitude, mais non pas, au sens matériel du terme, leurs paroles.» (O. Ducrot, *Le Dire et le dit*, Éd. de Minuit, 1984, p. 204.)

Cette théorie s'applique de façon convaincante à l'analyse de l'indirect libre[6]. On peut dire que l'indirect libre mobilise un locuteur (dans le récit, le narrateur) qui s'assimile à un énonciateur E^1, et laisse entendre l'écho d'une autre voix, d'un autre point de vue, ceux d'un énonciateur singulier ou collectif E^2. Cela rend compte du caractère hybride du style indirect libre, qui n'est pas traductible en

6. Voir à ce sujet les remarques de Ducrot, *op. cit.*, p. 172-173, et Dominique Maingueneau, *Linguistique pour le texte littéraire*, 4e éd., Nathan, 2003, p. 89-97.

deux énoncés distincts, superposables. Cela permet aussi de réinterpréter certains énoncés au passé simple, auxquels on dénie souvent le statut d'indirect libre.

Ainsi, lorsqu'Emma, qui s'est réfugiée au grenier avec la lettre de rupture de Rodolphe, est tirée de son vertige à la fenêtre par l'appel de Charles, puis de Félicité :

> «– Monsieur vous attend, Madame ; la soupe est servie.
>
> Et il fallut descendre ! il fallut se mettre à table !»
>
> (Gustave Flaubert, *Madame Bovary*, Le Livre de Poche classique, 1999, p. 320.)

«Et il fallut descendre ! il fallut se mettre à table !» est empreint de l'énonciation d'Emma : l'exclamation, l'expression modale de nécessité («il fallut») sont la trace de sa voix, d'une visée subjective dans le récit.

Le caractère subjectif de «il fallut» tient d'abord à ce que «les verbes *falloir* et *devoir*, lorsqu'ils servent à indiquer le caractère obligatoire ou inévitable d'un événement A, ne peuvent s'employer sans qu'on présuppose (ou sous-entende, la distinction importe peu ici) que A contrarie certains désirs du locuteur, de l'allocutaire, ou de personnes dont il est question dans l'énoncé» (O. Ducrot, «Analyses pragmatiques», p. 18).

Il tient aussi à l'absence d'un pronom de 3e personne («Il lui fallut», ou «Elle dut»), absence qui laisse place au point de vue du personnage, effaçant la parole du narrateur (voir l'analyse de Ducrot, *ibid.*, p. 19).

Pourtant le récit au passé simple laisse à penser qu'il n'y a qu'un seul locuteur : ceci n'est pas contradictoire avec l'interprétation polyphonique de l'indirect libre. On peut dire que le locuteur-narrateur laisse entendre dans ses paroles deux énonciateurs – l'énonciateur-narrateur auquel il s'assimile, et l'énonciateur qui exprime la visée du personnage – dont les points de vue se fondent (discours indirect libre).

Un autre exemple nous est fourni par un texte de La Bruyère cité par Marguerite Lips. Il s'agit du portrait de Celse, dont nous reprenons la fin :

> «Il sait les bruits communs, les historiettes de la ville ; il ne fait rien, il dit ou il écoute ce que les autres font, il est nouvelliste ; il sait même le secret des familles : il entre dans de plus hauts mystères ; il vous dit pourquoi celui-ci
> 5 est exilé, et pourquoi on rappelle cet autre ; il connaît le fond et les causes de la brouillerie des deux frères et de la rupture des deux ministres. N'a-t-il pas prédit aux pre-

miers les tristes suites de leur mésintelligence ? N'a-t-il pas dit de ceux-ci que leur union ne serait pas longue ? 10 N'était-il pas présent à de certaines paroles qui furent dites ? N'entra-t-il pas dans une espèce de négociation ? Le voulut-on croire ? fut-il écouté ? A qui parlez-vous de ces choses ? Qui a eu plus de part que Celse à toutes ces intrigues de cour ? Et si cela n'était ainsi, s'il ne l'avait du 15 moins ou rêvé ou imaginé, songerait-il à vous le faire croire ? aurait-il l'air important et mystérieux d'un homme revenu d'une ambassade ?» (La Bruyère, *Les Caractères* [1688], «Du mérite personnel», Gallimard, «Folio», 1975, p. 56.)

Tout le portrait de Celse repose sur le contraste entre son absence de qualités personnelles et son importance sociale, liée à son talent de «nouvelliste» (ou «colporteur de nouvelles»). La série de questions qui commence à «N'a-t-il pas prédit» jusqu'à «choses ?» (l. 7-13) peut être mise au compte du moraliste, qui prend à témoin le lecteur de la vérité de son portrait, mais l'on y entend aussi l'écho de la voix de Celse, étalant son importance. La question «Qui a eu plus de part que Celse à toutes ces intrigues de cour ?» marque une transition, où les deux points de vue se laissent percevoir, celui du nouvelliste, et celui du portraitiste (celui-ci apparaît dans l'emploi du nom «Celse», et dans le jugement : «ces intrigues de cour»). Le pronom «vous», de valeur générique, convient aux destinataires des deux énonciateurs, et permet de passer d'un point de vue à l'autre. En revanche, les deux questions de conclusion («Et si cela n'était ainsi […]») sont le fait du seul moraliste.

La théorie de la polyphonie permet de rendre compte de tels faits d'indirect libre, qui se manifestent non comme des paroles distinctes mais comme la variation de points de vue dans l'énoncé d'un seul locuteur : la force du portrait de La Bruyère vient en grande partie de ces miroitements.

■ Indications bibliographiques sur la polyphonie

Oswald Ducrot, «Analyses pragmatiques», *Communications*, n°32, 1980, p. 11-60.
— *Le Dire et le Dit*, Éd. de Minuit, 1984, chap. VIII («Esquisse d'une théorie polyphonique de l'énonciation»).

EXEMPLES : DIALOGUES ROMANESQUES

Nous proposons d'étudier des exemples de dialogue, chez Flaubert et Vallès, puis nous nous attacherons à des formes du monologue illustrées par Prévost, Flaubert, Zola, et Dujardin.

TEXTE
17
Gustave Flaubert
L'Éducation sentimentale (1869), Troisième partie, chap. I,
Le Livre de Poche classique, 2002, p. 441-443.

La scène se situe au printemps de 1848, après la Révolution de février, qui a mis fin à la Monarchie de Juillet et au gouvernement de Guizot. Flaubert souligne la peur sociale, en particulier celle du banquier Dambreuse.

Comme soutien du dernier règne, il redoutait les vengeances du peuple sur ses propriétés de la Champagne, quand l'élucubration[a] de Frédéric lui tomba dans les mains. Alors il s'imagina que son jeune ami était un personnage très influent et qu'il pourrait sinon le servir, du
5 moins le défendre ; de sorte qu'un matin, M. Dambreuse se présenta chez lui, accompagné de Martinon.

Cette visite n'avait pour but, dit-il, que de le voir un peu et de causer. Somme toute, il se réjouissait des événements, et il adoptait de grand cœur «notre sublime devise : *Liberté, Égalité, Fraternité,* ayant toujours été
10 républicain, au fond». S'il votait, sous l'autre régime, avec le ministère, c'était simplement pour accélérer une chute inévitable. Il s'emporta même contre M. Guizot, «qui nous a mis dans un joli pétrin, convenons-en !» En revanche, il admirait beaucoup Lamartine, lequel s'était montré «magnifique, ma parole d'honneur, quand, à propos du drapeau rouge[b]...»
15 – «Oui ! je sais», dit Frédéric.

Après quoi, il déclara sa sympathie pour les ouvriers.

– «Car enfin, plus ou moins, nous sommes tous ouvriers !» Et il poussait l'impartialité jusqu'à reconnaître que Proudhon avait de la logique. «Oh ! beaucoup de logique ! diable !» Puis, avec le détache-
20 ment d'une intelligence supérieure, il causa de l'exposition de peinture, où il avait vu le tableau de Pellerin. Il trouvait cela original, bien touché.

Martinon appuyait tous ses mots par des remarques approbatives ; lui aussi pensait qu'il fallait «se rallier franchement à la République», et

25   il parla de son père laboureur, faisait le paysan, l'homme du peuple. On
      arriva bientôt aux élections pour l'Assemblée nationale, et aux candi-
      dats dans l'arrondissement de la Fortelle. Celui de l'opposition n'avait
      pas de chances.
           – «Vous devriez prendre sa place !» dit M. Dambreuse.

----

a. Le compte rendu «pour le journal de Troyes» des événements de la première journée de la Révolution,
«composé en style lyrique» et signé par Frédéric (éd. cit., p. 363) .

b. Le drapeau rouge indiquait la proclamation de la loi martiale, et il avait pris le sens d'un symbole
républicain à la suite de la manifestation du Champ-de-Mars de juillet 1791, qui demandait l'abolition
de la royauté, après la fuite du roi à Varenne, et qui fut dispersée dans le sang. En 1848, le drapeau
rouge est toujours un emblème révolutionnaire. C'est Lamartine qui réussit à empêcher qu'il ne se
substitue au drapeau tricolore de Louis-Philippe : «car le drapeau rouge que vous nous rapportez n'a
jamais fait que le tour du Champ-de-Mars, traîné dans le sang du peuple, en 1791 et en 1793, et le drapeau tricolore a fait le tour du monde avec le nom, la gloire et la liberté de la patrie.» Flaubert consi-
dérait cette phrase comme une des «scies» insupportables.

    Pour Flaubert, le dialogue est un art difficile, aux
antipodes de l'illusion mimétique :
      «Un dialogue, dans un livre, ne représente pas plus la *vérité
      vraie* (absolue) que tout le reste ; il faut choisir et y mettre
      des plans successifs, des gradations et des demi-teintes,
      comme dans une description.» (Lettre à Ernest Feydeau,
      [28 déc. 1858].)
Les «plans successifs», il réussit à les créer par un montage subtil des paroles, qui ne laisse au direct que
quelques fragments en relief. Rien de moins «naturel»
qu'un dialogue chez Flaubert, en particulier dans *L'Éducation sentimentale*, où la rhétorique politique se frag-
mente et se disperse, où elle se donne à lire sous sa
figure nouvelle : celle de la conversation de salon, privée,
ou semi-privée, celle des groupes d'opinion. En contrepoint des éclats de voix du Club de l'Intelligence, la
visite du banquier Dambreuse à Frédéric est un exemple
de ces manœuvres de coulisses.
    Comme dans une scène de théâtre, l'énonciation du
dialogue romanesque prend place à un double niveau :
celui des personnages, de Frédéric, notamment, qui se
laisse éblouir par l'autorité de Dambreuse, et celui du
narrateur et de son narrataire, qui est le destinataire de

l'ironie. Mais toute la différence entre le modèle dramatique et celui du roman tient au montage des paroles dans
un récit qui les modalise, en casse la rhétorique, et donne
à entendre les mots à la mode et le masquage social.

■ **Indications bibliographiques**

Sur la parole dans *L'Éducation sentimentale*, voir Henri Mitterand,
«Sémiologie flaubertienne : le Club de l'Intelligence», dans *Le Regard et
le signe*, PUF, 1987, p. 171-189.
Sur la question du dialogue et de la parole chez Flaubert, on se reportera à Claudine Gothot-Mersch, «La parole des personnages» (1981),
article repris dans *Travail de Flaubert*, Éd. du Seuil, «Points», 1983,
p. 199-222, et à Philippe Dufour, *Flaubert et le pignouf. Essai sur la
représentation romanesque du langage*, PUV, 1993.

COMMENTAIRE DU TEXTE *17*

I. LE MONTAGE DE LA SCÈNE

Notre extrait ne coïncide pas avec la totalité de la scène :
il manque la fin du dialogue, où Dambreuse cherche à
persuader Frédéric de se présenter aux élections, et la
réaction de Frédéric, séduit par des rêves de gloire («Le
banquier était un brave homme, décidément. Frédéric ne
put s'empêcher de réfléchir à son conseil ; et bientôt, une
sorte de vertige l'éblouit», p. 301). Mais le passage donne
tout de même une idée de la mise en scène flaubertienne.

7. Sur le paragraphe,
voir chap. 11, p. 249-251.

Le paragraphe[7] est une unité d'action et d'acteur : les
corrections des manuscrits et des éditions montrent que
Flaubert supprime des alinéas et resserre les paragraphes
autour des personnages du dialogue. C'est en fait Dambreuse qui monopolise la parole, et poursuit un discours

8. Sur les genres de la rhétorique,
voir chap. 10, p. 200.

persuasif (du genre délibératif[8]), mais cette parole est
modalisée par son montage et son encadrement narratif.

Le premier paragraphe sert d'introduction au discours
narrativisé : le narrateur raconte les pensées de Dambreuse et prend parti. «S'imaginer que» présuppose en
effet que le contenu de la proposition suivante est faux, et
reflète des illusions. L'analyse des intentions du personnage contredit d'emblée ses premières paroles à Frédéric.

L'alinéa, et l'asyndète créent une rupture et un soulignement de la reprise à l'indirect libre : «Cette visite
n'avait pour but, dit-il». L'incise qui introduit le propos
de Dambreuse sert aussi, en cours de phrase, à en atténuer

la valeur de vérité. La délégation d'énonciation («dit-il») est un signe du soupçon. De même, pour le verbe «déclarer» (l. 16 : «Il déclara sa sympathie», au discours narrativisé). «Déclarer», c'est assurément affirmer clairement, mais la formule prend en contexte une valeur restrictive : l'engagement ne porte que sur les paroles dites, non sur l'opinion véritable. Le texte flaubertien nous donne à lire les paroles et la simulation.

Martinon – ce «fils d'un gros cultivateur», étudiant en droit et futur magistrat – est présenté comme le double de Dambreuse, comme sa contre-façon : il a choisi son camp. Le texte souligne le redoublement obséquieux («Martinon appuyait tous ses mots par des remarques approbatives ; lui aussi pensait», l. 23-24), et la comédie sociale («faisait le paysan, l'homme du peuple», l. 25).

L'interruption de Frédéric («Oui, je sais»), souligne que l'argument de Dambreuse (Lamartine et le drapeau rouge) est une «scie».

II. L'ALTERNANCE DES DISCOURS

Il y a très peu de discours direct. Flaubert le coupe, et le sertit sur un fond d'indirect. Il transpose presque toutes les paroles en ce qu'il nomme «l'indirect» : une savante alternance de discours narrativisé, de style indirect libre et d'indirect, avec des morceaux de direct.

1. Le discours narrativisé

Il introduit la scène, modalise et condense les déclarations de Dambreuse, et du groupe. En voici les exemples : «Il s'imagina que», (l. 3), «Il s'emporta même contre M. Guizot» (l. 11-12), «il déclara sa sympathie pour les ouvriers» (l. 16), «Puis, avec le détachement d'une intelligence supérieure, il causa de l'exposition de peinture» (l. 19-21), «Martinon appuyait tous ses mots par des remarques approbatives» (l. 23), «et il parla de son père laboureur» (l. 24-25), «On arriva bientôt aux élections» (l. 25-26).

Ce sont les formes les plus résumées du récit de paroles, et les plus distantes. Mais elles peuvent contenir des échos de l'idiome du personnage : «son jeune ami» évoque ainsi une formule toute faite. De plus, il y a des fragments qui relèvent de la seule responsabilité du narrateur, mais qui semblent aussi refléter le point de vue de Dambreuse. Ainsi : «avec le détachement d'une intelligence supérieure», est une formule ironique qui peut reprendre de manière polyphonique un jugement d'auto-satisfaction.

2. Le discours indirect et indirect libre

L'indirect libre est ici la forme dominante de la transposition des paroles. Il est indiqué par l'incise «dit-il» (l. 7), le contexte du récit de paroles, et le repérage externe des personnes et des temps : la 3e personne, et l'imparfait transposent une 1ère personne et un présent de discours direct. Tous les passages à l'imparfait du deuxième et du cinquième paragraphes sont à l'indirect libre. Mais le statut de : «Et il poussait l'impartialité jusqu'à reconnaître que Proudhon avait de la logique» (l. 17-19) reste indécidable : résumé de narrateur, écho des deux voix ?

Le sixième paragraphe contient un fragment à l'indirect, introduit par «lui aussi pensait qu'il fallait» (l. 24), et se termine à l'indirect libre.

Cette stylisation du dialogue permet d'intégrer les paroles au récit, de souligner les étapes de l'argumentation. A l'indirect libre, la voix du narrateur laisse entendre celle des personnages, et joue de la délégation d'énonciation : la polyphonie est dissonance. Les formules à double sens, les restrictions de Dambreuse («Somme toute») contredisent ses hyperboles («il se réjouissait de grand cœur»). On les retrouve aussi dans les passages au direct : «ayant toujours été républicain, au fond» (l. 9-10), et «plus ou moins, nous sommes tous ouvriers» (l. 17).

3. Le discours direct

Il apparaît sous deux formes : les répliques, et les passages entre guillemets.

Les répliques intégralement au style direct (comme l'interruption de Frédéric, l. 15, ou la dernière réplique de Dambreuse) sont rares, et brèves, et soulignent des temps forts du dialogue. La prise de parole de Frédéric met à nu la rhétorique de Dambreuse, et la proposition du banquier (l. 29), après une argumentation à l'indirect, apparaît comme l'objet véritable de sa visite.

Les passages entre guillemets n'ont pas le même statut. Ils interviennent en cours de récit à l'indirect libre comme des modalisations autonymiques : les guillemets signalent une citation et en délèguent l'énonciation au personnage. Ce discours cité est toujours tronqué, et mis en relief par le montage. Les passages entre guillemets transmettent la modalité exclamative (l. 12 et 19), les expressions interjectives («ma parole d'honneur», l. 14, «diable», l. 19), qui renforcent l'assertion (figure de l'*incidence*).

La redondance du «nous» et des formes de 1ère personne du pluriel rend manifestes le jeu référentiel et la tentative d'établir une connivence avec l'interlocuteur. L'incidente «convenons-en» vise à renforcer le contact avec le destinataire, et à forcer l'accord de Frédéric sur une communauté fictive d'intérêts avec le banquier. La référence du «nous»[9] est en effet on ne peut plus glissante : dans «notre sublime devise», la 1ère personne du pluriel inclut tous les sujets dans la communauté républicaine. En revanche «nous» dans «nous a mis dans un joli pétrin», l. 12, fait appel à une catégorie de citoyens plus ambiguë : «nous», ce sont les Français, mais aussi, implicitement, et de façon plus restreinte, la partie des Français qu'effraie la Révolution de 1848.

Le jeu référentiel est confirmé par le jeu sémantique sur «ouvriers». L'emploi attributif sans déterminant conduit à dégager une valeur qualificative d'«ouvrier» au sens de «travailleur» opposé à «oisif», et à dénier les acceptions économique et sociale, que prend «ouvrier» à l'époque (par opposition à «patron», «bourgeois», ou «capitaliste»)[10], autrement dit les oppositions de classe.

L'emploi du registre lexical familier («joli pétrin») va dans le même sens d'une recherche de la connivence. La coupure de la citation, l'alternance des styles, condensent les effets, soulignent les procédés de persuasion : la rhétorique argumentative s'appuie sur les hyperboles (adjectifs et adverbes intensifs : «beaucoup», «magnifique»), que contredisent, on l'a vu, les restrictions.

Enfin, les guillemets encadrent aussi des clichés du discours politique[11], que Dambreuse et Martinon reprennent comme des formules de reconnaissance : «notre sublime devise : *Liberté, Égalité, Fraternité*» (l'une des «scies» dans la *Correspondance* de Flaubert), et «se rallier franchement à la République», cité dans le discours

9. Sur le «nous» politique, on pourra consulter le n° 10 de la revue *Mots*, mars 1985.

10. Sur la question du vocabulaire politique et social dans *L'Éducation sentimentale* et au XIXe siècle, on se reportera à l'ouvrage fondamental de Jean Dubois, *Le Vocabulaire politique et social en France de 1869 à 1872*, Larousse, 1962 (sur la polysémie de «ouvrier», p. 46-47 ; voir aussi, p. 37-46, l'étude exemplaire de «travailleur»).

11. Sur les clichés en littérature, voir Ruth Amossy et Elisheva Rosen, *Les Discours du cliché*, CDU-SEDES, 1982 ; sur le stéréotype comme construction de lecture en littérature et le stéréotype dans les sciences sociales, voir Ruth Amossy, *Les Idées reçues. Sémiologie du stéréotype*, Nathan, 1991 et Ruth Amossy, Anne Herschberg Pierrot, *Stéréotypes et clichés. Langue, discours, société*, Nathan,

indirect, en parallèle avec le *topos* de Lamartine et du drapeau rouge. Dans ces deux cas, les guillemets signalent l'emprunt, la citation du discours social, plutôt que le discours direct des personnages. Rien dans la forme des propos ne permet en effet de distinguer le style direct entre guillemets de l'indirect libre («notre sublime devise» est un syntagme figé, qui inclut aussi le narrateur dans la communauté, et permet de maintenir la 1ère personne du pluriel).

Le roman flaubertien nous propose une phénoménologie de la parole. Il démonte le langage d'emprunt, montre la circulation des slogans, les effets de masquage, au service d'une persuasion qui réussit assez bien à fasciner Frédéric. En 1848, à Paris, en contrepoint de l'exemple public des clubs, la rhétorique s'exerce surtout dans l'espace privé des salons. Mais Flaubert n'en montre pas moins l'efficacité d'une parole qui appelle de ses vœux un régime autoritaire : le roman dessine le mouvement historique conduisant au coup d'État de Louis-Napoléon Bonaparte.

TEXTE
18

Gustave Flaubert
Bouvard et Pécuchet (1881), chap. III, Le Livre de Poche classique, 1999, p. 119-120.

Bouvard et Pécuchet, déçus par la médecine, se mettent à l'hygiène.

Pécuchet imagina que l'usage de la prise était funeste. D'ailleurs, un éternuement occasionne parfois la rupture d'un anévrisme – et il abandonna la tabatière. Par habitude, il y plongeait les doigts ; puis, tout à coup, se rappelait son imprudence.

5 Comme le café noir secoue les nerfs Bouvard voulut renoncer à la demi-tasse ; mais il dormait après ses repas, et avait peur en se réveillant ; car le sommeil prolongé est une menace d'apoplexie.

Leur idéal était Cornaro, ce gentilhomme vénitien, qui à force de régime atteignit une extrême vieillesse. Sans l'imiter absolument, on
10 peut avoir les mêmes précautions, et Pécuchet tira de sa bibliothèque un Manuel d'hygiène par le docteur Morin.

Comment avaient-ils fait pour vivre jusque-là ? Les plats qu'ils aimaient s'y trouvent défendus. Germaine embarrassée ne savait plus que leur servir.

Dans *Bouvard et Pécuchet*, le dialogue est un des modes fondamentaux de l'exposition des savoirs. Mais il est poussé à un degré extrême d'abstraction, et le statut de la parole vacille : l'origine et les frontières de l'énonciation ne sont plus repérables.

De ce court passage, qui montre les premiers tropismes de Bouvard et de Pécuchet vers l'hygiène, nous n'évoquerons qu'un aspect de l'indirect libre : celui de l'exposé gnomique.

LE DISCOURS INDIRECT LIBRE
DANS *BOUVARD ET PÉCUCHET*

Le discours indirect libre – sans qu'il soit nécessaire ici de créer des catégories nouvelles – se charge d'une fonction spécifique : celle de fusionner dans l'énoncé gnomique le discours des livres, celui de la *doxa* ou de l'opinion (réunis dans les manuels de vulgarisation) et la parole des personnages. Le récit juxtapose la norme («D'ailleurs un éternuement occasionne parfois la rupture d'un anévrisme») et la conduite (« – et il abandonna la tabatière»), ou place l'une dans la dépendance sémantique de l'autre («*Comme* le café noir secoue les nerfs», l. 5, «*car* le sommeil prolongé est une menace d'apoplexie», l. 7 – nous soulignons) : les énoncés, au présent de vérité générale, servent de motivations au récit singulier. Ils sont le rappel, dans l'énoncé narratif, de la voix des deux apprentis, du discours des livres et de l'opinion confondus en une même description normative, sans qu'on puisse distinguer les degrés du citationnel. «Sans l'imiter absolument, on peut avoir les mêmes précautions» (l. 9-10) : est-ce l'écho, à l'indirect libre, de la parole de Bouvard et Pécuchet, ou la réfraction des prescriptions des manuels, dans l'énonciation indifférenciée du «on» qui intègre la voix des personnages ? L'interrogation à l'imparfait d'indirect libre du paragraphe suivant fait retour sur l'histoire singulière de Bouvard et Pécuchet. Mais c'est pour aussitôt relancer un tableau-résumé des manuels d'hygiène, au présent sans repère. Dans *Bouvard et Pécuchet*, la désappropriation des paroles est, comme la contradiction, un mode de l'érosion des savoirs.

Jules Vallès
L'Enfant (1879), chap. VII, Flammarion, «GF», 1968, p. 98.

Le narrateur vient de raconter la fin burlesque d'une cérémonie préparée pour la Saint-Antoine, fête de son père.

La fête de ma mère ne me produit pas les mêmes émotions : c'est plus carré.

Elle a déclaré nettement, il y a de longues années déjà, qu'elle ne voulait pas qu'on fît des dépenses pour elle. Vingt sous sont vingt sous.
5   Avec l'argent d'un pot de fleurs, elle peut acheter un saucisson. Ajoutez ce que coûterait le papier d'un compliment ! Pourquoi ces frais inutiles ? Vous direz : ce n'est rien. C'est bon pour ceux qui ne tiennent pas la queue de la poêle de dire ça ; mais elle, qui la tient, qui fricote, qui dirige le ménage, elle sait que c'est quelque chose. Ajoutez quatre sous à un
10 franc, ça fait vingt-quatre sous partout.

Quoique je ne songe pas à la contredire, mais pas du tout (je pense à autre chose, et j'ai justement mal au ventre), elle me regarde en parlant, et elle est énergique, très énergique.

Puis, les plantes, ça crève quand on ne les soigne pas.
15 Elle a l'air de dire : on ne peut pas les fouetter !

PRÉSENTATION DU TEXTE 19

L'originalité de ce récit d'enfance est que la voix du narrateur ne domine pas le texte comme dans un récit autobiographique classique. Cela tient, selon Ph. Lejeune, à la combinatoire :
– d'un récit autodiégétique (à la différence de *Poil de Carotte*, raconté à la 3e personne) ;
– du «présent de narration» «qui introduit une perturbation apparente dans la distinction entre histoire et discours, et entre antériorité et simultanéité» (*Je est un autre*, p. 14) ;
– du style indirect libre «qui organise l'intégration (et éventuellement la confusion) de deux énonciations différentes» (*ibid.*) ;
– de traits d'oralité, avec un mélange de niveaux de langue.

L'une des difficultés de ce récit est de distinguer la voix du narrateur adulte de celle de l'enfant. La présence du narrateur se fait sentir dans la distance ironique, les jugements, mais le présent de narration et l'indirect libre estompent les dénivelés énonciatifs.

Nous étudierons successivement ce qui constitue trois aspects d'une même énonciation : l'alternance des voix, le présent de narration (et l'indirect libre), et la parole rapportée.

■ **Indications bibliographiques :**

Jacques Dubois, *Romanciers français de l'instantané au XIXᵉ siècle*, Bruxelles, Palais des Académies, 1963.
Philippe Lejeune, «Le récit d'enfance ironique : Vallès», dans *Je est un autre*, Éd. du Seuil, 1980, p. 10-31.

COMMENTAIRE DU TEXTE 19

I. L'ALTERNANCE DES VOIX

Le passage que nous lisons constitue une brève séquence, située au chapitre VII (intitulé par antiphrase «Les Joies du foyer») entre deux séquences consacrées l'une à la Saint-Antoine, l'autre à la veillée de Noël, encadrées par des blancs.

A l'intérieur de la séquence, Vallès multiplie les alinéas, opposant au second paragraphe consacré à la «parole» de Mme Vingtras, des unités plus brèves, dont l'alternance coïncide à peu près avec le changement des voix. L. 1-2 : discours en «je» ; l. 3-10 : paroles de la mère à l'indirect, et l'indirect libre ; l. 11-13 : discours en «je» ; l. 14 : paroles de la mère à l'indirect libre ; l. 15 : commentaire narratif et discours direct. Le passage à l'alinéa répond à l'alternance entre les propos de la mère, et les réactions du fils. L'adverbe «puis» (l. 14) crée une rupture énonciative, puisqu'il enchaîne en fait non sur le commentaire du fils (l. 12-13), mais sur l'argumentation de la mère, énoncée au paragraphe précédent. Chaque alinéa crée l'effet d'une prise de parole, d'une attaque nouvelle. Ph. Lejeune y voit une forme de parlé dans la prose, et un brouillage supplémentaire de l'énonciation :

«[Vallès] présente sa narration écrite sous une forme qui suggère sa narration orale. Il mélange la présentation traditionnelle par paragraphes qui forment un bloc, avec une disposition plus rompue et aérée qui évoque le rythme, les silences, les ellipses et les reprises d'une parole. Il y a une

CHAP. 7. LE DISCOURS RAPPORTÉ | 131

sorte de "verset" vallésien, correspondant à une scansion orale, au souffle et aux effets d'une narration parlée. Ce caractère ambigu du rythme de la narration contribue à l'incertitude sur l'origine de l'énonciation.» (*op. cit.*, p. 18, n. 1.)

II. LE PRÉSENT DE NARRATION ET L'INDIRECT LIBRE

L'indirect libre superpose doublement les voix : d'une part, la voix du narrateur se superpose à l'expression des pensées de l'enfant qu'il a été ; d'autre part, le narrateur rapporte à l'indirect libre les paroles de Mme Vingtras.

Le *présent de narration* télescope la distance temporelle entre l'autrefois et l'aujourd'hui, et tend, au voisinage d'autres présents (de vérité générale, d'habitude...), à niveler les plans d'énonciation. Le «présent de narration» n'est pas le synonyme exact du «présent historique». Tous deux neutralisent l'opposition entre passé et présent par référence à un repère fictif (voir p. 79). Mais le «présent historique» tend à présenter les faits comme si l'énonciation leur était contemporaine : dans ce cas, le cotexte est dominé par des temps du passé. A l'inverse, le «présent de narration» employé ici tire les événements passés vers le présent, les raconte comme s'ils étaient contemporains de l'énonciation présente, dans un contexte où le seul passé perfectif est le passé composé (l. 3).

Le «présent de narration» sous-tend la superposition à l'indirect libre du «je» narré et du «je» narrateur (l. 1-2, 11-13). Il est fort malaisé de dissocier les fragments où le narrateur raconte seul, et les énoncés où il mêle sa voix aux commentaires de l'enfant. Dans la première phrase, on peut n'attribuer à l'indirect libre que la seconde partie : «c'est plus carré» (ouverture d'un jugement, emploi du lexique). Pour les l. 11-13, le début ne semble redevable qu'au seul narrateur («Quoique je ne songe pas à la contredire») mais les effets sémantiques, affectifs, de l'insistance («mais pas du tout»), la parenthèse, la notation sensorielle («elle me regarde en parlant»), et la répétition ironique, dans une syntaxe qui suit la linéarité de l'impression («et elle est énergique, très énergique») sont autant d'indices énonciatifs de la superposition des voix. Et cela se réverbère sur l'ensemble de la narration.

Pour Ph. Lejeune, «les mélanges de voix entre le narrateur et le héros apparaissent moins comme l'articulation de deux instances chronologiquement différentes que comme le résultat du travail intérieur à une voix qui mime, casse ses mimes, gouaille, fait la naïve, voix *fabriquée* qui ne rend plus aucun son "naturel" (c'est-à-dire vraisemblable), mais qui invente peut-être une nouvelle forme de naturel» (*op. cit.*, p. 31).

III. LA PAROLE RAPPORTÉE

L'autre superposition des voix est celle du narrateur et de la mère. Le second paragraphe est clairement consacré aux paroles de Mme Vingtras. L'introduction est au style indirect («déclarer que»), avec une transposition de temps (imparfaits de l'indicatif et du subjonctif), et de personne («elle»). Puis le texte continue au style indirect libre avec des présents de vérité générale et de narration. La seule marque distinctive par rapport au style direct est l'emploi de la 3e personne («Avec l'argent d'un pot de fleurs, elle peut acheter un saucisson», l. 5, «mais elle [...] elle sait que», l. 8-9). Les autres indices sont des traits d'ordre lexical et syntaxique, qui signalent la voix du personnage. Les tours familiers à connotations populaires rattachent l'énoncé à la «parole» de Mme Vingtras : «ceux qui ne tiennent pas la queue de la poêle» (l. 7-8), «fricote» (l. 8), «crève» (l. 14), comme les tournures sentencieuses («Ajoutez quatre sous à un franc, ça fait vingt-quatre sous partout», l. 9-10). La construction segmentée de la l. 14 («Puis, les plantes, ça crève quand on ne les soigne pas») est également l'indice d'une voix.

L'une des difficultés est de savoir si les propos de Mme Vingtras sont rapportés au style indirect libre ou au direct. Il y a en effet un emploi générique de la seconde personne du pluriel à l'impératif ou à l'indicatif, qui ressortit à l'énonciation sentencieuse et que rien ne distingue formellement du direct. L'on peut y voir du style direct mais c'est plus probablement de l'indirect libre qui mime la voix, le lexique, l'intonation de la

«consiste à prévenir ou à répéter d'avance une objection que
l'on pourrait essuyer, ou qui
peut donner lieu d'ajouter de
nouvelles raisons à celles qu'on
a déjà alléguées» (Fontanier, *Les
Figures du discours,* p. 410).

mère, son argumentation, la dramatisation de sa parole,
qui fait vivre les objections (avec la figure de l'*occupation*[12] : «Vous direz [...] mais»). La seconde personne («Ajoutez», «vous direz»), élargie à tous les
destinataires, y compris le narrateur et le narrataire, se
maintient à l'indirect libre, comme les intonations
fondamentales. La dernière phrase cite et raconte la
parole maternelle sur le mode imaginaire («elle a l'air
de dire»).

De fait, l'intérêt n'est pas de décider si tel segment,
dans le texte de Vallès, est à coup sûr du direct, de
l'indirect libre ou du récit pur, mais plutôt de décrire les
complexités énonciatives. L'effet de lecture joue de
l'indétermination des frontières entre passé et présent,
direct et indirect, de l'intrication des voix, et des modalités intonatives. Ce qui subsiste, au-delà des paroles,
c'est la présence d'une énonciation impérieuse, celle de
la mère, que fait émerger, ironiquement, la narration
rétrospective.

EXEMPLES :
MONOLOGUES ROMANESQUES

*Après les dialogues, et les paroles prononcées, nous
allons considérer les monologues, le récit des pensées
d'un personnage, en prenant un exemple au XVIII*e *siècle
chez l'abbé Prévost, et trois exemples chez des romanciers du XIX*e *siècle, qui font varier les formes du monologue : Flaubert, Zola, Édouard Dujardin.*

*Pour D. Cohn, le roman à la 3*e *personne prend en
charge au XIX*e *siècle le champ du roman subjectif,
représenté par le genre des confessions et le roman par
lettres. Si les monologues stendhaliens laissent encore la
part belle au discours direct, et même à la voix haute des
personnages, la vraisemblance tend de plus en plus à
assourdir cette voix intérieure, en utilisant les ressources
du style indirect libre. Le «monologue (intérieur) autonome», dont É. Dujardin fera la théorie rétrospective
dans* Le Monologue intérieur *(1931), est le point
d'aboutissement de cette esthétique.*

Abbé Prévost
Histoire du Chevalier des Grieux et de Manon Lescaut (1731),
Première partie, Éd. Garnier, 1965, p. 27-28.

Des Grieux s'est enfui à Paris avec Manon. Une après-midi où il est sorti et revenu plus tôt que prévu, il s'aperçoit qu'on tarde à lui ouvrir. Il apprend de la petite servante «que madame lui avait défendu d'ouvrir la porte jusqu'à ce que M. de B... fût sorti par l'autre escalier». Il décide de repartir, et donne pour consigne de ne rien dire de sa découverte.

Ma consternation fut si grande, que je versais des larmes en descendant l'escalier, sans savoir encore de quel sentiment elles partaient. J'entrai dans le premier café et m'y étant assis près d'une table, j'appuyai la tête sur mes deux mains pour y développer ce qui se passait
5   dans mon cœur. Je n'osais rappeler ce que je venais d'entendre. Je voulais le considérer comme une illusion, et je fus prêt deux ou trois fois de retourner au logis, sans marquer que j'y eusse fait attention. Il me paraissait si impossible que Manon m'eût trahi, que je craignais de lui faire injure en la soupçonnant. Je l'adorais, cela était sûr ; je ne lui avais pas
10   donné plus de preuves d'amour que je n'en avais reçu d'elle ; pourquoi l'aurais-je accusée d'être moins sincère et moins constante que moi ? Quelle raison aurait-elle eue de me tromper ? Il n'y avait que trois heures qu'elle m'avait accablé de ses plus tendres caresses et qu'elle avait reçu les miennes avec transport ; je ne connaissais pas mieux mon
15   cœur que le sien. Non, non, repris-je, il n'est pas possible que Manon me trahisse. Elle n'ignore pas que je ne vis que pour elle. Elle sait trop bien que je l'adore. Ce n'est pas là un sujet de me haïr.

Cependant la visite et la sortie furtive de M. de B... me causaient de l'embarras. Je rappelais aussi les petites acquisitions de Manon, qui me
20   semblaient surpasser nos richesses présentes. Cela paraissait sentir les libéralités d'un nouvel amant. Et cette confiance qu'elle m'avait marquée pour des ressources qui m'étaient inconnues ! J'avais peine à donner à tant d'énigmes un sens aussi favorable que mon cœur le souhaitait.

C O M M E N T A I R E   D U   T E X T E   2 0

LE MONOLOGUE DE DES GRIEUX ET L'ALTERNANCE DES DISCOURS

Le monologue de Des Grieux – dont notre extrait présente le premier mouvement, et le début du second – est clairement délimité par une introduction qui le motive et le met en scène. Nous ne sommes pas loin du soliloque dramatique. Dans un moment de crise et de confusion sentimentale («Ma consternation fut si grande, que je versais des larmes en descendant l'escalier, sans savoir encore de quel sentiment elles partaient»), le personnage fait un bilan de la situation. L'indication scénique («J'appuyais la tête sur mes deux mains pour y développer ce qui se passait dans mon cœur») marque fortement la transition entre le récit d'événements et le récit de pensées. Ceci a pour effet de mettre en valeur deux séries de normes en conflit, celles de la convention romanesque (qui autorise un personnage à exposer ses états d'âme), et les contraintes du vraisemblable.

Mais, à la différence de l'auteur dramatique, le romancier construit le cadre énonciatif des paroles et les intègre au récit. Ce récit, conduit par des Grieux, est autodiégétique : dans le «je» se confondent le sujet narrateur et le personnage de l'histoire. Le récit de paroles fait alterner trois modes du discours rapporté : le discours narrativisé, qui sert de transition avec le récit d'événements et les autres formes de discours rapporté, le discours indirect libre, et le discours direct.

1. Le discours narrativisé

Il ouvre le monologue par un récit d'analyse («je n'osais», «je voulais», «je fus prêt […] de», «il me paraissait», «je craignais», l. 5-9), et marque d'autre part le début du second mouvement argumentatif, celui du soupçon à l'égard de Manon («Cependant la visite et la sortie […] nouvel amant», l. 18-21, «J'avais peine […] souhaitait», l. 22-23). Il maintient ainsi la continuité narrative, et la régie du discours rapporté, en assurant la transition entre le récit d'événements et le récit de pensées – le résumé se fait à l'imparfait et au passé simple – et en encadrant les étapes du débat intérieur.

2. Le discours indirect libre

Il est perceptible de «Je l'adorais» jusqu'à «je ne connaissais pas mieux mon cœur que le sien» (l. 9-15). Il fait retour, brièvement, au second paragraphe, entre deux passages de discours narrativisé (l. 21-22 : «Et cette confiance […] inconnues !»). Il manifeste un degré mimétique plus intense que le discours narrativisé, qui est le plus distant des trois discours, mais l'emploi de l'imparfait, normal dans un contexte au passé, atténue la frontière avec l'analyse qui précède.

Les marques sont essentiellement des traits énonciatifs : l'incidente modalisante «cela était sûr» (l. 9), les deux interrogations rhétoriques (l. 10-12), la négation «ne [...] que», à valeur intensive. Mais aussi l'orientation argumentative des énoncés : la dernière phrase («Il n'y avait que trois heures [...] le sien») se lit dans la foulée comme un argument de plus en faveur de l'innocence de Manon, pris en charge par le personnage et par le narrateur. Comme on l'a déjà vu à propos des scènes de dialogue, le style indirect libre s'identifie à partir d'indices qui marquent l'émergence de la voix (ou parfois du seul point de vue) du personnage dans l'énoncé du narrateur.

Les transpositions de temps et de personne ne distinguent pas ici le style indirect libre du discours narrativisé. Les imparfaits et les plus-que-parfaits sont entraînés par le contexte de récit au passé. Les degrés personnels ne sont pas modifiés : le «je» est le sujet de la parole citante et de la parole citée.

En revanche, la présence d'interrogations directes (mais avec des transpositions temporelles au conditionnel passé, qui les distinguent du style direct du personnage, l. 11-12) tendent à démarquer l'indirect libre du récit d'analyse. C'est un trait de forme qui a une valeur d'indice d'énonciation.

Au second paragraphe, l'indirect libre se distingue du discours narrativisé par la modalité exclamative et la structure syntaxique d'une phrase sans verbe, avant le retour à l'assertion du récit.

En contraste avec le résumé des pensées, le jeu des modalités intonatives à l'indirect libre fait résonner l'émotion. L'art de l'indirect libre est de maintenir l'intonation d'une parole dans le lissé du récit.

3. Le discours direct

Il intervient en fin de paragraphe, et clôt un mouvement de gradation progressive vers l'expression la plus mimétique de la parole.

Ses marques sont claires. Annoncé par l'incise «reprisje», il est caractérisé par l'interjection répétée «Non, non», et par le passage au présent, qui, seul, le distingue véritablement de l'indirect libre. Il n'y a pas de guillemets pour l'encadrer, conformément à un usage d'époque.

Dans ce début de monologue, l'alternance des formes de discours rapporté – à l'exclusion du style indirect – vise à concilier le résumé rétrospectif des pensées et l'expression d'une voix qui, au fil du paragraphe, devient de plus en plus audible. Le style indirect libre intervient comme une invention narrative entre deux modèles éprouvés : le récit d'analyse et le soliloque dramatique. Mais ce discours intérieur qui nous est ouvert au style indirect libre, puis au direct, est proche d'une parole prononcée. Dans la suite du genre romanesque, le discours intérieur s'assourdit. Dans le roman à partir de Flaubert, il tend à devenir plus indistinct, mêlé à la voix narrative et confus à soi-même.

TEXTE **Gustave Flaubert**
21 *Madame Bovary* (1857), Première partie, chap. VII,
Le Livre de Poche classique, 1999, p. 105-106.

Elle songeait quelquefois que c'étaient là pourtant les plus beaux jours de sa vie, la lune de miel, comme on disait. Pour en goûter la douceur, il eût fallu, sans doute, s'en aller vers ces pays à noms sonores où les lendemains de mariage ont de plus suaves paresses ! Dans des
5   chaises de poste, sous des stores de soie bleue, on monte au pas des routes escarpées, écoutant la chanson du postillon, qui se répète dans la montagne avec les clochettes des chèvres et le bruit sourd de la cascade. Quand le soleil se couche, on respire au bord des golfes le parfum des citronniers ; puis, le soir, sur la terrasse des villas, seuls et les doigts
10 confondus, on regarde les étoiles en faisant des projets. Il lui semblait que certains lieux sur la terre devaient produire du bonheur, comme une plante particulière au sol et qui pousse mal tout autre part. Que ne pouvait-elle s'accouder sur le balcon des chalets suisses ou enfermer sa tristesse dans un cottage écossais, avec un mari vêtu d'un habit de velours
15 noir à longues basques, et qui porte des bottes molles, un chapeau pointu et des manchettes !

Peut-être aurait-elle souhaité faire à quelqu'un la confidence de toutes ces choses. Mais comment dire un insaisissable malaise, qui change d'aspect comme les nuées, qui tourbillonne comme le vent ? Les
20 mots lui manquaient donc, l'occasion, la hardiesse.

Voici un des premiers monologues d'Emma Bovary, à l'indirect libre, parmi les rêveries nées des livres. Il prend place au début de son mariage, à Tostes, après l'évocation des lectures du couvent. Nous étudierons brièvement les marques et les frontières de l'indirect libre.

LE MONOLOGUE D'EMMA ET LE DISCOURS INDIRECT LIBRE

1. Les marques

– Le contexte de pensées : la rêverie d'Emma commence par une proposition introduisant le style indirect («Elle songeait quelquefois que»), suivie de l'imparfait de transposition après un verbe principal au passé.

– Les modalités énonciatives : l'exclamation et l'expression du regret (au conditionnel passé : «il eût fallu», l. 3, ou à la tournure négative : «Que ne pouvait-elle», l. 12-13), l'interrogation : «Mais comment dire [...] ?» (l. 18-19).

– La modalisation : «sans doute» (l. 3), qui renvoie à une appréciation subjective, renforçant l'expression de l'irréel du passé.

– L'expansion de la rêverie au présent, à partir des mots : «la lune de miel, comme on disait». Le scénario stéréotypé est en même temps remotivé par le désir d'Emma qui s'exprime dans la cadence de la phrase, dans l'organisation rythmique, vocalique et consonantique du passage. Toute la réussite et l'ambiguïté de ce développement tient à la manière de mimer une rêverie dont on reconnaît les clichés, mais dont on épouse le mouvement.

2. Les frontières de la parole

Le monologue d'Emma n'est pas autonome. Il est parfaitement intégré à un discours narratif qui se fait oublier mais qui relaie de temps en temps la double énonciation de l'indirect libre. L'imparfait, qui est le temps commun à l'encadrement narratif et à l'indirect libre, permet de passer d'un registre à l'autre, et, parfois, de confondre les deux instances.

La reprise à l'imparfait «Il lui semblait que [...]», après le long passage au présent, peut être l'analyse du seul narrateur, qui prend en charge la comparaison («comme une plante [...]», l. 11-12) : la phrase résume l'impression générale d'Emma. Mais, étant donné le contexte d'indirect libre (relancé par «Que ne pouvait-elle»), et le caractère itératif (pseudo-itératif[13], semble-t-il) de la rêverie, il n'est pas impossible d'interpréter «Il lui semblait» comme de l'indirect libre. A cela s'ajoute le fait que l'héroïne n'est pas nommée par un appellatif qui établirait une distance extérieure, mais par le simple pronom de 3e personne.

En revanche, la reprise à l'alinéa «Peut-être aurait-elle souhaité faire à quelqu'un la confidence de toutes ces choses» (l. 17-18) est bien une hypothèse du narrateur. Mais la modalisation du «peut-être» rejoint celles du discours d'Emma, comme l'indétermination lexicale de «toutes ces choses» mime l'impossibilité du personnage à nommer ce qu'elle éprouve. C'est ce qu'expriment ensuite l'interrogation rhétorique à l'indirect libre, puis le commentaire narratif qui clôt le paragraphe.

L'indirect libre devient dans *Madame Bovary* le mode privilégié d'expression des personnages, et l'instrument d'une poétique de l'impersonnalité et de l'extrême subjectivité fondée sur la mention, l'écho du discours des autres. La voix d'Emma se révèle dans ses exclamations, ses interrogations qui expriment les mouvements de sa rêverie et ses doutes, et dans l'organisation rythmique et phonique du texte, qui met en œuvre cette esthétique flaubertienne d'une prose précise et «rythmée comme le vers» – ce qui ne veut en l'occurrence pas forcément dire «poétique», mais aussi calculée que le vers – sur le rythme de la prose, voir p. 273-280.

13. Le pseudo-itératif
Selon G. Genette, il caractérise des scènes «présentées, en particulier par leur rédaction à l'imparfait, comme itératives, alors que la richesse et la précision des détails font qu'aucun lecteur ne peut croire sérieusement qu'elles se sont produites et reproduites ainsi, plusieurs fois, sans aucune variation». (*Figures III*, p. 152.)

Émile Zola
L'Assommoir (1877), chap. XII, Flammarion, «GF», 1969, p. 399.

TEXTE
22

Ce devait être le samedi après le terme, quelque chose comme le 12 ou le 13 janvier, Gervaise ne savait plus au juste. Elle perdait la boule, parce qu'il y avait des siècles qu'elle ne s'était rien mis de chaud dans le ventre. Ah ! quelle semaine infernale ! un ratissage complet, deux pains
5 de quatre livres le mardi qui avaient duré jusqu'au jeudi, puis une croûte sèche retrouvée la veille, et pas une miette depuis trente-six heures, une vraie danse devant le buffet ! Ce qu'elle savait, par exemple, ce qu'elle sentait sur son dos, c'était le temps de chien, un froid noir, un ciel barbouillé comme le cul d'une poêle, crevant d'une neige qui s'entêtait à ne
10 pas tomber. Quand on a l'hiver et la faim dans les tripes, on peut serrer sa ceinture, ça ne vous nourrit guère.

Peut-être, le soir, Coupeau rapporterait-il de l'argent. Il disait qu'il travaillait. Tout est possible, n'est-ce pas ? et Gervaise, attrapée pourtant bien des fois, avait fini par compter sur cet argent-là. Elle, après toutes
15 sortes d'histoires, ne trouvait plus seulement un torchon à laver dans le quartier ; même une vieille dame dont elle faisait le ménage, venait de la flanquer dehors, en l'accusant de boire ses liqueurs. On ne voulait d'elle nulle part, elle était brûlée ; ce qui l'arrangeait dans le fond, car elle en était tombée à ce point d'abrutissement, où l'on préfère crever que de
20 remuer ses dix doigts. Enfin, si Coupeau rapportait sa paie, on mangerait quelque chose de chaud. Et, en attendant, comme midi n'avait pas sonné, elle restait allongée sur la paillasse, parce qu'on a moins froid et moins faim, lorsqu'on est allongé.

C O M M E N T A I R E   D U   T E X T E   2 2

Le chapitre XII de *L'Assommoir* est presque entièrement dominé par le discours intérieur de Gervaise, arrivée au bout du malheur et de la déchéance. Il commence par ce soliloque de Gervaise, pour elle peut-être la seule preuve de son existence. C'est pour Jacques Dubois[14] une préfiguration du «courant de conscience», qui reste néanmoins dans la dépendance du récit.

LE MONOLOGUE DE GERVAISE

Tout ce début du chapitre XII est à l'indirect libre avec de brèves incursions du narrateur. Mais le récit se fait mimétique de la parole de Gervaise : il s'oralise, emprunte des

14. Voir Jacques Dubois, *L'Assommoir de Zola*, rééd. Belin, «Belin/Sup», 1993, chap. 6, et «Avatars du monologue intérieur dans le nouveau roman», *La Revue des Lettres modernes*, 1964 (1), n°94-99, p. 17-29.

tournures populaires, et la parole de Gervaise se fait entendre dans la syntaxe du narrateur.

1. L'indirect libre et la question du narrateur

La première phrase, qui est l'*incipit* du chapitre, est typique de la parole «hybride» de l'indirect libre. L'énonciation est double, la proposition en incise nous en informe rétrospectivement («Gervaise ne savait plus au juste»), mais l'indication temporelle relève de la compétence du narrateur plus que de celle du personnage. En revanche, l'approximation «quelque chose comme» adapte l'information à la situation diégétique, à l'état d'incertitude de Gervaise.

La présence du narrateur se fait encore sentir dans le commentaire : «ce qui l'arrangeait dans le fond, car elle en était tombée à ce point d'abrutissement, où l'on préfère crever que de remuer ses dix doigts» (l. 18-20). Le mouvement qui rattache l'histoire singulière à un savoir général («à ce point d'abrutissement où») – le balzacien «un de ces…qui» – mobilise un savoir présupposé commun au narrateur et à son destinataire. Mais la variation du niveau de langue («crever»), et la comparaison ressortissent à la compétence de Gervaise.

En contrepartie, l'aphorisme au présent gnomique («parce qu'on a moins froid et moins faim, lorsqu'on est allongé», l. 22-23) fait appel à un savoir que Gervaise est censée partager, et rattache la proposition précédente («elle restait allongée sur la paillasse») à l'énonciation du personnage.

2. La parole de Gervaise

La parole de Gervaise se caractérise par des *exclamations* à valeur hyperbolique (l. 4-8), une *interrogation*, qui instaure une structure de dialogue à l'intérieur du monologue («Tout est possible, n'est-ce pas ?», l. 13)[15], avec un raccourci temporel au présent. Est-ce un présent de discours indirect libre, amalgamant le présent d'énonciation du personnage et le présent de récit, adressé au narrataire ? Est-ce un fragment échappé de discours direct sans marques de présentation (une forme de direct *libre*), ou un présent gnomique (attiré par la formulation sentencieuse) d'indirect libre ? Il est difficile d'en décider.

15. Sur le monologue et la structure de dialogue, voir p. 16.

A cela s'ajoute la *modalisation* du «peut-être», accompagnant l'hypothèse (l. 12).

Le *lexique* de Gervaise fait appel à la fois à des tournures populaires et à des éléments de français familier, les deux étant souvent confondus, et, en l'occurrence, redevables d'un même effet de socialisation de la parole. On peut distinguer cependant les comparaisons et métaphores qui forment des locutions «populaires», comme «une vraie danse devant le buffet» (l. 6-7), «le temps de chien» (l. 8), «comme le cul d'une poêle» (l. 9), et les termes relevant de niveaux de langue non «standard», variés : «perdre la boule» (l. 2), «ratissage» (l. 4), «crever» (l. 9 et 19), «attrapée» (l. 13), «flanquer» (l. 17), «brûlée» (l. 18).

Et puis, il y a le *lexique cénesthésique* de Gervaise, c'est-à-dire tout ce qui ressortit au domaine de la conscience du corps et de la sensation, en particulier la sensation du froid et de la faim qui revient de façon obsessionnelle, à partir d'expressions métonymiques et métaphoriques : «elle ne s'était rien mis de chaud dans le ventre» (l. 3-4), «Quand on a l'hiver et la faim dans les tripes, on peut serrer sa ceinture, ça ne vous nourrit guère» (l. 10-11), reprises plus bas par «si Coupeau rapportait sa paie, on mangerait quelque chose de chaud» (l. 20-21), «on a moins froid et moins faim lorsqu'on est allongé» (l. 22-23). Le lexique de la faim se décline aussi avec le détail des «deux pains de quatre livres», «une croute sèche» et «pas une miette», et avec le décompte des jours et des heures. La perception du froid donne lieu à une notation impressionniste, qui présente les sensations mêlées : la synesthésie[16] du «froid noir» (l. 8), isotope avec «crevant» (repris par «où l'on préfère crever», l. 19), se charge d'une connotation funèbre.

16. Voir p. 60, et p. 195.

L'expression de la *négation* est encore un trait syntaxique et sémantique du bilan de Gervaise («ne savait plus au juste», l. 2, «pas une miette», l. 6, «s'entêtait à ne pas tomber», l. 9-10, «ça ne vous nourrit guère», l. 11, «ne trouvait plus seulement un torchon à laver», l. 15, «on ne voulait d'elle nulle part», l. 17-18).

La *syntaxe* du monologue cumule les traits d'une prose impressionniste, qui élucide peu à peu la sensation, avec une syntaxe «ouverte» de l'oral, qui ajoute, qui rectifie et amplifie ce qui a déjà été dit. «Ce qu'elle savait par exemple, ce qu'elle sentait sur son dos, c'était le temps de chien, un froid noir, un ciel barbouillé comme le cul d'une poêle», l. 7-9 : la phrase se développe par addition d'expressions synonymiques (métaboles), et par expolition. Elle utilise aussi des tours nominaux («Ah ! quelle semaine infernale !», l. 4), combine l'hypotaxe et la parataxe. Dans «Quand on a l'hiver et la faim dans les tripes, on peut serrer sa ceinture, ça ne vous nourrit guère» (l. 10-11), la relation d'hypothèse et de concession est exprimée par la parataxe et l'anaphore du pronom neutre «ça». Gervaise segmente ses phrases («Ce qu'elle savait, par exemple, ce qu'elle sentait sur son dos [...], c'était»), ce qui ne l'empêche pas de pratiquer des inversions du sujet qui procèdent d'un écrit plutôt recherché («Peut-être, le soir, Coupeau rapporterait-il de l'argent», l. 12).

L'enchaînement des propositions et des phrases se fait surtout par la juxtaposition, et l'association de propositions à valeur d'amplification ou de commentaire. L'absence de liens syntaxiques est compensée par la forte densité sémantique, le ressassement désespéré de Gervaise, parfois relayé par un adverbe à valeur d'interjection, qui relance les «si» («Enfin, si Coupeau rapportait sa paie») : avec l'hypothèse de l'argent, l'espoir de se nourrir.

Dans ce monologue, tout savoir se résorbe dans l'expression de la sensation. Le récit se fond dans la parole de Gervaise, qui ne tient que par ce discours ressassant son néant. Un discours du vide qui se développe sans distance de la part du narrateur, dans une syntaxe travaillée, intégrant le lexique du groupe et les leitmotive de Gervaise, et mimant les intonations de sa voix.

Émile Zola, «Préface» à L'Assommoir (extrait)

«L'Assommoir *est à coup sûr le plus chaste de mes livres. Souvent j'ai dû toucher à des plaies autrement épouvantables. La forme seule a effaré. On s'est fâché contre les mots. Mon crime est d'avoir eu la curiosité littéraire de ramasser et de couler dans un moule très travaillé la langue du peuple. Ah ! la forme, là est le grand crime !*

Des dictionnaires de cette langue existent pourtant, des lettrés l'étudient et jouissent de sa verdeur, de l'imprévu et de la force de ses images. Elle est un régal pour les grammairiens fureteurs. N'importe, personne n'a entrevu que ma volonté était de faire un travail purement philologique, que je crois d'un vif intérêt historique et social.»

Édouard Dujardin

Les lauriers sont coupés (1887), chap. VI, Le Dilettante, 1989, p. 69-70.

La rue, noire, et la double ligne montante, décroissante, du gaz ; la rue sans passants ; le pavé sonore, blanc sous la blancheur du ciel clair et de la lune ; au fond, la lune, dans le ciel ; le quartier allongé de la lune blanche, blanc ; et de chaque côté, les éternelles maisons ; muettes, grandes, en
5 hautes fenêtres noircies, en portes fermées de fer, les maisons ; dans ces maisons, des gens ? non, le silence ; je vais seul, le long des maisons, silencieusement ; je marche ; je vais ; à gauche, la rue de Naples ; des murs de jardin ; le sombre des feuilles sur le gris des murs ; là-bas, tout au là-bas, une plus grande clarté, le boulevard Malesherbes, des feux rouges et
10 jaunes, des voitures et de fiers chevaux ; immobilement, au travers des rues, dans un calme immobile, des voitures, entre les trottoirs où courent les foules ; ici, les bâtisses d'une maison neuve, ces échafaudages ternes, plâtreux ; on aperçoit mal les pierres nouvellement posées, qui s'échafaudent ; parmi ces mâts je voudrais monter, vers ce toit si lointain ; de
15 là lointainement doit s'étendre Paris et ses bruits ; un homme descend la rue ; un ouvrier ; le voici ; quelle solitude, quelle triste solitude, loin des mouvements et de la vie ! et la rue se termine ; maintenant la rue Monceau ; encore ces hautes maisons majestueuses, et le gaz y jetant sa lumière jaune ; qu'y a-t-il dans cette porte ?... ah ! un homme ; le concierge
20 de cette maison ; il fume sa pipe, il regarde les passants ; personne ne passe ; moi seul ; ce gros vieux concierge, que fait-il à regarder la solitude ? me voici dans l'autre rue ; brusquement elle se rapetisse, elle devient tout étroite ; de vieilles maisons, des murs en chaux ; sur le trottoir, des enfants, des gamins, assis par terre, taciturnes ; et la rue du
25 Rocher, et, ainsi, les boulevards ; là, des clartés, des bruits ; là, des mouvements ; les rangées de gaz, à droite, à gauche ; et, obliquement, à gauche, une voiture parmi les arbres ; un groupe d'ouvriers ; la corne du tramway chargé de gens, deux chiens derrière ; dans les maisons, des fenêtres éclairées ; ce café en face, ses rideaux blancs lumineux [...].

PRÉSENTATION DU TEXTE 23

«Le lecteur se trouve installé, dès les premières lignes, dans la pensée du personnage principal, et c'est le déroulement ininterrompu de cette pensée qui, se substituant complètement à la forme usuelle du récit, nous apprend ce que fait le personnage et ce qui lui arrive.» (Joyce à Valery Larbaud, cité dans la Préface de Larbaud à *Les lauriers sont coupés*, UGE, «10/18», 1968, p. 8.)

L'argument de *Les lauriers sont coupés* est en effet fort mince : il raconte la soirée de Daniel Prince, qui pense à son amie Léa, rentre chez lui, va chez Léa, ressort avec elle en voiture, et la raccompagne. Tout l'art du petit livre de Dujardin tient dans l'utilisation du monologue intérieur. Sa fortune est en fait d'avoir été reconnu pour l'ancêtre des monologues de Molly Bloom dans *Ulysse*, et d'avoir été suivi en 1931 par *Le Monologue intérieur* du même Dujardin, qui définit ainsi le monologue intérieur :

> «Discours sans auditeur et non prononcé par lequel un personnage exprime sa pensée la plus intime, la plus proche de l'inconscient, antérieurement à toute organisation logique, c'est-à-dire en son état naissant, par le moyen de phrases réduites au minimum syntaxial, de façon à donner l'impression du *tout venant*.» (Édouard Dujardin, *Le Monologue intérieur*, Messein, 1931, p. 59.)

Ce qui caractérise le monologue intérieur, plus justement rebaptisé «monologue autonome» par D. Cohn[17], c'est son autonomie par rapport au récit – il n'y a pas d'encadrement narratif – et, dans le modèle de Joyce, un type d'énonciation qui prétend calquer les balbutiements de la pensée naissante : un discours direct, au présent, qui mime le développement des associations de pensées.

Dans le roman de Dujardin, le discours de Daniel Prince hiérarchise toutes les autres paroles. Mais il ne faut pas imaginer qu'il constitue un seul long morceau. Il laisse place, par moments, à des dialogues, commentés par le discours intérieur du protagoniste. Le passage que nous analysons se situe au moment où D. Prince se rend chez son amie Léa, qui lui a donné rendez-vous à 10 heures, à son retour du théâtre. Cela donne lieu à une description impressionniste de Paris, accompagnant la promenade nocturne du héros-narrateur.

■ **Indications bibliographiques sur le monologue intérieur**

Dorrit Cohn, *La Transparence intérieure*, trad. fr., Éd. du Seuil, 1978, 2ᵉ partie, chap. 6, «Le monologue autonome».
Édouard Dujardin, *Le Monologue intérieur*, Messein, 1931.
Gérard Genette, *Figures III*, Éd. du Seuil, 1972, p. 193-194, et *Nouveau discours du récit*, Éd. du Seuil, 1983, chap. X, p. 35.

17. G. Genette emploie pour sa part le terme «discours immédiat» dans *Figures III*, p. 193.

LE MONOLOGUE INTÉRIEUR
DANS *LES LAURIERS SONT COUPÉS*

1. Le discours direct et les déictiques

Le monologue mime fictivement la simultanéité de la perception et de la parole : le présent est un présent d'énonciation (ex. : «je vais seul», l. 6, «je marche», «je vais», l. 7, «un homme descend la rue», l. 15-16).

Les déictiques spatiaux désignent l'espace contemporain du locuteur : «à gauche» (l. 7, l. 26-27), «à droite, à gauche» (l. 26), «derrière» (l. 28), «en face» (l. 29). La proximité («ici», l. 12) s'oppose à l'éloignement («là-bas», l. 8). «Voici», et les démonstratifs spatiaux, sont d'emploi déictique : («le voici», l. 16 ; «qu'y-a-t-il dans cette porte ?... ah ! un homme ; le concierge de cette maison», l. 19-20). Les repères temporels et spatiaux suivent le déroulement de la marche du personnage.

2. Le «je»

Le «je» est présent implicitement dans les phrases nominales, comme sujet d'impressions, essentiellement visuelles (formes, mouvements et couleurs), et auditives, mais aussi d'impressions associées («le pavé sonore, blanc», l. 2), sujet d'une perception limitée (la voix et la focalisation interne se rejoignent), évaluée subjectivement (voir les adjectifs qualificatifs). Il est encore impliqué dans les questions, qui accompagnent la découverte du Paris nocturne du quartier Monceau : «dans ces maisons, des gens ? non, le silence», l. 5-6 ; «qu'y a-t-il dans cette porte ?», l. 19 ; «ce gros vieux concierge, que fait-il à regarder la solitude ?», l. 21-22.

3. L'écriture «artiste»

Le texte regroupe des procédés de l'écriture artiste, ou impressionniste, qui privilégie l'impression dans l'instant, la discontinuité, la sensation mêlée. Il exploite le thème littéraire et pictural du flâneur dans la ville, la nuit, à la clarté des réverbères.
– Les tournures nominales accumulent les notations dans une syntaxe de juxtaposition qui mime la linéarité et la discontinuité temporelles.

– Les notations visuelles (couleurs dominées par le noir et blanc, lignes, mouvements) sont juxtaposées : «La rue noire, et la double ligne montante, décroissante, du gaz ; la rue sans passants ; le pavé sonore, blanc sous la blancheur du ciel clair et de la lune», l. 1-3).

– La substantivation des adjectifs ou adverbes crée des abstraits (synecdoque ou métonymie d'abstraction), qui mettent en valeur l'impression («le sombre des feuilles sur le gris des murs», l. 8 ; voir aussi : «au là-bas», l. 8). A l'inverse, le pluriel concrétise l'abstrait et exprime la discontinuité («des clartés», l. 25).

– La discontinuité est rendue encore par les déterminants indéfinis, au singulier et au pluriel.

– La discontinuité de la syntaxe (juxtaposition de phrases sans verbe, ordre des mots) est compensée par des répétitions de toutes sortes : *anaphores* («la rue», l. 1), *épiphores* (répétition d'une même expression en fin de phrase ou de proposition : «maisons», l. 4 et 5), *anadiploses*[18] («les maisons ; dans ces maisons, des gens ?», l. 5-6), *dérivations* («immobilement»/«immobile», l. 10-11, lointain»/«lointainement», l. 14-15), et *polyptotes* («blanche, blanc», l. 3-4). Comme l'expansion, *a priori* indéfinie, de la syntaxe nominale, qui énumère les objets du regard, la répétition lexicale vise à transposer le «tout venant» du discours intérieur au fur et à mesure de la marche – un «naturel» qui est le comble de l'art.

Ce texte est assez loin du monologue à la Molly Bloom. Il laisse paraître les tics d'une écriture d'époque, sans la force qu'avait la déambulation de Gervaise, à la recherche de Coupeau, dans le Paris de la Goutte d'Or. Mais c'est peut-être faire un mauvais procès à ce petit roman de genre intimiste, plus proche, dans le ton, des *Plaisirs et les jours* de Proust que de Zola. Il inaugure une sorte de conversation, par moments, de sous-conversation, dont le prolongement, dans le roman français, se trouve chez Nathalie Sarraute.

■ Indications bibliographiques sur l'écriture «artiste»

Marcel Cressot, *La Phrase et le vocabulaire de J.K. Huysmans*, Droz, 1938, rééd. Slatkine, 1975. [Lexique de Huysmans, et typologie des procédés syntaxiques de la prose «artiste».]
Henri Mitterand, «De l'écriture artiste au style décadent», dans *Le Regard et le signe*, PUF, 1987, p. 271-290.

18. Anadiplose
Elle se fait «en prenant, au commencement d'un membre de phrase, quelques mots du membre précédent». (Fontanier, *Les Figures du discours,* p. 330.)

Chapitre 8

L'ironie

> «Tyronique : "Qui maintient
> les autres dans l'épouvante
> par des demi-sourires moqueurs et
> l'air d'en savoir toujours plus long".»
>
> Alain Finkielkraut, *Ralentir :*
> *mots-valises !*, Éd. du Seuil, 1979.

L'ironie relève de plusieurs approches. Elle est au centre d'une réflexion philosophique importante. En tant que phénomène de langage, elle ressortit aussi à une longue tradition rhétorique, qui la définit principalement comme antiphrase. Cette tradition est relayée, depuis une quinzaine d'années, par des approches linguistiques.

L'ironie ne passe pas forcément par les mots, mais si elle intéresse la stylistique, c'est en tant que phénomène de discours : comme un phénomène verbal qui nécessite l'interprétation et implique à chaque moment la référence à un sujet d'énonciation, au cotexte linguistique, et à une situation de communication au sens large, incluant le contexte immédiat, mais aussi l'image qu'on se fait de l'énonciateur. Et l'interprétation de l'énoncé ironique reste fondamentalement – et heureusement – ambiguë, à défaut d'un «point d'ironie» pour fixer le sens. C'est même cette indétermination du sens qui rend l'ironie si délicieusement «tyronique».

Comment rendre compte de l'ironie d'un texte ? Nous nous trouvons là devant une double difficulté. L'habitude, dans les études littéraires, est de supposer un accord du lecteur sur l'ironie. La rhétorique et la linguistique offrent, de leur côté, des modèles d'analyse, sans se préoccuper véritablement de l'énonciation littéraire. Notre propos, dans ce chapitre, est précisément d'amorcer ce lien entre linguistique et littérature, en présentant les approches linguistiques de l'ironie, et en les mettant à l'épreuve des exemples littéraires. Chemin faisant, nous rencontrerons les notions de parodie et de pastiche satirique.

Dans le champ des études linguistiques récentes de l'ironie, deux théories s'affrontent ou se complètent : celle de l'ironie comme trope (C. Kerbrat-Orecchioni), qui renouvelle l'approche rhétorique ; celle de l'ironie comme mention (D. Sperber, D. Wilson) ou comme polyphonie (O. Ducrot), qui interprète l'ironie en termes d'énonciation.

I. L'IRONIE COMME TROPE

L'ironie est définie par une grande partie de la tradition rhétorique comme une antiphrase (voir à ce sujet l'article de M. Le Guern, 1978). Dumarsais la définit comme :

> «une figure par laquelle on veut faire entendre le contraire de ce qu'on dit : ainsi les mots dont on se sert dans l'ironie, ne sont pas pris dans le sens propre et littéral.» (Dumarsais, *Des Tropes [...], éd. citée, p. 156.*)

et il ajoute ces remarques fondamentales :

> «Les idées accessoires sont d'un grand usage dans l'ironie : le ton de la voix, et plus encore la connaissance du mérite ou du démérite personnel de quelqu'un, de la façon de penser de celui qui parle, servent plus à faire connaître l'ironie que les paroles dont on se sert. Un homme s'écrie, *oh le bel esprit !* Parle-t-il de Cicéron, d'Horace ? il n'y a point là d'ironie ; les mots sont pris dans le sens propre. Parle-t-il de Zoïle ? c'est une ironie. Ainsi l'ironie fait une satire avec les mêmes paroles dont le discours ordinaire fait un éloge.» (*ibid.*, p. 157.)

Dumarsais met ainsi en œuvre une conception à la fois sémantique et énonciative de l'ironie. Pour lui :

1. L'ironie est un trope (comme la litote, la métaphore ou la métonymie) :

> «Les Tropes sont des figures par lesquelles on fait prendre à un mot une signification qui n'est pas précisément la signification propre de ce mot.» (*ibid.*, p. 69.)[1]

2. L'ironie réside moins dans «les paroles dont on se sert», que dans l'intonation et les connaissances associées au locuteur, ce que l'on sait de «la façon de penser de celui qui parle», de sa culture.

1. Sur la distinction entre figure et trope, voir chap. 10, p. 190.

Cette dimension énonciative et interprétative de l'ironie est absente du traité de Fontanier, qui ajoute cependant dans la définition l'idée d'une intention railleuse :

> «L'Ironie consiste à dire par une raillerie, ou plaisante, ou sérieuse, le contraire de ce qu'on pense, ou de ce qu'on veut faire penser.» (Fontanier, *Les Figures du discours*, p. 145-146.)

Les travaux de Catherine Kerbrat-Orecchioni font la synthèse de ce courant de la rhétorique classique et des apports de la pragmatique[2]. Elle redéfinit ainsi l'ironie comme un trope, mais un «trope sémantico-pragmatique», qui actualise simultanément «deux niveaux de valeurs dont l'une relève du littéral et l'autre est engendrée par certains mécanismes dérivationnels», «lesquelles valeurs peuvent être de nature aussi bien pragmatique que sémantique» (C. Kerbrat-Orecchioni, «L'ironie comme trope», p. 110). La spécificité de l'ironie comme trope tient donc à ces deux composantes : la composante sémantique (qui conduit à définir l'ironie comme une inversion sémantique) et la composante pragmatique (qui prend en compte l'acte de moquerie).

1. La composante sémantique : ironie et antiphrase

L'ironie est en effet souvent décrite comme une forme d'*antiphrase*. Le modèle en est la louange moqueuse, par exemple : «Très drôle !», «C'est malin !», qualifiant une remarque ou une attitude qu'on désapprouve. Elle peut prendre la forme d'une contre-vérité, comme cette comparaison savoureuse d'Alain Berrendonner[3] : «coquin comme un roman de Bernanos».

Mais la relation ironique n'est pas toujours une relation d'antonymie. Elle peut porter sur des inférences à tirer du contexte ou sur la relation entre le posé et le présupposé. Ainsi, dans cet échange :

> «Ça y est, je suis prêt.
> – Déjà ?»

l'ironie porte sur le présupposé de «déjà» = «c'est trop tôt».

De plus, l'inversion sémantique de l'ironie ne débouche pas forcément sur le contraire, ou même sur un jugement négatif défini. Si je dis en signifiant une certaine distance : «je suis un génie», cela ne signifie pas pour autant que je me prenne pour un(e) imbécile. De même, «c'est malin !» n'est pas forcément l'équivalent de «c'est stupide !».

2. Syntaxe, sémantique, pragmatique

«Le point de vue **syntaxique** consiste à déterminer les règles permettant, en combinant les symboles élémentaires, de construire les phrases, ou formules, correctes. La **sémantique** vise, elle, à donner le moyen d'interpréter ces formules, de les mettre en correspondance avec autre chose, cet "autre chose" pouvant être la réalité, ou bien d'autres formules (de ce même langage ou d'un autre). Enfin la **pragmatique** décrit l'usage des formules par des interlocuteurs visant à agir les uns sur les autres.» Oswald Ducrot et Jean-Marie Schaeffer, *Nouveau dictionnaire encyclopédique des sciences du langage*, Éd. du Seuil, 1972 et 1995, p. 641 (article «Langage et action»).
La pragmatique considère non seulement le contenu d'un énoncé mais sa valeur d'acte de langage, et son rôle dans l'interaction verbale – voir aussi chap. 1, p. 17.

3. Alain Berrendonner, *Éléments de pragmatique linguistique*, Éd. de Minuit, 1981, p. 176. Voir son chapitre «De l'ironie», p. 173-240.

C. Kerbrat-Orecchioni est donc conduite à reformuler la relation ironique de la façon suivante : «Énonçant p, le locuteur laisse ce faisant entendre non-p : mais ce n'est pas toujours le contraire de p» (art. cité, p. 119).

N.B.

Cette relation ironique, A. Berrendonner (*op. cit*, p. 182-196) propose de la comprendre non comme l'inversion du contenu de l'énoncé, mais comme l'inversion de sa valeur argumentative : «c'est malin», ironique, ne s'oppose pas à son contraire, mais est orienté vers une conclusion négative. Cette interprétation, qui dépasse la conception purement lexicale du trope pour une conception pragmatique de la signification, a le mérite d'éviter de traduire l'énoncé ironique, et de posséder une extension plus grande que la stricte inversion sémantique (voir le texte n°24).

La conception étendue de l'ironie comme trope, telle que la présente C. Kerbrat-Orecchioni, rend compte des énoncés qui ont une valeur autre qu'assertive, et qui ne sont pas traductibles en leur contraire, par exemple :

– les énoncés performatifs, du type, de «Merci !», «Bravo !», «je vous félicite !» ;

– les énoncés prescriptifs, comme «Vas-y, ne te gêne pas», et cette figure que la rhétorique classique nomme *épitrope* ou *permission,* ou «exhortation à persévérer dans l'erreur» (Morier[4]). Les paroles d'Hermione, jalouse, à Pyrrhus en sont un exemple célèbre :

> «Je ne te retiens plus, sauve-toi de ces lieux :
> Va lui jurer la foi que tu m'avais jurée,
> Va profaner des Dieux la majesté sacrée.»
> (Racine, *Andromaque*, acte IV, sc. 5, v. 1380-1382.)

On remarquera que la litote et l'ironie ont bien des points communs.

Elles reposent sur une relation sémantique négative. Mais la litote consiste à dire non-A pour faire entendre A renforcé («il n'est pas peu fier de son dessin», pour «il en est très fier»), alors que l'inversion sémantique de l'ironie revient à dire A pour faire entendre non-A.

Leur interprétation, de plus, est liée au contexte (sur cet aspect de la litote, voir aussi chap. 10, p. 191).

Enfin, l'ironie peut se greffer sur une litote, qui sert de déclencheur ironique. Dans ce cas, c'est la composante pragmatique de la raillerie qui prédomine, sans qu'on

4. Henri Morier, *Dictionnaire de poétique et de rhétorique*, PUF, 3ᵉ éd., 1981, article «Ironie».

puisse déceler d'autre inversion sémantique qu'une incongruité, un décalage sémantique entre l'atténuation verbale et le contexte référentiel («Il me *semble* avoir senti *quelques* gouttes de pluie»).

2. La composante pragmatique

De tels exemples montrent qu'il est difficile de cerner un profil sémantique unitaire de l'ironie, qui va de l'anti-phrase stricte au simple décalage sémantique. Ceci conduit C. Kerbrat-Orecchioni à souligner la nécessité d'intégrer à la définition même de l'ironie sa composante pragmatique, à savoir sa valeur illocutoire de raillerie. «L'ironie est un trope ayant une *valeur illocutoire* bien caractérisée (encore qu'elle comporte de nombreuses variantes, et différents degrés de "force") : ironiser, c'est toujours d'une certaine manière railler, disqualifier, tourner en dérision, se moquer de quelqu'un ou de quelque chose» (art. cit., p. 119).

La relation ironique est en effet une relation à trois actants qui suppose un énonciateur, une cible et un destinataire de l'ironie, la cible pouvant être à la fois l'énonciateur et le destinataire, comme dans le projet du *Dictionnaire des idées reçues,* où Flaubert prévoyait que le lecteur ne saurait pas «si on se fout de lui, oui ou non».

3. Indices de l'ironie

Qu'est-ce qui fait qu'un énoncé est interprété ironique-ment ? Quels facteurs déclenchent la dérivation ironique du sens ? Les marqueurs sont nombreux et hétérogènes. Ils sont de plusieurs ordres.

● Il y a les *indices paraverbaux* : intonation, gestes, mimiques (les «demi-sourires moqueurs»), qui paraissent propres à l'ironie (il n'y a pas d'intonation métaphorique ou métonymique).

● Il y a aussi les *indices cotextuels*, parmi lesquels on peut distinguer :
– le cotexte linguistique, qui peut contredire ou discrédi-ter la séquence en question ;
– les modalisateurs typographiques, indices d'un juge-ment ou d'une distance : point d'exclamation, points de suspension, guillemets, italiques ;

– les modalisateurs verbaux, métalinguistiques ou non, («*sic*», «censé»), emphatiques («évidemment», «bien sûr», «comme chacun sait») ;

● Il y a encore le *contexte extralinguistique*. Le déclencheur de l'ironie peut tenir dans la contradiction entre les propos et ce que l'on sait ou constate du référent décrit, ou entre les propos et ce que l'on croit savoir du locuteur et de ses systèmes d'évaluation. Le contexte comprend donc aussi bien la situation immédiate (commune au locuteur et au récepteur, ou bien construite par la fiction) que l'ensemble des savoirs, des compétences et des croyances associés à l'énonciateur. Il implique la prise en compte d'un «horizon d'attente» culturel, dont la méconnaissance explique bien des malentendus de la communication ironique.

Un exemple célèbre en est le fameux texte de Montesquieu sur l'esclavage, dans *De l'esprit des lois* (Livre XV, chap. 5), qui démonte par l'absurde la légitimation de l'esclavage, mais dont les propositions, isolées, semblent si conformes aux idées reçues qu'un *Dictionnaire portatif du commerce* de 1762 y fait référence pour justifier «le commerce des nègres» :

> «Il est difficile de justifier tout-à-fait le commerce des Nègres ; mais on en a un besoin indispensable pour les cultures des sucres, des tabacs, des indigos, etc. Le sucre, dit Mr de *Montesquieu,* seroit trop cher si l'on ne faisoit travailler la plante qui le produit par des esclaves.»[5]

5. Cité dans l'excellent article de Simone Delesalle et Lucette Valensi, «Le mot "nègre" dans les dictionnaires français d'Ancien régime ; histoire et lexicographie», *Langue française*, n°15, sept. 1972, p. 103.

4. Limites de l'ironie comme trope

Elles tiennent au caractère restrictif de la définition et au type d'exemples qui peuvent lui correspondre. A moins de transformer la définition de l'ironie comme «inversion sémantique» en un vague «décalage» sémantique, qui porte d'ailleurs davantage sur l'énonciation que sur l'énoncé, on ne peut rendre compte par la définition en termes de trope, même étendue, de l'ensemble des emplois ironiques. C. Kerbrat-Orecchioni reconnaît volontiers la difficulté d'appliquer un tel modèle à un exemple comme «Il me semble avoir senti quelques gouttes de pluie». Le texte de Montesquieu sur l'esclavage fournirait un autre contre-exemple. On ne voit pas bien quelle inversion sémantique pratiquer, à moins, effectivement de recourir à une inversion argumentative générale.

D'autre part, la conception de l'ironie comme trope ne convient qu'à des énoncés courts. Et elle ne rend pas compte du fait que l'ironie peut seulement tenir dans l'énonciation, dans l'air des paroles.

Enfin, comme le souligne B. Basire («Ironie et méta-langage», p. 138), la nécessité de retrouver l'intention signifiante de l'énonciateur, de fixer le sens de l'énoncé, liée à la conception du trope, ne permet pas de décrire «l'ambiguïté ironique», ni le fait que l'ironie puisse ne consister qu'en une pesée critique, une prise de distance négative.

II. IRONIE ET POLYPHONIE

1. Les ironies comme mentions

Dan Sperber et Deirdre Wilson ont recours à une autre démarche, qui fait l'économie de la notion de sens figuré, celle des «ironies comme mentions»[6]. Le pluriel est important :

> «On aurait tort de prendre d'emblée *l'ironie* comme objet d'étude et de se fonder sur ses illustrations typiques. Il y a, si l'on veut, *des ironies*, c'est-à-dire des effets particuliers produits par des énoncés particuliers et des parentés perçues entre ces effets.» (Dan Sperber, Deirdre Wilson, «Les ironies comme mentions», p. 400.)

Imaginant une conversation entre deux promeneurs pris sous une averse, ils mettent en parallèle deux séries d'énoncés. Les premiers (1-4) :

(1) Ce temps est splendide.
(2) Il me semble avoir senti quelques gouttes de pluie.
(3) Il était inutile de s'encombrer d'un parapluie.
(4) As-tu pensé à arroser les fleurs ?

se caractérisent, à des titres divers, par leur inadéquation à la situation (contre-vérité, litote, infraction au principe de pertinence). Ils sont opposables à la série (5-8) :

(5) Ce temps est mauvais.
(6) Il me semble avoir senti des grêlons.
(7) Il aurait été utile de se munir d'un parapluie.
(8) As-tu pensé à rentrer le linge ?

qui exprime directement «une attitude des locuteurs vis-à-vis de l'objet de leur énoncé : le temps, la pluie et les précautions qu'ils appellent» (art. cit., p. 403).

Les énoncés (5-8) sont employés «en usage», alors qu'on ne comprend les énoncés (1-4) «qu'en supposant

6. Sur la distinction entre «mention» et «usage», voir chap. 3, p. 51.

qu'ils veulent exprimer quelque chose *à propos de* leur énoncé plutôt qu'*au moyen de* lui» (*ibid.*). L'incongruité des formulations attire l'attention sur l'énoncé et conduit à l'interpréter comme une «mention», c'est-à-dire non comme une désignation directe du monde, mais comme l'écho d'une opinion, d'une parole, d'un point de vue, dont le locuteur se dissocie – «écho plus ou moins lointain, de pensées ou de propos, réels ou imaginaires, attribués ou non à des individus définis» (art. cit., p. 408). Ainsi «ce temps est splendide» ou «As-tu pensé à arroser les fleurs ?», sont interprétables ironiquement, dans la mesure où leur locuteur ne peut que se dissocier d'une position insoutenable, présentée comme la reprise d'un point de vue actuellement rejeté.

N. B.

– La relation entre mention et ironie n'est pas symétrique : toute mention n'est pas ironique, mais toute ironie peut se décrire comme mention, à partir du moment où les indices contextuels signalent une suspension de prise en charge de l'énoncé. La «mention» est une notion en effet très floue, qui comprend toute forme d'écho, reprise d'un propos ou d'un point de vue réel ou imaginaire.

– Une telle conception permet de rendre compte largement du phénomène de l'ironie, sans recourir à une relation entre le sens propre et le sens figuré qui consiste en une conversion sémantique. L'intérêt se déplace de l'énoncé à l'énonciation, ce qui crée un cadre interprétatif beaucoup mieux adapté à l'analyse de textes, et de textes littéraires, et propre à rendre compte de l'ambiguïté énonciative. L'ironie de Montesquieu dans «De l'esclavage des nègres» se décrit bien en termes de «mention», d'une délégation de parole – mais il s'agit d'une parole soumise au raisonnement piégé de l'ironiste[7].

Toutefois, qualifier le processus de l'ironie comme «mention» ne suffit pas : il faut encore analyser de près les indices énonciatifs, et les procédés argumentatifs qui viennent discréditer l'opinion présentée.

Il n'empêche que les deux points de vue (l'ironie comme trope, les ironies comme mentions) souvent ne sont pas incompatibles, en particulier quand l'énoncé consiste en une louange moqueuse («Ce temps est splendide»). Mais chaque théorie engage une conception différente du sens.

7. Sur l'argumentation ironique de Montesquieu sur l'esclavage, on se reportera aux analyses d'Oswald Ducrot, dans *La Preuve et le Dire*, Mame, 1973, p. 185 -190.

2. La conception polyphonique de l'ironie

La conception polyphonique de l'ironie prolonge et précise la théorie des ironies comme mentions.

La difficulté principale de la théorie de D. Sperber et D. Wilson, que souligne O. Ducrot, tient à l'ambiguïté du terme «mention». Celui-ci pourrait faire croire que l'ironie est du discours rapporté :

> «il n'y a rien d'ironique à rapporter que quelqu'un a tenu un discours absurde. Pour que naisse l'ironie, [...] il faut "faire comme si" ce discours était réellement tenu, et tenu dans l'énonciation elle-même.» (O. Ducrot, *Le Dire et le dit*, p. 210.)

Ducrot intègre, de façon assez convaincante, l'ironie à sa théorie de la polyphonie, distinguant le locuteur (responsable de l'acte de parole), de l'énonciateur (auteur du point de vue mis en œuvre) – voir chap. 7, p. 119-121 :

> «Parler de façon ironique, cela revient, pour un locuteur L, à présenter l'énonciation comme exprimant la position d'un énonciateur E, position dont on sait par ailleurs que le locuteur L ne prend pas la responsabilité et, bien plus, qu'il la tient pour absurde. Tout en étant donné comme le responsable de l'énonciation, L n'est pas assimilé à E, origine du point de vue exprimé dans l'énonciation.» (*ibid.*, p. 211.)

Cette distinction permet de rendre compte de l'aspect paradoxal de l'ironie : «d'une part, la position absurde est directement exprimée (et non pas rapportée) dans l'énonciation ironique, et en même temps elle n'est pas mise à la charge de L, puisque celui-ci est responsable des seules paroles, les points de vue manifestés dans les paroles étant attribués à un autre personnage, E» (*ibid.*, p. 211).

■ Indications bibliographiques sur l'ironie

Brigitte Basire, «Ironie et métalangage», *DRLAV*, n°32, 1985, p. 129-150. [Article de synthèse sur les approches linguistiques de l'ironie.]
Oswald Ducrot, *Le Dire et le dit*, Éd. de Minuit, 1984, p. 210-213.
Philippe Hamon, *L'Ironie littéraire. Essai sur les formes de l'écriture oblique*, Hachette, 1996. [Pour une poétique de l'ironie.]
Catherine Kerbrat-Orecchioni, «Problèmes de l'ironie», *Linguistique et sémiologie*, 2, «L'ironie», PUL, 1976, p. 9 - 46. [Contient une étude détaillée des indices de l'ironie.]
— «L'ironie comme trope», *Poétique*, n°41, 1980, p. 108-127.
Michel Le Guern, «Éléments pour une histoire de la notion d'ironie», *Linguistique et sémiologie*, 2, p. 47-59.
Laurent Perrin, *L'Ironie mise en trope*, Éd. Kimé, 1996. [Sur les approches rhétorique et linguistique de l'ironie.]
Poétique, n°36, 1978, «L'ironie».

Pierre Schoentjes, *Poétique de l'ironie*, Éd. du Seuil, coll. «Points», 2001. [Présentation des différentes formes et théories de l'ironie, avec une bibliographie par domaines]

Dan Sperber, Deirdre Wilson, «Les ironies comme mentions», *Poétique*, n°36, 1978, p. 399- 412.

III. IRONIE ET LITTÉRATURE

Reste, en point de fuite de ces analyses linguistiques, la question de l'ironie en littérature.

L'énonciation littéraire, en particulier dans le récit de fiction, est à plusieurs niveaux. La relation ironique, la plupart du temps, ne concerne pas le niveau de l'histoire, mais celui de la narration. La cible est alors constituée par

---

TRANSTEXTUALITÉ

L'objet de la poétique est, selon G. Genette, la «*transtextualité* ou transcendance textuelle du texte», c'est-à-dire «tout ce qui le met en relation, manifeste ou secrète, avec d'autres textes» (*Palimpsestes*, Éd. du Seuil, 1982, p. 7). Il distingue cinq types de transtextualité.

La *métatextualité* est la relation critique d'un texte à d'autres textes.

La *paratextualité* concerne la relation du texte au paratexte – titres, préface, notes, illustrations, etc. (voir de G. Genette, *Seuils*, Éd. du Seuil, 1987, qui lui est consacré).

L'*architextualité* a trait à la relation, le plus souvent implicite, au genre.

L'*intertextualité* est définie par «une relation de coprésence entre deux ou plusieurs textes, c'est-à-dire, éidétiquement et le plus souvent, par la présence effective d'un texte dans un autre» (*ibid.*, p. 8), avec pour exemples, la citation, le plagiat («emprunt non déclaré mais littéral»), et l'allusion («un énoncé dont la pleine intelligence suppose la perception d'un rapport entre lui et un autre auquel renvoie nécessairement telle ou telle de ses inflexions, autrement non recevable»).

L'*hypertextualité* est au centre de *Palimpsestes*. Elle concerne la relation de dérivation d'un texte (hypertexte) par rapport à un texte antérieur (hypotexte), qui peut s'effectuer par transformation d'un texte (parodie) ou par imitation d'un style et d'une thématique (pastiche). Cela revient à remplacer le critère habituel (parodie = imitation satirique), par un critère d'opposition structurale entre la relation de détournement ou transformation d'un texte particulier (la parodie) et l'imitation d'un modèle stylistique (le pastiche) : «le parodiste ou le travestisseur se saisit d'un texte et le transforme selon telle contrainte formelle ou telle intention sémantique, ou le transpose uniformément et comme mécaniquement dans un autre style. Le pasticheur se saisit d'un style – et c'est là un objet un peu moins facile, ou immédiat, à saisir –, et ce style lui dicte son texte.» (*ibid.*, p. 88-89). Il peut y avoir des transformations sérieuses (la transposition), satiriques (le travestissement burlesque), ludiques (la parodie), comme des imitations sérieuses (la forgerie), satiriques (le pastiche satirique ou charge), ou ludiques (le pastiche).

L'ironie trouve naturellement sa place dans ces jeux transtextuels.

ce que disent les personnages, ce que décrit le narrateur, à l'adresse du narrataire. C'est ce qui se passe avec le procédé de la (fausse) naïveté et la figure de l'ingénu, que ce soit Candide, ou ce Frédéric de *L'Éducation sentimentale*, qui trouve le banquier Dambreuse «un brave homme, décidément» (Le Livre de Poche classique, 2002, p. 443) – voir p. 124.

D'autre part, l'analyse ne porte plus sur un exemple isolé : le détail linguistique est rapportable à un ensemble. L'interprétation oscille entre l'identification de séquences ironiques délimitées et la perception diffuse d'un sujet ironique, qui agit en retour sur la lecture (c'est le cas de l'énonciation du *Dictionnaire des idées reçues*) : énoncé et énonciation sont mêlés plus que jamais.

Et la complexité des textes littéraires (y compris des proses non fictionnelles : discours polémique, pamphlet, essai, préface...) tient encore à la présence implicite ou explicite de relations à d'autres textes. Ce sont essentiellement les relations d'intertextualité (citation, ou allusion), et d'hypertextualité (parodie, pastiche), qui interfèrent et s'accordent avec la polyphonie de l'ironie – au sens linguistique où l'entend O. Ducrot, au sens aussi où Bakhtine voit dans l'écriture dialogique du roman la mise en œuvre d'une «conscience galiléenne du langage»[8], à l'opposé des écritures dogmatiques.

Enfin, pas plus en littérature, qu'en peinture ou en musique, il n'est possible de concevoir l'ironie comme une entité singulière et immuable. On ne peut envisager

8. Voir Mikhaïl Bakhtine, «Du discours romanesque», dans *Esthétique et théorie du roman*, trad. fr., Gallimard, 1978, repris en coll. «Tel». Sur les différents aspects de l'intertextualité, voir Tiphaine Samoyault, *L'Intertextualité*, Nathan, «128», 2001.

L'ironie de M. Verdurin

«M. Verdurin, resté en arrière avec moi pendant que j'ôtais mes affaires, me prit le bras en plaisantant, comme fait à un dîner un maître de maison qui n'a pas d'invitée à vous donner à conduire. "Vous avez fait bon voyage ? – Oui, M. Brichot m'a appris des choses qui m'ont beaucoup intéressé", dis-je en pensant aux étymologies et parce que j'avais entendu dire que les Verdurin admiraient beaucoup Brichot. "Cela m'aurait étonné qu'il ne vous eût rien appris, me dit M. Verdurin, c'est un homme si effacé, qui parle si peu des choses qu'il sait."

Ce compliment ne me parut pas très juste. "Il a l'air charmant, dis-je. – Exquis, délicieux, pas pion pour un sou, fantaisiste, léger, ma femme l'adore, moi aussi !" répondit M. Verdurin sur un ton d'exagération et de réciter une leçon. Alors seulement je compris que ce qu'il m'avait dit de Brichot était ironique. Et je me demandai si M. Verdurin, depuis le temps lointain dont j'avais entendu parler, n'avait pas secoué la tutelle de sa femme.»

Marcel Proust, *Sodome et Gomorrhe*, dans *A la recherche* [...], Gallimard, «Pléiade», t. III, 1988, p. 294.

tout au plus que des effets d'ironie, qui prennent une valeur sémantique différente selon les discours, selon l'historicité de l'énonciation, et la conception esthétique mise en œuvre : on ne peut en effet traiter au même titre de l'ironie voltairienne et de l'ironie romantique, ni même utiliser ces étiquettes comme des catégories homogènes.

EXEMPLES

TEXTE
24

Voltaire
Candide (1759), chap. II et III, Gallimard, «Folio», 1972, p. 142.

Après avoir reçu du régiment des Bulgares «quatre mille coups de baguette, qui, depuis la nuque du cou jusqu'au cul, lui découvrirent les muscles et les nerfs», Candide est soigné par un chirurgien qui le guérit en trois semaines.

[...] Il avait déjà un peu de peau, et pouvait marcher, quand le roi des Bulgares livra bataille au roi des Abares.

CHAPITRE III
Comment Candide se sauva d'entre les Bulgares,
5   *et ce qu'il devint.*

Rien n'était si beau, si leste, si brillant, si bien ordonné que les deux armées. Les trompettes, les fifres, les hautbois, les tambours, les canons, formaient une harmonie telle qu'il n'y en eut jamais en enfer. Les canons renversèrent d'abord à peu près six mille hommes de chaque côté ;
10 ensuite la mousqueterie ôta du meilleur des mondes environ neuf à dix mille coquins qui en infectaient la surface. La baïonnette fut aussi la raison suffisante de la mort de quelques milliers d'hommes. Le tout pouvait bien se monter à une trentaine de mille âmes. Candide, qui tremblait comme un philosophe, se cacha du mieux qu'il put pendant cette bou-
15 cherie héroïque.

Enfin, tandis que les deux rois faisaient chanter des *Te Deum* chacun dans son camp, il prit le parti d'aller raisonner ailleurs des effets et des causes. Il passa par-dessus des tas de morts et de mourants et gagna d'abord un village voisin ; il était en cendres : c'était un village abare
20 que les Bulgares avaient brûlé, selon les lois du droit public. Ici des vieillards criblés de coups regardaient mourir leurs femmes égorgées, qui tenaient leurs enfants à leurs mamelles sanglantes ; là des filles éven-trées après avoir assouvi les besoins naturels de quelques héros rendaient

les derniers soupirs ; d'autres, à demi brûlées, criaient qu'on achevât de
25 leur donner la mort. Des cervelles étaient répandues sur la terre à côté de
bras et de jambes coupés.

Candide s'enfuit au plus vite dans un autre village : il appartenait à
des Bulgares, et les héros abares l'avaient traité de même. Candide, toujours marchant sur des membres palpitants ou à travers des ruines, arriva
30 enfin hors du théâtre de la guerre, portant quelques petites provisions
dans son bissac, et n'oubliant jamais mademoiselle Cunégonde.

I. UNE FIN DE CHAPITRE IRONIQUE

«Il avait déjà un peu de peau, et pouvait marcher, quand le
roi des Bulgares livra bataille au roi des Abares.»
Chacun perçoit l'ironie du narrateur, et derrière le narrateur, celle de l'auteur, mais à quoi tient-elle ? peut-on se
demander.

Grosso modo à la dérision née du contraste entre le
mouvement argumentatif optimiste déclenché par «déjà»,
«un peu», et «pouvait» et sa raison d'être, l'état lamen-
table de Candide qui est suggéré (« un peu de peau»,
«pouvait marcher»). D'autre part, entre ce constat et la
déclaration triomphale qui le suit. Le conte va continuellement opposer à l'idéalisme d'inspiration leibnitzienne,
non la vérité du détail, ni même une quelconque vraisemblance, mais une forme de précision «réaliste» du détail,
qui relève de l'hallucination, d'une vision irreprésentable
dans sa totalité. Le détail condense alors la vision, et
l'horrible tient au littéral, à l'absence de figure.

Revenons sur l'interprétation de l'énoncé, pour essayer
d'en décrire plus finement l'ironie.

«Déjà» et «un peu» dessinent un mouvement argumentatif orienté vers le haut, plus optimiste que pessi-
miste (comme «un verre à moitié plein» est orienté vers
«un verre presque plein» ou «un verre plein», alors
qu'un «verre à moitié vide» présente la même réalité,
mais d'un point de vue orienté négativement, vers le bas :
«un verre presque vide», ou «un verre vide»)[9].

«Déjà» laisse entendre qu'au moment défini dans le
texte par «quand...», il était possible que l'événement qualifié par «déjà» ne se soit pas produit, que cet événement

9. Sur la notion d'échelle
argumentative,
voir Oswald Ducrot,
Les Échelles argumentatives,
Éd. de Minuit, 1980.

10. Sur «déjà», voir Robert Martin, «"Déjà" et "encore" : de la présupposition à l'aspect», repris dans *Pour une logique du sens*, PUF, 1983, n^elle^ éd. 1992, p. 49-53.

11. Sur l'analyse de «peu» et «un peu», voir Oswald Ducrot, *Dire et ne pas dire*, Hermann, 1972, p. 191-220, et *Les Échelles argumentatives*, p. 24.

s'est produit plus tôt qu'on pouvait le penser[10]. Il était possible que Candide n'ait pas encore de peau à ce moment-là, et c'est en somme une bonne surprise qu'il en ait un peu...

De plus, «déjà» marque la première étape d'un processus, déterminé par «un peu». A la différence de «peu», qui pose une restriction, et oriente le raisonnement vers la négation («il a peu de» est orienté vers : «il n'a pas beaucoup, ou pas de»), «un peu»[11] pose une affirmation. Il pose l'existence de quelque chose de faible quantité et s'insère dans une échelle argumentative croissante : «un peu de peau», «de la peau», «beaucoup de peau»... Raisonnement dont on perçoit bien d'ailleurs, en en prononçant l'énoncé, qu'il est insoutenable.

Il en va de même de l'expression «pouvait marcher», qui, en présentant comme une performance une fonction élémentaire, laisse le lecteur inférer dans quel état se trouvait auparavant Candide.

L'ironie de cette partie de phrase ne peut se comprendre comme une inversion sémantique, mais tout au plus comme une inversion argumentative.

En revanche, la théorie de la polyphonie paraît plus éclairante. Pour reprendre la distinction établie par O. Ducrot entre le locuteur et l'énonciateur (voir p. 119 et 157), si le narrateur est bien le locuteur de l'énoncé, celui qui assume son assertion, il se dissocie en tant qu'énonciateur du point de vue optimiste mis en scène, attribuable à un autre énonciateur, qui est la cible de l'ironie.

L'interprétation polyphonique rend aussi compte du processus de la lecture, et du phénomène de réception. Puisque l'énoncé ironique n'est pas une citation, mais est tenu par le locuteur-narrateur, le narrataire est susceptible, en cours de lecture, d'être le destinataire du point de vue mis en scène dans l'énoncé et cible de l'ironie. C'est seulement à la fin de son parcours, qu'il peut s'identifier de façon plus stable au destinataire du point de vue ironique, ce qui, on l'a vu par l'exemple de Montesquieu, ne se produit pas toujours. Une telle conception de l'ironie, qui ne suppose pas une conversion immédiate du sens littéral en sens figuré, s'adapte mieux à la temporalité de la lecture ironique, aux effets de surprise, aux retours en arrière, à la suspension de l'interprétation, tant que le mouvement du texte n'est pas achevé.

Quant à la seconde partie de la phrase (l'apodose «quand le roi des Bulgares livra bataille au roi des Abares»), elle renforce les signaux ironiques de la protase[12] par son organisation vocalique et consonantique, métrique et rythmique : le parallélisme syntaxique et sémantique, l'égalité syllabique du sujet et du complément d'objet, leur parenté phonétique («roi des Bulgares»/«roi des Abares», qui laisse entendre «roi des Barbares») mettent en scène une symétrie triomphante, rendue dérisoire par ce qui précède et ce qui va suivre. L'énonciation ironique fait lire (et entendre) le point de vue de la gloriole, en le tenant à bonne distance.

12. Sur la protase et l'apodose, voir p. 270-271.

2. UN RÉCIT IRONIQUE

Le début du chapitre III continue sur le même ton, et se développe sous la forme d'un éloge de plus en plus grinçant, qui dénonce les horreurs de la guerre.

1. Un éloge ironique

Le premier paragraphe commence par un éloge des deux armées, qui relève du genre démonstratif ou épidictique[13]. Mais cet éloge se révèle de plus en plus ironique, jusqu'à la formule finale de la «boucherie héroïque».

13. Voir p. 200.

L'éloge s'exprime par des hyperboles, renforcées par l'organisation phonique, et métrique de la première phrase, qui connote la symétrie et l'euphorie : avec la progression croissante des adjectifs précédés de l'anaphore des «si» («si beau, si leste, si brillant, si bien ordonné» : 2, 2, 3, 5), l'égalité syllabique et l'homophonie de «si bien ordonné que les deux armées».

Alors que dans la première phrase, la surdétermination hyperbolique fonctionnait comme un indice de l'ironie, une invitation à ne pas adhérer au jugement énoncé, dans cette seconde phrase, c'est la disparate de l'énumération qui avertit de l'ironie (« Les trompettes, les fifres, les hautbois, les tambours, les canons»), et invite au déchiffrement du double sens. L'indéfini «telle (que)» joue le rôle d'un pivot sémantique, embrayeur d'isotopie[14]. A l'intérieur de l'isotopie hyperbolique et euphorique, où «harmonie» garde son sens positif, il introduit une comparaison littérale négative avec l'enfer. Mais il ouvre aussi une isotopie

14. Sur les notions d'isotopie et d'embrayeur d'isotopie, voir p. 185-186.

dysphorique, où «harmonie» est convertible négative-ment, et où «telle que» prend valeur de comparatif inten-sif : «telle qu'il n'y en eut jamais en enfer» est interprétable en «pire que l'enfer».

Ici, l'ironie peut se décrire comme un trope par inver-sion sémantique, qui détourne négativement l'hyperbole : l'harmonie n'est que cacophonie et désordre de la guerre. Toutefois, on ne peut concevoir la conversion sémantique comme une simple substitution. Dans cette seconde phrase, le narrateur joue sur les mots, l'ironie naît de la tension entre deux isotopies superposées, et le lecteur est invité au double déchiffrement. De plus, on ne peut transposer les hyperboles de la première phrase en un jugement contraire : c'est l'acte énonciatif de l'éloge qui est mis à distance, non le contenu de la description. On retrouve ainsi l'analyse de A. Berrendonner, selon lequel l'inver-sion de l'ironie porte sur l'orientation argumentative de l'énoncé. L'éloge est le support d'un blâme. C'est dans ce cadre argumentatif que prennent sens les inversions iro-niques ponctuelles, et le récit de la bataille.

Mais l'on peut tout aussi bien recourir à la notion de polyphonie pour comprendre l'ironie de ce début de cha-pitre : l'éloge est montré, mis en scène, comme un point de vue dont le narrateur se dissocie.

2. L'arithmétique d'une bataille

La double isotopie – double non en soi mais par le double parcours interprétatif qu'elle suscite – euphorique et dysphorique, se développe avec le récit de la bataille. Le narrateur feint de reprendre, tout en le dénonçant, le point de vue optimiste et euphémisant des chefs de guerre, qui transforme le champ de bataille en «théâtre», et en objet de comptabilité.

L'ordre du récit, facteur d'euphorie, est délimité par les adverbes, «d'abord», «ensuite», «aussi». L'euphémi-sation consiste à porter toute l'attention sur l'arithmé-tique, en accompagnant les chiffres d'adverbes d'approximation qui les minimisent («à peu près six mille hommes», «environ neuf à dix mille coquins», «quelques milliers d'hommes»), ou d'un verbe de moda-lisation et d'une expression approximative («le tout pou-vait bien se monter à une trentaine de mille âmes»). Elle tient encore à l'emploi du singulier générique «la mousqueterie», qui désigne le tir des mousquets, et de «la baïonnette» pour «les baïonnettes» (synecdoque[15] du nombre), de la synecdoque idéalisante «âmes» pour «individus», qui créent un effet d'abstraction déréalisant.

Mais tout aussi bien, «les canons», «la mousqueterie», «la baïonnette» désignent une «causalité courte» (J. Starobinski), qui rend la guerre à son absurdité, la détache de toute harmonie préétablie. «La raison suffisante», «le meilleur des mondes», sont perçus comme des syntagmes pour le moins incongrus, repris à une philosophie démentie par les faits : l'horreur de la guerre, la tuerie en nombre. De même l'appellatif «coquins», la métaphore «qui en infectaient la surface», apparaissent comme un langage d'emprunt, employé et mis à distance comme un point de vue intenable, qui se dénonce par son exagération même.

3. La «boucherie héroïque»

La clausule du paragraphe, qui lui donne toute sa portée polémique (guerre verbale contre la guerre) tient dans l'appellatif «boucherie héroïque», qui dénomme rétrospectivement («cette boucherie héroïque») ce qui avait fait l'objet d'un récit euphémisant à double détente. Le discours n'est plus ambigu ni détendu, l'ironie est directe, et l'on peut dire qu'ici le point de vue de Voltaire (l'auteur) et celui du narrateur se confondent. A l'idéalisation euphémisante de la bataille, le narrateur oppose une désignation métaphorique («boucherie»), qui qualifie et condamne la guerre, l'ironie tenant à l'alliance de termes paradoxale de «boucherie héroïque» : «héroïque», c'est-à-dire à la fois «digne d'un héros, de ce qu'on appelle un héros», et «constituée de héros». L'ironie passe par la polyphonie (le «héros» ou la qualité «héroïque» renvoient à ce que les autres nomment tel, à un système de valeurs montré et rejeté), et par l'allusion au style épique : elle oppose à l'idéalisation noble une métaphore triviale, que l'alliance de termes associe dans une double contradiction : contradiction des styles, et contradiction des contenus dénotés et connotés.

A l'attitude des «héros» est opposée la réaction de Candide, qui «tremblait comme un philosophe». L'expression met en scène une ironie au second degré : elle met à distance ironiquement le point de vue ironique de ceux qui méprisent la peur du philosophe. «Trembler comme un philosophe» est à la fois montré comme le point de vue

15. La synecdoque
Trope par connexion, qui consiste, dit Fontanier, «dans la désignation d'un objet par le nom d'un autre objet avec lequel il forme un ensemble, un tout, ou physique ou métaphysique, l'existence ou l'idée de l'un se trouvant comprise dans l'existence ou dans l'idée de l'autre.» (*Les Figures du discours*, p. 87.)

dépréciatif des «héros» sur les philosophes, et assumé par le discours voltairien comme la seule attitude raisonnable.

4. Le montage ironique

L'ironie de Voltaire ne se fait pas sentir seulement dans telle ou telle formule percutante. Dans la suite du texte, le narrateur continue à opposer aux formules reçues la contradiction des faits (on brûle «selon les lois du droit public»). Ou bien, par un procédé héroï-comique[16], il associe le bas, et les atrocités, à l'appellatif noble de «héros» (*cf.* l. 23 et l. 28). Mais l'ironie n'est pas alors un fait ponctuel : elle suppose le parcours de lecture antécédent, et la référence au terme pivot de «boucherie héroïque», qui clôt le premier paragraphe, et se trouve développé dans les deux paragraphes suivants.

De fait, la description des massacres de civils dérive de l'expression «boucherie héroïque». L'hypotypose, qui développe l'isotopie de la destruction et de la mort de civils sans défense, procède par juxtaposition de détails sanglants, qui sont l'expansion du sens littéral et métaphorique remotivé de «boucherie». L'effet du détail horrible et de la surdétermination hyperbolique (mais l'hyperbole dit la réalité contemporaine) est bien un effet de réel, alors opposable à la vision euphorique et allègre des belligérants, et aux systèmes qui prétendent rendre raison «des effets et des causes».

L'ironie de Voltaire, au fil du texte, se fait de plus en plus grinçante, et affiche de plus en plus clairement la dénonciation commune d'un système d'interprétation et d'un monde qui ne va pas.

La dénonciation ironique du système tient aussi à des effets structurels. Par un procédé que reprendra Flaubert dans *Bouvard et Pécuchet,* les positions adverses sont mises en parallèle : parallélisme du roi des Bulgares et du roi des Abares, des «deux rois» faisant chanter le *Te Deum,* des atrocités commises de part et d'autre. Si le style de *Candide* est bien celui de la soustraction, c'est par l'ellipse des liaisons à tous les niveaux, y compris celui de la phrase et du paragraphe. Celui-ci est une unité thématique et narrative, importante dans ce dispositif.

L'enchaînement du récit est en effet primordial. Le récit juxtapose non seulement les situations parallèles, et les fuites répétées de Candide, en ouverture des para-

16. Voir p. 295.

graphes 2 et 3 («il prit le parti d'aller raisonner ailleurs», l. 17, «Candide s'enfuit au plus vite dans un autre village», l. 27), mais il participe à plein de la destruction ironique de la métaphysique de Pangloss. Les séries de causes et d'effets sont données dans leur suite chronologique («d'abord», «ensuite»), sans autre motivation que le constat de faits dépourvus de nécessité. Dans le second paragraphe, le raisonnement de Candide sur «les effets et les causes» est illustré par une phrase de style coupé[17], qui juxtapose l'effet et la cause :

17. Voir p. 272.

> «Il passa par-dessus des tas de morts et de mourants et gagna d'abord un village voisin ; il était en cendres : c'était un village abare que les Bulgares avaient brûlé, selon les lois du droit public.»

L'ellipse des liens logiques contraint le lecteur à bâtir les maillons du raisonnement, à refaire le parcours sémantique qui relie «il était en cendres» à «c'était un village abare [...]» : à éprouver par lui-même l'absurdité du monde. L'efficacité de l'ironie voltairienne porte non seulement sur les propositions mais sur l'enchaînement de l'argumentation.

L'IRONIE DE VOLTAIRE

«Mais quelle est ici la fonction de l'ironie ? Elle n'est pas d'assurer à l'auteur (et au lecteur) une trop facile victoire sur l'ignorance d'un héros tout schématique. Elle n'est pas, non plus, d'exalter, du côté de l'écrivain, la conscience d'une liberté qui s'élève au-dessus de toute réalité finie : Voltaire n'aspire pas à cette liberté dégagée par quoi, dans l'ironie "romantique", l'esprit tente de garantir son règne séparé. L'ironie, dans *Candide,* a fonction d'arme offensive ; elle est orientée vers le dehors, elle mène le combat de la raison contre tout ce qui usurpe l'autorité que la pensée rationnelle devrait seule posséder. [...] Le style de Voltaire – qualifié généralement comme "spirituel", "incisif", "sarcastique" – doit son caractère spécifique à la double visée agressive dont il est chargé. La plupart des événements narrés dans *Candide* sont *bivalents* : ils démontrent joyeusement l'inanité du système de Pangloss ; mais, ayant satisfait la verve polémique, ils prennent aussitôt un aspect insoutenable. Ces événements, qui dénoncent l'illusion optimiste, sont eux-mêmes dénoncés pour leur atrocité. Ils appartiennent à la catégorie des faits auxquels Voltaire ne peut penser sans "frémir d'horreur" (expression fréquente dans sa correspondance ou ses écrits d'histoire). Le *grincement*, que Flaubert a si justement discerné chez Voltaire, est l'effet composé dû à la simultanéité de la verve polémique et du frisson d'horreur : il est dû au fait que chacune des "réalités" exerçant sur le discours de Pangloss une action destructrice est à son tour prise sous le feu d'une critique sans indulgence. L'événement atroce, qui nie le dogme antécédent, est à son tour l'objet d'un refus – moral, esthétique et affectif.»

Jean Starobinski, *Le Remède dans le mal,* Gallimard, 1989, p. 128-129 et p. 130-131.

En définitive, qu'elle ressortisse à la polyphonie (modèle le plus puissant), à l'inversion sémantique ou argumentative à valeur de raillerie, l'ironie voltairienne possède un pouvoir de dissociation des systèmes, de collision contre l'absurde : le pouvoir de la fable, ici, fait surgir, au cœur de la fiction, le réel.

<table>
<tr><td>TEXTE
25</td><td>**Stendhal**
Le Rouge et le Noir (1830), chap. II, Éd. Garnier, 1973, p. 7-8.</td></tr>
</table>

[...] Le soleil est fort chaud dans ces montagnes ; lorsqu'il brille d'aplomb, la rêverie du voyageur est abritée sur cette terrasse par de magnifiques platanes. Leur croissance rapide et leur belle verdure tirant sur le bleu, ils la doivent à la terre rapportée, que M. le maire a fait placer derrière
5 son immense mur de soutènement, car, malgré l'opposition du conseil municipal, il a élargi la promenade de plus de six pieds (quoiqu'il soit ultra et moi libéral, je l'en loue), c'est pourquoi dans son opinion et dans celle de M. Valenod, l'heureux directeur du dépôt de mendicité de Verrières, cette terrasse peut soutenir la comparaison avec celle de Saint-
10 Germain-en-Laye.
     Je ne trouve, quant à moi, qu'une chose à reprendre au COURS DE LA FIDÉLITÉ : on lit ce nom officiel en quinze ou vingt endroits, sur des plaques de marbre qui ont valu une croix de plus à M. de Rénal ; ce que je reprocherais au Cours de la Fidélité, c'est la manière barbare dont
15 l'autorité fait tailler et tondre jusqu'au vif ces vigoureux platanes. Au lieu de ressembler par leurs têtes basses, rondes et aplaties, à la plus vulgaire des plantes potagères, ils ne demanderaient pas mieux que d'avoir ces formes magnifiques qu'on leur voit en Angleterre. Mais la volonté de M. le maire est despotique, et deux fois par an tous les arbres appartenant
20 nant à la commune sont impitoyablement amputés. Les libéraux de l'endroit prétendent, mais ils exagèrent, que la main du jardinier officiel est devenue bien plus sévère depuis que M. le vicaire Maslon a pris l'habitude de s'emparer des produits de la tonte.

PRÉSENTATION DU TEXTE 25

Le Rouge et le Noir est bien, selon son sous-titre, une «chronique de 1830». Le passage choisi se trouve au début du chapitre II. Continuant la présentation de

Verrières, le narrateur s'attache à décrire les arbres du cours de la Fidélité. Mais le tableau de la nature sert de métaphore à la situation politique sous la Restauration. Dans ce récit écrit à la troisième personne, le narrateur intervient directement par un commentaire à la première personne, avec une liberté qui caractérise l'énonciation stendhalienne : auteur et narrateur se confondent.

Dans ce contexte d'expression du jugement, nous analyserons l'ironie de la dernière phrase.

I. UNE TOPOGRAPHIE POLITIQUE

1. L'expression du jugement

L'interprétation politique est d'emblée mise en avant par le narrateur qui affirme son opinion («Quoiqu'il soit ultra et moi libéral, je l'en loue», l. 6-7, «Je ne trouve, quant à moi, qu'une chose à reprendre au COURS DE LA FIDÉLITÉ [...] ce que je reprocherais au Cours de la Fidélité, c'est la manière barbare dont l'autorité fait tailler et tondre [...]», l. 11-15), et qui souligne par les majuscules le nom de la promenade comme l'emblème de cette lecture politique.

2. La description des platanes

Elle oppose les qualités naturelles des arbres : «magnifiques platanes» (l. 2-3), «croissance rapide», «belle verdure» (l. 3), «vigoureux platanes» (l. 15) aux «têtes basses, rondes et aplaties» (l. 16), obtenues par la taille et la tonte.

La lecture politique de cette description est induite de plusieurs manières. Elle l'est d'abord par les dénominatifs et les qualificatifs relevant à la fois de l'isotopie[18] végétale (inanimé) et humaine/ou animale (animé) : «jusqu'au vif» implique le sème[19] /animé/ ; «têtes» est commun aux deux isotopies, /inanimé/ et /animé/ ; «basses» ou «aplaties», s'appliquent, au sens propre, aux têtes des arbres, comparées d'ailleurs à «la plus vulgaire des plantes potagères», mais aussi, au sens figuré, à celles de sujets soumis à l'autorité politique. D'autant plus que les arbres aux

18. Voir p. 185-187.

19. Voir p. 185.

«formes magnifiques» sont reliés à l'Angleterre, pays traditionnellement associé au libéralisme politique. Mais, rétrospectivement, la «tonte» (l. 23) implique un autre comparant animé, possesseur de têtes, symbole de la docilité : celui des moutons.

La lecture politique est aussi suggérée par l'emploi de termes relevant, au sens propre, du domaine sémantique du jardinage, et au sens figuré, de la métaphore économique et de la métaphore animale («tailler» évoque l'impôt d'Ancien Régime, «tondre» et «la tonte» désignent l'acte de prélever la laine sur le dos d'un mouton, et, aussi, par métaphore, celui de prélever tout l'argent de quelqu'un, «amputés» s'applique, par métaphore de l'animé à l'inanimé, à un végétal, mais aussi à un budget).

Elle est encore évoquée par l'application à l'isotopie végétale de qualificatifs contenant les traits /animé/ et /inhumain/, qui sont associés à l'excès d'autorité, dans le domaine politique : «barbare» («la manière *barbare* dont l'autorité», l. 14), «despotique» («la volonté de M. le maire est *despotique*», l. 19), «impitoyablement amputés» (l. 20), «la main du jardinier officiel est devenue bien plus *sévère*» (l. 21-22). Dans toutes ces expressions, les adjectifs et adverbes sont employés en liaison avec des termes désignant le pouvoir politique : «l'*autorité*» (mis pour l'individu concret, responsable de l'autorité : synecdoque d'abstraction absolue), «la volonté de M. *le maire*», «la main du jardinier *officiel*».

Le tout produit un effet de distance ironique fondée sur le grotesque.

II. L'IRONIE STENDHALIENNE

Elle tient dans la métaphore politique, et dans l'appellatif repris en mention, «M. le maire», tout gonflé d'importance sociale. Elle s'exprime aussi, et tout particulièrement, dans la dernière phrase du passage :

> «Les libéraux prétendent, mais ils exagèrent, que la main du jardinier officiel est devenue bien plus sévère depuis que M. le vicaire Maslon a pris l'habitude de s'emparer des produits de la tonte.»

La clausule, avec la pointe métaphorique grotesque et les reprises allitératives (en «p»), est un élément de la dérision. Mais l'ironie porte spécifiquement sur «Les libéraux prétendent, mais ils exagèrent». Elle consiste dans la dénégation d'un point de vue, dont tout indique – l'affirmation des positions libérales du narrateur-auteur, le contexte de la phrase – que le narrateur le partage.

«Prétendre que», selon l'analyse d'A. Berrendonner[20], c'est poser une affirmation, mais une affirmation dont on présuppose qu'elle est généralement considérée comme fausse (elle n'est pas fausse dans l'absolu, mais pour l'opinion générale). Cette interprétation du présupposé de «prétendre» permet d'expliquer qu'on puisse dire sans contradiction : «je prétends que», qui passe pour une affirmation ferme. En disant «je prétends que», on pose son opinion contre l'opinion reçue. En revanche si l'on dit : «il(s) prétend(ent) que», c'est-à-dire si le sujet d'énonciation est distinct du sujet de l'énoncé, on laisse entendre qu'on désapprouve la croyance énoncée. Pourquoi ? Parce que le fait qu'un locuteur se contente de rapporter les propos d'un tiers au lieu de les assumer directement sous-entend qu'il n'y croit pas. Mais cette réticence, comme tout sous-entendu, peut être annulée par une rectification («ils prétendent, et c'est d'ailleurs vrai»).

Ici, c'est le contraire, et c'est la rectification elle-même qui signale l'ironie. Dire «les libéraux prétendent», c'est présenter leur affirmation comme une croyance s'opposant à l'opinion générale.

Sans la rectification par «mais», la phrase est déjà ironique : l'ironie est interprétable comme un fait de polyphonie. Le narrateur feint d'adopter le point de vue général sur les propos des libéraux, mais le cotexte laisse entendre qu'il se rallie à leur opinion.

La rectification par «mais» («mais ils exagèrent»), qui devrait contredire la croyance en faveur de laquelle argumente «prétendent» («n'allez pas croire ce qu'ils affirment»), par son insistance même (qui enfreint le principe de pertinence[21], contraignant le lecteur à se demander : pourquoi dit-il cela ?), renforce la validité de l'assertion, au lieu de l'oblitérer. Elle joue le rôle d'un signal ironique d'inversion sémantique et argumentative. Ou d'un signal de polyphonie, situant clairement le point de vue du narrateur du côté des énonciateurs libéraux,

20. Alain Berrendonner, *Éléments de pragmatique linguistique*, éd. cit., p. 35-46.

21. Principe de pertinence
La linguistique pragmatique définit des règles de bonne marche du discours, maximes conversationnelles chez Grice, lois du discours, chez Ducrot, parmi lesquelles, le principe de pertinence (la maxime de relation chez Grice) enjoint de «parler à propos». Voir dans le n°30 de *Communications*, 1979, l'article de H. Paul Grice («Logique et conversation», p. 57-72) et celui de Dan Sperber et Deirdre Wilson («Remarques sur l'interprétation des énoncés selon Paul Grice», p. 80-94), ainsi que Dan Sperber, Deirdre Wilson, *La Pertinence,* trad. fr., Éd. de Minuit, 1989.

contre celui du pouvoir en place et de l'opinion. Nous sommes invités à croire non seulement qu'ils n'exagèrent pas, mais qu'ils sont dans le vrai.

Dans ce court passage du *Rouge et le Noir*, l'ironie de Stendhal apparaît comme une distance plus ou moins désinvolte, une marque de distinction vis-à-vis du vulgaire et de l'opinion dominante, plutôt qu'un engagement. Elle est une réponse à cette question d'un sujet aux prises avec le langage et le monde : comment dire, malgré le langage tout fait ?

TEXTE
26

Pierre Desproges
Dictionnaire superflu à l'usage de l'élite et des bien nantis,
Éd. du Seuil, «Points-Virgule», 1985, p. 27 et p. 48.

Judaïsme n. m. Religion des juifs, fondée sur la croyance en un Dieu unique, ce qui la distingue de la religion chrétienne, qui s'appuie sur la foi en un seul Dieu, et plus encore de la religion musulmane, résolument monothéiste.

5 **Torture** nom commun, trop commun, féminin, mais ce n'est pas de ma faute. Du latin *tortura,* action de tordre.
Bien plus que le costume trois-pièces ou la pince à vélo, c'est la pratique de la torture qui permet de distinguer à coup sûr l'homme de la bête.
L'homme est en effet le seul mammifère suffisamment évolué pour pen-
10 ser à enfoncer des tisonniers dans l'œil d'un lieutenant de vaisseau dans le seul but de lui faire avouer l'âge du capitaine [...].

COMMENTAIRE DU TEXTE 26

Le *Dictionnaire* de Pierre Desproges, comme son qualificatif de «superflu» l'indique, n'est pas un vrai dictionnaire sérieux. Il n'en est pas moins important, et nécessaire dans sa visée ironique, dans la lignée des dictionnaires de combat, et des dictionnaires d'auteur, de Voltaire à Flaubert.

L'ironie prend appui sur un pastiche à visée satirique, qui retourne le dictionnaire contre la sottise et la méchanceté.

Nous prendrons deux exemples d'articles, caractéristiques du jeu avec le modèle lexicographique.

I. UNE DÉFINITION IRONIQUE
(ART. «JUDAÏSME»)

Le modèle du *Dictionnaire* de Pierre Desproges est plutôt celui du dictionnaire encyclopédique. Il mêle dans sa nomenclature les noms communs et les noms propres, et se distingue surtout du dictionnaire de langue par la dimension des exposés dits «encyclopédiques» concernant les référents dénotés par les signes. En fait, la distinction importe peu. Le *Dictionnaire* répond à l'idée qu'on se fait d'un dictionnaire : une nomenclature alphabétique, pourvue de définitions.

L'article «Judaïsme» comprend ainsi deux parties : une vedette (le signe : «Judaïsme», sans déterminant), suivie de la catégorie grammaticale et de la marque de genre en abrégé (n. m.), et sa définition. Mais quels sont les critères d'une bonne définition ?

Une bonne définition doit proposer un équivalent sémique[22] du signe, expliciter les traits distinctifs de son signifié. La définition noble est la définition logique, qui procède par le genre prochain (par *l'hyperonyme*, ou expression générique qui inclut le mot à définir, le plus proche : «fleur» est un hyperonyme définisseur de tulipe) et la différence spécifique (les particularités qui distinguent le mot d'autres *hyponymes*, ou termes de même rang dépendant du même hyperonyme : les traits distinctifs qui individualisent la tulipe parmi les autres fleurs).

La définition de «Judaïsme» est une illustration de la définition logique : le genre prochain est représenté par l'hyperonyme «religion», la différence spécifique est précisée par «fondée sur la croyance en un seul Dieu». Mais c'est là que la raison dérive. L'article reprend les procédés de la définition logique pour en annuler la pertinence. Les expressions censées déterminer la différence spécifique des diverses religions désignent toutes la même chose. «Croyance en un Dieu unique», «foi en un seul Dieu», et «monothéiste» sont des expressions synonymes, des paraphrases sémantiques équivalentes, mis à

22. Sur la notion de sème, voir p. 185.

part le registre savant de «monothéiste», qui n'intervient pas comme un sème spécifique.

Dès lors, l'ironie consiste à feindre de reprendre le raisonnement qui oppose des religions voisines, en instaurant même une gradation argumentative du judaïsme à la religion musulmane («et plus encore»), et, à le disqualifier en neutralisant les distinctions. L'efficacité de l'ironie vient de ce que le lecteur doit suivre l'argumentation pour percevoir la contradiction logique. La temporalité du raisonnement fait partie de la démonstration.

Le pastiche lexicographique sert aussi l'ironie : l'énonciation neutralisée du dictionnaire, sa force assertive (au présent de vérité générale, avec l'effacement des marques personnelles, avec le renforcement de «et plus encore», «résolument»), son prestige de véracité, renforcent l'effet de surprise et la démonstration par l'absurde.

C'est d'ailleurs un procédé flaubertien du *Dictionnaire des idées reçues*, que de souligner l'absurde à partir des contradictions logiques, comme :

«Humidité   Cause de *toutes* les maladies»

et de prendre le jugement du lecteur pour cible de l'ironie[23].

23. Voir sur le sujet Anne Herschberg-Pierrot, *Le Dictionnaire des idées reçues de Flaubert*, PUL, 1988.

II. IRONIE ET PASTICHE LEXICOGRAPHIQUE (ART. «TORTURE»)

Dans cet article, dont nous n'étudions que le début, le pastiche satirique est plus développé. Dans l'article précédent, l'ironie utilisait la garantie du sérieux lexicographique pour mieux déconcerter le lecteur. La première phrase de l'article «Torture» pastiche les renseignements qui précèdent la définition, mais rompt avec la pseudo-neutralité énonciative du dictionnaire :

– par des jeux de mots qui remotivent les indications grammaticales : antanaclase[24] de «nom commun, trop commun», qui dissocie «commun» du syntagme figé et l'emploie au sens de «courant, banal», jeu sur le genre grammatical et le sexe «féminin», dans «féminin, mais ce n'est pas de ma faute» ;

24. L'antanaclase Voir sa définition p. 51.

– par l'intervention d'une subjectivité à la 1ère personne, qui évalue, discute les indications grammaticales et introduit ainsi une incongruité énonciative dans le genre didactique.

L'article se poursuit par un discours à caractère encyclopédique, qui définit la torture par rapport à l'homme : de la torture comme définisseur spécifique de l'homme. L'ironiste feint de poursuivre un discours argumentatif extrêmement assertif, aux articulations logiques soulignées («en effet»), mais il est fondé sur un paradoxe : l'homme se distingue de l'animalité en étant encore plus bestial et sauvage que les animaux. Le définisseur logique, nous le tenons : l'homme est un mammifère ; son définisseur spécifique, nous l'apprenons : c'est la torture. L'homme est le seul mammifère qui torture. L'ironiste va plus loin :

> «L'homme est en effet le seul mammifère suffisamment évolué pour penser à enfoncer des tisonniers dans l'œil du lieutenant de vaisseau dans le seul but de lui faire avouer l'âge du capitaine.»

«Le seul mammifère suffisamment évolué pour penser à [...] dans le seul but de» : le cadre sémantique et logique est laudatif. L'homme est un animal raisonnable. Mais l'abomination de l'acte et la dérision finale contredisent l'éloge et font inverser la louange : l'homme est pire que la bête. L'article de Pierre Desproges est une belle illustration de l'ironie comme trope sémantico-pragmatique. L'ironiste se signale encore par le mélange des styles et la disparité des référents invoqués (le «costume trois pièces ou la pince à vélo», et l'allusion à «l'âge du capitaine»).

P. Desproges continue à sa manière la lignée des dictionnaires satiriques d'auteur. Il montre en même temps, par l'imitation du pastiche, que le dictionnaire n'est jamais un support neutre, un langage transparent. S'il peut être un instrument de combat, il est aussi l'écho, et la confirmation des mentalités, des manières de dire et de se comporter. C'est que les mots traînent avec eux une représentation du monde, un imaginaire social, dont le lexicographe ne peut, malgré lui, se déprendre.

> REM. *Monstre* n'a pas de féminin ; on dit : *Cette femme est un monstre*. (Monstre, art. du *Grand Larousse de la Langue française*, t. 4, 1975.)

■ Indications bibliographiques sur les dictionnaires

Parmi bien d'autres références :

François Gaudin et Louis Guespin, *Initiation à la lexicologie française : de la néologie aux dictionnaires*, Bruxelles, Duculot, «Champs linguistiques», 2000 (chap. 1 et 2).

Henri Meschonnic, *Des mots et des mondes. Dictionnaires, encyclopédies, grammaires, nomenclatures*(1991), éd. revue, Hachette Littératures, 1997, «Pluriel».

Jean Pruvost, *Les Dictionnaires de langue française*, PUF, «Que sais-je ?», 2002.

Bernard Quémada, *Les Dictionnaires du français moderne, 1539-1863*, Didier, 1968. [Grande thèse sur l'histoire et les types de dictionnaires jusqu'à Littré.]

Chapitre 9

Le sens des mots

Les mots ont un sens : cela semble aller de soi. Mais comment comprendre le sens des mots ? Quels mécanismes cette compréhension met-elle en jeu ? Et comment décrire les enchaînements sémantiques d'un texte ?

Ce chapitre vise à définir quelques notions utiles pour le commentaire stylistique et quelques parcours rendant compte de l'organisation lexicale et sémantique d'un texte.

I. CHAMPS LEXICAUX ET RELATIONS SÉMANTIQUES

1. Champs lexicaux

Les *champs lexicaux* recouvrent diverses formes de structuration du lexique, parmi lesquelles on distinguera les *champs sémantiques* et les *champs dérivationnels*.

Nous savons depuis le *Cours de linguistique générale* de Saussure que la langue n'est pas une simple nomenclature, une liste de mots, mais qu'elle opère un découpage des signifiés : «mutton» et «sheep» en anglais se partagent la valeur de «mouton» en français. Dès lors, on peut imaginer que le lexique d'une langue est organisé en micro-systèmes de signes, interdépendants, dont le signifié est délimité par celui des autres unités appartenant au même ensemble, le *champ sémantique*.

Si l'on entend par là un sous-ensemble du lexique, comprenant un groupe de termes réunis par un dénominateur sémantique commun (le champ de la religion, des sentiments, de la parenté), il serait d'ailleurs préférable de parler, avec J. Picoche, de *champ lexical sémantique*, puisqu'il s'agit bien de signes lexicaux et non de pures notions, abstraites de toute forme linguistique. Le champ sémantique unit un point de départ notionnel et l'hypothèse d'une configuration lexicale organisée selon des relations sémantiques (voir ci-après).

La délimitation des champs sémantiques est cependant difficile. D'abord parce que les critères de délimitation sont souvent incertains. Ensuite parce que les termes *polysémiques* – c'est-à-dire qui associent plusieurs acceptions à un même signifiant – sont à la croisée de plusieurs domaines sémantiques. Ainsi, «opération» relève, selon les contextes, de la guerre, de la médecine, des mathématiques, de la finance, etc…

On distinguera des champs sémantiques les *champs lexicaux dérivationnels*, qui relient des termes formés à partir d'une même base («enseigner», «enseignant», «enseignement»), ou à partir du même préfixe ou du même suffixe. Par exemple, dans sa thèse sur *Le Vocabulaire politique et social en France de 1869 à 1872* (Larousse, 1962), Jean Dubois part d'une hypothèse notionnelle, celle de l'existence d'un champ lexical du vocabulaire politique et social, et il la confirme par une étude morpho-lexicale des mots de ce champ. Les suffixes «-isme» et «-iste» produisent au XIXe siècle des termes spécifiques à ce champ lexical, désignant des doctrines ou des systèmes et les adeptes de ces doctrines ou ces systèmes («socialiste», «réformiste», «capitaliste»). Le suffixe sert même de qualificatif péjoratif : dans *L'Éducation sentimentale,* le baron Dambreuse est ainsi qualifié de «potdeviniste» (celui qui a fini par ériger la pratique du «pot-de-vin» en système).

2. Relations sémantiques

Parmi les relations qui organisent la configuration d'un champ sémantique, rappelons celles-ci :

● La *synonymie*, ou relation d'identité sémantique (ou plutôt de quasi identité sémantique, car il est rare que des mots soient synonymes dans tous leurs emplois).

● L'*hyperonymie*, ou relation d'inclusion générique. C'est une notion relative. «Fleur» est en effet l'hyperonyme de «tulipe», qui est son hyponyme, mais est aussi l'hyponyme de «plante» ou de «végétal».

• L'*antonymie*, qui recouvre :
– les *contradictoires* ou *complémentaires*, opposés par une relation de disjonction exclusive («marié»/«célibataire»),
– les *réciproques* («donner»/«recevoir», «dominant»/«dominé»),
– les *contraires* ou *antonymes* proprement dits, qui sont placés aux extrêmes d'une échelle de gradation implicite («chaud»/«froid», «facile»/«difficile»).
• L'*homonymie*, ou identité des signifiants de signes, dont les signifiés sont distincts («louer(1)» = «faire l'éloge de»/ «louer(2)» = «prendre ou donner en location»), ce qui la distingue de la *polysémie* (un seul signe à plusieurs signifiés : «louer(2)»).
• La *paronymie*, ou ressemblance approximative des signifiants de signes distincts, qui induit parfois un rapprochement des signifiés («conjoncture»/«conjecture»).

Ces relations de forme et de sens, qui structurent le lexique, délimitent aussi le sens des mots dans le discours, et gouvernent l'organisation sémantique des textes.

II. LE SENS DES MOTS ET L'ORGANISATION SÉMANTIQUE DU DISCOURS

1. Identité, opposition et association discursives

Pour qui s'intéresse à l'analyse des textes, le véritable enjeu est le sens des mots dans le discours, et la polysémie discursive. Le sens des mots d'un énoncé est en effet déterminé à la fois par les relations paradigmatiques de substitution avec d'autres termes analogues ou opposés, et par les relations syntagmatiques[1] d'association avec les mots du contexte. Pour comprendre un texte, il est important de considérer non seulement l'antonymie et la synonymie codifiées et normalisées par la langue, telles qu'un dictionnaire peut les enregistrer, mais aussi les relations d'*identité*, d'*opposition* et d'*association* contextuelles, qui déterminent des valeurs de sens construites dans le discours.

Jean Dubois rend ainsi compte de la polysémie du vocabulaire politique et social, à partir de la distribution des mots et de leur contexte énonciatif. Il montre, par exemple (*Le Vocabulaire politique [...]*, Larousse, 1962, p. 110-113), que les mots «peuple» et «bourgeoisie» au

1. Relations paradigmatiques et syntagmatiques
«Du fait de ses possibilités d'occurrence dans un contexte donné, une unité linguistique entre dans deux types de rapports. Elle entre dans des rapports **paradigmatiques** avec toutes les unités qui, elles aussi, peuvent apparaître dans le même contexte [...] ; et elle entre dans des rapports **syntagmatiques** avec toutes les unités du même niveau qui apparaissent à côté d'elle et qui constituent son contexte.» (John Lyons, *Linguistique générale*, trad. fr., Larousse, 1970, p. 58.)
On appelle donc *paradigme* une classe d'unités linguistiques substituables en un même point de l'énoncé. On nomme *syntagme* un ensemble d'éléments (groupe de mots) formant une unité dans l'organisation hiérarchisée de la phrase.

XIXe siècle forment un couple antonymique qui recouvre trois valeurs, spécifiées par les synonymes et les associations en contexte avec d'autres mots.

Une valeur économique : la «bourgeoisie» comme possesseur des moyens de production (les «capitalistes») est opposée à «peuple», assimilé quant à lui à «la classe des exploités, des opprimés». C'est un emploi développé surtout dans les écrits socialistes.

Une valeur sociale, très présente en 1789, relativisée en 1869 : la «bourgeoisie» est la classe moyenne, le peuple est formé des «basses classes». Mais les valeurs économique et sociale interfèrent quand la bourgeoisie est assimilée aux «riches», face aux «pauvres».

Enfin, une valeur politique : «dès la Révolution, le "peuple" a été assimilé à la "nation", le "bourgeois" opposé au "patriote"».

A l'interférence constante des trois emplois, s'ajoute une valorisation affective, sensible dans les substituts mélioratifs ou péjoratifs (cf. pour «le peuple» : «les petites gens», «les humbles», mais aussi «la populace»).

La méthode pratiquée par J. Dubois définit donc les valeurs de sens par les relations :

– d'*identité* : les synonymes substituables dans le même environnement, ou associés dans le cotexte,

– d'*opposition* : les antonymes dont le sens se délimite réciproquement dans le discours,

– et d'*association* : ces relations comprennent les cooccurrences (par exemple, les mots «travail» ou «travailler» associés à «peuple» dans le même cotexte) et les collocations directes, c'est-à-dire des expressions directement rattachées au terme étudié, et qualificatives (adjectifs, relatives, compléments, noms de qualité pour les substantifs).

Cette méthode est bien entendu applicable à d'autres domaines du vocabulaire (voir le texte n°27, de d'Holbach).

Une autre étude, d'Henri Mitterand («Corrélations lexicales et organisation du récit : le vocabulaire du visage dans *Thérèse Raquin*»), porte sur les termes désignant le visage (figure, physionomie, face, visage), et la caractérisation des parties du visage. Cet article met en valeur une série d'associations lexicales, une syntaxe de la désignation et de la caractérisation, qui permettent de saisir les systèmes de construction du portrait zolien dans *Thérèse Raquin*.

2. Dénotation, connotation

La notion de connotation est souvent employée pour décrire le sens des mots dans un texte. L'opposition entre dénotation et connotation recouvre trois approches théoriques.

1. En logique, la dénotation est l'extension d'un signe (la classe d'objets auxquels il s'applique), la connotation est sa compréhension (l'ensemble des traits qui composent son signifié).

2. En linguistique, la dénotation d'un signe désigne le plus souvent «l'ensemble des traits de sens qui permettent la dénomination (encodage) et l'identification (décodage) d'un référent» (l'objet auquel il s'applique). C'est l'«ensemble des traits distinctifs à fonction dénominative», alors que la connotation d'un signe, ce sont les «valeurs sémantiques additionnelles»[2] : indications sociolinguistiques comme le niveau de langue (ce qui différencie «voiture» de «bagnole»), ou idiolectales (par exemple, les valeurs affectives, métaphoriques, péjoratives ou mélioratives dont un mot est entouré dans un énoncé, et par lesquelles il est relié à d'autres) – qui sont intégrées au sens de façon variable selon les linguistes.

3. On doit enfin à L. Hjelmslev[3] l'opposition entre le langage de dénotation et le langage de connotation, que R. Barthes a exposée dans ses travaux de sémiologie des années 1960 : «un système connoté est un système dont le plan d'expression est constitué lui-même par un système de signification»[4]. Pour prendre un exemple, rendu célèbre par Barthes[5], «Panzani» est un nom propre italien. Mais utilisé dans une publicité française pour les pâtes, il connote pour les lecteurs français l'italianité : le signe «Panzani» devient le *connotateur* (ou signifiant de connotation) d'un signifié second, décroché par rapport au premier, l'«italianité».

Autre exemple, l'emploi de l'imparfait du subjonctif, qui apparaît aujourd'hui comme un archaïsme, peut, avec d'autres traits de style, connoter un registre soutenu, littéraire. Il devient le connotateur d'un registre stylistique, dont la signification varie selon les textes (renforcement du caractère «littéraire» ou valeur parodique).

Ailleurs, c'est la création de mots nouveaux qui connotera la littérarité ou le jeu littéraire (*cf.* les recherches décadentistes). C. Kerbrat-Orecchioni a étudié dans le détail les différents types de connotateurs (de

2. Catherine Kerbrat-Orecchioni, *La Connotation*, Presses Universitaires de Lyon (1977), 2e éd. 1983, p. 12.

3. Louis Hjelmslev, *Prolégomènes à une théorie du langage,* éd. orig. 1943, trad. fr., Éd. de Minuit, 1968.

4. Roland Barthes, «Éléments de sémiologie», *Communications,* n°4, 1964, repris dans *L'Aventure sémiologique*, Éd. du Seuil, 1985, rééd. «Points», p. 77.

5. Roland Barthes, «Rhétorique de l'image», *Communications*, n°4, repris dans *L'Obvie et l'obtus*, Éd. du Seuil, 1982, p. 25-42.

l'intonation aux phrases entières) et leurs signifiés de connotation (*La Connotation*, Presses Universitaires de Lyon, 1977).

D'autres connotations stylistiques sont liées à l'emploi de traits syntaxiques et lexicaux qui connotent l'effet de parlé dans la prose. Dans le récit de fiction, la parole d'un personnage présente plusieurs registres de connotations. La connotation stylistique se transforme ainsi en connotation énonciative : le parler «populaire» de Gervaise dans *L'Assommoir* est à la fois l'indice d'une situation sociolinguistique, et d'une voix qui envahit le récit à l'indirect libre (voir le texte n°22).

Que retenir de tout cela pour l'analyse stylistique ?

Si le sens 1 de «connotation» est particulier, les sens 2 et 3 ne sont pas incompatibles, et correspondent à l'usage courant du terme en linguistique.

On conviendra, avec C. Kerbrat-Orecchioni, que la connotation s'oppose à la dénotation comme une information subsidiaire. Soit parce qu'elle n'intervient pas dans le mécanisme d'identification référentielle, soit parce qu'elle est introduite de manière implicite, et qu'elle se greffe sur le langage de dénotation.

> «On parle de connotation lorsqu'on constate l'apparition de valeurs sémantiques ayant un statut spécial
> • parce que leur nature même est spécifique : les informations qu'elles fournissent portent sur autre chose que le référent du discours
>
> et/ou
>
> • parce que leur modalité d'affirmation est spécifique :
> véhiculées par un matériel signifiant beaucoup plus diversifié que celui dont relève la dénotation, ces valeurs sont suggérées plus que véritablement assertées, et secondaires par rapport aux contenus dénotatifs auxquelles elles sont subordonnées.» (*La Connotation*, p. 18.)

Mais ce caractère «subsidiaire» de la connotation appelle quelques précisions.

1. Que la connotation apporte une information subsidiaire ne signifie pas qu'elle soit moins importante. C'est bien souvent tout le contraire (voir les connotations stylistiques du langage de Gervaise).

2. Il convient de distinguer parmi les traits connotatifs ceux qui sont liés à l'existence de normes sociales, et ceux qui relèvent de l'idiolecte individuel, bien qu'il n'y ait pas rupture de l'un à l'autre, mais une interaction vive.

3. Dans un texte littéraire, la connotation est rarement isolée du contexte lexical et énonciatif et des réseaux sémantiques constitués par le texte. Il est alors souvent malaisé de hiérarchiser dans ces ensembles l'ordre du dénoté et celui du connoté[6].

6. Voir à ce sujet les réflexions de F. Rastier dans *Sémantique interprétative*, PUF, 1987.

3. Réseaux connotatifs

On recherchera dans un texte ces réseaux connotatifs qui, selon H. Mitterand, constituent le «style» «comme l'invention de réseaux connotatifs originaux, qui peuvent bien relier les uns aux autres des mots banals, mais qui donnent à l'œuvre ces *sursignifications* dont elle tire sa pertinence» (art. cit., p. 22).

Ainsi, la description, dans *Germinal*, des mineurs en révolte près de Montsou, qui se clôt par la vision d'une hache :

«Au-dessus des têtes, parmi le hérissement des barres de fer, une hache passa, portée toute droite ; et cette hache unique, qui était comme l'étendard de la bande avait, dans le ciel clair, le profil aigu d'un couperet de guillotine.» (É. Zola, *Germinal*, Vᵉ partie, chap. V, Flammarion, «GF», 1968, p. 345.)

L'appellatif même de la foule («bande») connote le désordre, l'illégalité, les jacqueries populaires, mais aussi la horde barbare. La hache-«étendard» transforme la foule en «armée», puis, associée à la guillotine, évoque une scénographie de la Révolution. L'ordonnancement syntaxique des connotations est ici très important. «Les barres de fer et la hache sont les outils du mineur, mais aussi les instruments de la violence et du meurtre, et, au-delà, les armes de la révolte populaire. L'image de la hache, qui subit dans ce texte même plusieurs transformations, crée plusieurs degrés successifs et complémentaires de connotations, dont chacun accroît la force symbolique du texte. [...] Ainsi se crée une sorte de paradigme analogique – hache, étendard, guillotine – qui se projette tout entier le long de la séquence narrative en une redondance systématique, et par lequel le mythe investit le motif initial» (H. Mitterand, art. cit., p. 21-22).

R. Martin propose un autre exemple de réseaux connotatifs ou associatifs, avec son étude du mot «bonheur» au début de *La Chartreuse de Parme* (*Inférence, antonymie et paraphrase,* p. 100).

Le mot «bonheur» se trouve en effet associé dans les premières pages du roman à tout un réseau de valeurs stendhaliennes positives : ivresse et folie, bravoure, énergie, génie et passion, jeunesse et plaisir, auxquelles il faut ajouter l'imprévu, la soudaineté, l'improvisation. L'arrivée heureuse des Français à Milan en 1796 est présentée comme un surgissement, et un réveil des passions, en opposition avec l'état précédent des mœurs :

> «Les miracles de bravoure et de génie dont l'Italie fut témoin en quelques mois réveillèrent un peuple endormi [...]. Il y avait loin de ces mœurs efféminées aux émotions profondes que donna l'arrivée imprévue de l'armée française. Bientôt surgirent des mœurs nouvelles et passionnées. [...] exposer sa vie devint à la mode ; on vit que pour être heureux après des siècles de sensations affadissantes, il fallait aimer la patrie d'un amour réel et chercher les actions héroïques.» (Stendhal, *La Chartreuse de Parme*, dans *Romans et nouvelles*, t. II, Gallimard, «Bibliothèque de la Pléiade», 1947, p. 25-26.)

«Être heureux» est ici défini par les valeurs de passion et de bravoure énergique. Le mot «bonheur» lui-même n'apparaît qu'ensuite, mais il figure à chaque étape de l'évocation des Français en Italie, en tête d'un nouveau paragraphe.

Le premier emploi de «bonheur» est associé à l'intensité, et au plaisir.

> «La masse de bonheur et de plaisir qui fit irruption en Lombardie avec ces Français si pauvres fut telle [...] .» (*ibid.*, p. 27.)

Et l'ensemble est associé à la gaieté, à la jeunesse, et à l'insouciance, qui développent le sémantisme de «bonheur et plaisir» :

> «Ces soldats français riaient et chantaient toute la journée ; ils avaient moins de vingt-cinq ans [...]. Cette gaieté, cette jeunesse, cette insouciance, répondaient d'une façon plaisante aux prédications furibondes des moines [...].» (*ibid.*)

«Cette gaieté, cette jeunesse, cette insouciance» désigne aussi, par une métonymie ou une synecdoque d'abstraction, les Français eux-mêmes. F. Rastier (*Sémantique interprétative*, p. 121) a raison de souligner qu'ici, le bonheur et les Français correspondent à un même actant.

La seconde occurrence de «bonheur» est associée à l'ivresse et à la folie, et, de nouveau à l'intensité et à l'imprévu (valorisé, comme l'improvisation, et l'insouciance) :

> «Cette époque de bonheur imprévu et d'ivresse ne dura que deux petites années ; la folie avait été si excessive et si

générale, qu'il me serait impossible d'en donner une idée, si ce n'est par cette réflexion historique et profonde : ce peuple s'ennuyait depuis cent ans.» (*ibid.*, p. 30.)

L'expansion du sémantisme de «bonheur» est continuée au paragraphe suivant par :

«La joie folle, la gaieté, la volupté, l'oubli de tous les sentiments tristes, ou seulement raisonnables, furent poussés à un tel point [...].» (*ibid.*)

puis, l'association «folie»/«bonheur» est reprise, quelques paragraphes plus loin :

«Après ces deux années de folie et de bonheur, le Directoire de Paris, se donnant des airs de souverain bien établi, montra une haine mortelle pour tout ce qui n'était pas médiocre.» (*ibid.*, p. 31.)

Il faudrait approfondir l'étude des «sursignifications» de «bonheur» dans ce début de *La Chartreuse de Parme*, et poursuivre l'étude dans l'ensemble de l'œuvre. Cette première analyse permet toutefois d'apercevoir le système de très forte valorisation de ce mot stendhalien.

4. L'isotopie sémantique

Nous avons déjà rencontré la notion d'isotopie dans ce livre (voir notamment p. 169).

Selon la définition de C. Kerbrat-Orecchioni (*La Connotation*, p. 249), «une séquence isotope» désigne «toute séquence discursive pourvue d'une certaine cohérence syntagmatique grâce à la récurrence d'unités d'expression et/ou de contenu», l'«isotopie» étant «le principe de cohérence de la séquence (sémantique, phonétique, prosodique, stylistique, énonciatif, rhétorique, présuppositionnel, syntaxique, narratif)». Cependant, le plus souvent, l'«isotopie» désigne l'isotopie sémantique.

L'*isotopie sémantique* est définie par F. Rastier comme l'«effet de la récurrence syntagmatique d'un même sème» (*op. cit.*, p. 274).

Un *sème* est définissable comme l'unité minimale de contenu d'un *lexème* (ou unité de base du lexique), ou comme l'un des traits distinctifs qui permettent de distinguer le contenu d'un lexème de celui d'autres lexèmes faisant partie du même champ sémantique.

Il est une composante du *sémème,* qui se définit comme l'ensemble des sèmes formant le signifié d'un lexème. Le sémème est composé de sèmes génériques (qui constituent le classème) et de sèmes spécifiques (qui constituent le sémantème). Les sèmes génériques font référence à des catégories d'une généralité variable, qui peuvent correspondre à de grandes classes d'oppositions telles que : animé/inanimé, animal/végétal, humain/non humain, et comprendre des traits grammaticaux tels que, pour un verbe : transitif/intransitif.

C'est la récurrence d'un même sème qui constitue une isotopie. Dans «l'enfant dort», l'isotopie est constituée par la récurrence du sème /animé/. Dans «l'aube allume la source» (Éluard, cité par F. Rastier, *op. cit.*, p. 82), l'isotopie procède de la redondance du trait /inchoativité/, commun à «aube», «allume» et «source». De même, l'isotopie de l'intensité qui parcourt le début de *La Chartreuse de Parme* cité p. 184-185, se manifeste aussi bien dans les adverbes et adjectifs intensifs («si excessives» ou «telle...que»), que dans les hyperboles («miracles de bravoure et de génie», «haine mortelle»), et dans les substantifs à caractère métaphorique et hyperbolique «folie» et «ivresse» ; il se crée, de plus, une série d'équivalences avec les autres termes cooccurrents de «bonheur» («plaisir», «gaieté», «insouciance») qui se trouvent associés au sème /intensité/.

Ainsi, les sèmes ne sont pas des entités absolues, qui composeraient le contenu des signes isolément de l'ensemble sémantique considéré, ni indépendamment d'une lecture. L'isotopie est un parcours interprétatif, qui met en valeur un sème récurrent, commun à plusieurs signes, dans une séquence ou dans un texte dont on cherche à dégager la cohérence sémantique.

Il peut y avoir plusieurs isotopies associées. Lorsque des isotopies différentes se superposent ou s'enchevêtrent (dans le cas par exemple des jeux de mots, des histoires drôles, ou des isotopies métaphoriques), on parle de *pluri-* ou de *poly-isotopie*[7]. Le terme qui joue le rôle de pivot sémantique d'une isotopie à l'autre est appelé *connecteur* ou *embrayeur d'isotopie*. C'est «un terme-pivot polysémique, dont les différents sémèmes s'intègrent aux différents parcours isotopiques» (C. Kerbrat-Orecchioni, *La Connotation*, p. 188). Proust en fournit un exemple célèbre au début du *Côté de Guermantes*, avec la description de la métamorphose marine de l'Opéra, déclenchée par le mot «baignoire»[8], employé par le contrôleur, en réponse à une question du prince de Saxe :

7. Sur cette question, et sur la notion d'«isotopie connotée», on pourra se reporter à l'article de Michel Arrivé, «Pour une théorie des textes poly-isotopiques», *Langages*, n°31, sept. 1973, p. 53-63.

8. Voir le commentaire de G. Genette dans *Figures III*, p. 54 («Métonymie chez Proust»).

«[…] le couloir qu'on lui désigna après avoir prononcé le mot de baignoire et dans lequel il s'engagea, était humide et lézardé et semblait conduire à des grottes marines, au royaume mythologique des nymphes des eaux.» (Marcel Proust, *Le Côté de Guermantes*, dans *A la recherche du temps perdu*, Gallimard, «Bibliothèque de la Pléiade», t. II, 1988, p. 338.)

VALEUR SÉMANTIQUE ET POÉTISATION DU MOT DANS L'ŒUVRE LITTÉRAIRE

Le mot poétique est un mot qui appartient à un système fermé d'oppositions et de relations, et y prend une valeur qu'il n'a nulle part ainsi, qui ne peut se comprendre que là : chez tel écrivain, dans telle œuvre, et par quoi l'œuvre, l'écrivain, se définit. Tout mot peut être poétique. Un même mot peut l'être diversement. C'est un mot déformé-réformé : enlevé au langage puis travaillé, toujours le mot de la communication, en apparence, mais différent, d'une différence qui ne s'apprécie pas par un écart mesurable, mais par une lecture-écriture. Ainsi *noir* et *grand* ou *puisque* chez Hugo [...]. Cette étude des champs lexicaux (et prosodiques, rythmiques, métaphoriques) de certains mots dans l'œuvre rejoint la recherche des principes d'identification du monde chez un écrivain, images mères, formes (et non principes simplement formels) profondes, contribution à la connaissance de l'écriture, qu'il faudrait que soit la poétique.

Henri Meschonnic,
Pour la poétique I,
Gallimard, 1970, p. 60-62.

■ Indications bibliographiques de lexicologie et de sémantique

– Initiation générale

Joëlle Gardes Tamine, *La Grammaire*, t. I, A. Colin, «Cursus», 1988.
Alyse Lehmann, Françoise Martin-Berthet, *Introduction à la lexicologie. Sémantique et morphologie*, rééd. Nathan, 2003.
John Lyons, *Éléments de sémantique,* trad. fr., Larousse, 1978.
Henri Mitterand, *Les Mots français,* PUF, «Que sais-je ?», 1963 (10e éd. mise à jour, 2000).
Jacqueline Picoche, *Précis de lexicologie française*, Nathan, «Nathan-Université», 1977.

– Études sur des aspects particuliers

Michel Arrivé, «Pour une théorie des textes poly-isotopiques», *Langages*, n°31, sept. 1973, p. 53-63.
Jean Dubois, *Le Vocabulaire politique et social en France, de 1869 à 1872*, Larousse, 1962.
Catherine Kerbrat-Orecchioni, *La Connotation,* Presses Universitaires de Lyon (1977), 2e éd. 1983.
Robert Martin, *Inférence, antonymie et paraphrase*, Klincksieck, 1976.
Henri Mitterand, «Corrélations lexicales et organisation du récit : le vocabulaire du visage dans *Thérèse Raquin*», *La Nouvelle critique,* n° spécial «Linguistique et littérature», 1972, p. 21-28.
Pratiques, n°43, oct. 1984, «Le sens des mots» [en particulier sur l'antonymie].
François Rastier, *Sémantique interprétative*, PUF, 1987.

Chapitre 10

Les figures

Étudier la notion de figure est une autre manière d'approcher le sens des mots et leur dynamique d'engendrement du texte.

La rhétorique classique répertorie les figures selon des classements variables. La classification importe d'ailleurs moins que de comprendre les fonctionnements des figures dans le discours. C'est pourquoi il nous a paru préférable de définir les principales figures en situation, au fil des textes étudiés. Le lecteur pourra se reporter, à l'aide de l'index, aux définitions et aux contextes d'emploi.

Le développement suivant a pour objectif de présenter la notion de figure et celle de sens figuré, non de constituer un tableau systématique des figures.

I. LA NOTION DE FIGURE

1. Classement des figures

● Le noyau dur des figures est constitué par les *figures de signification* ou *tropes*, que Dumarsais définit (nous l'avons vu p. 150) comme «des figures par lesquelles on fait prendre à un mot une signification qui n'est pas précisément la signification propre de ce mot [...]» (*Des Tropes [...]*, éd. cit., p. 69). Ce sont par excellence «les tropes en un seul mot» : la métaphore, la métonymie, et la synecdoque, ainsi que la syllepse, auxquelles on adjoint, selon les traités : l'hyperbole, la litote, l'euphémisme, l'oxymore, l'allégorie et l'ironie (toutes deux classées aussi parfois dans les figures de pensée), la personnification, l'hypallage, l'allusion, etc.

La théorie classique de la figure-trope repose sur trois postulats :

– L'unité est celle du mot. Fontanier oppose ainsi les tropes en un seul mot (métaphore, métonymie, synecdoque, syllepse), aux autres figures, tropes en plusieurs mots ou improprement dits (par exemple l'ironie).

– La figure-trope consiste en une substitution : un mot pour un autre.

– Elle suppose un écart entre le propre et le figuré et un choix lexical. Fontanier rejette ainsi des figures les *catachrèses,* ou les tropes qui sont devenus le mot propre : «*l'aile* du moulin», «*le pied* de la table».

• Certaines figures, appelées parfois *figures de diction*, sont fondées sur la seule forme (les allitérations par exemple).

• Les *figures de construction* rassemblent les figures de syntaxe telles que : l'asyndète, le zeugme, l'anacoluthe[1], le chiasme[2], l'hyperbate[3], les figures de répétition (anaphore, épiphore, anadiplose, épanadiplose[4]), auxquelles on peut adjoindre les figures d'amplification par ajouts de synonymes ou recherche de l'expression (la métabole ou synonymie, la gradation, la périphrase[5], la conglobation ou énumération, ou accumulation, voir p. 228).

L'antithèse est une figure de construction, mais aussi et surtout une figure de sens, qui résulte d'une opposition entre des notions rapprochées dans le discours.

• Les *figures de pensée* sont en principe indépendantes de l'ordre et du choix des mots et ne résident que dans la relation entre les idées. On y classe souvent l'ironie et l'allégorie. On y reconnaît aussi :

– des figures d'énonciation telles que : la prosopopée[6], l'apostrophe[7], la prétérition[8], l'épanorthose ou rétroaction (feindre de revenir sur ce qu'on a dit)...,

– des figures argumentatives, comme l'occupation (prévenir d'avance une objection), la concession (feindre d'accorder à son adversaire quelque chose pour en tirer un plus grand avantage)[9]...,

– l'expolition et les formes de la description (prosopographie, topographie...). On peut y ajouter l'hypotypose.

On voit qu'en dehors des tropes, et de quelques cas simples, les critères de classification des figures sont assez flous. Mais la répartition des figures compte moins que l'analyse de leur fonctionnement discursif.

1. Anacoluthe
voir encadré p. 228.

2. Chiasme
voir encadré p. 228.

3. Hyperbate
voir encadré p. 228.

4. Épanadiplose
voir p. 211
et encadré p. 228.

5. Périphrase
voir encadré p. 228.

6. Prosopopée
voir encadré p. 229.

7. Apostrophe
voir encadré p. 228.

8. Prétérition
voir encadré p. 229.

9. Sur les figures argumentatives,
voir Olivier Reboul,
Introduction à la rhétorique,
PUF, 1991, et Marc Angenot,
La Parole pamphlétaire,
Payot, 1982.

2. Lecture de la figure

Toute figure – particulièrement le trope – est tributaire d'une lecture qui la reconnaît. Le problème est en effet souvent de repérer les figures et de les identifier. Question de compétence rhétorique, dira-t-on. Pas seulement. C'est aussi et fondamentalement une affaire d'interprétation, de rhétorique de la lecture[10]. Une figure n'est interprétable que si on se place non pas au seul niveau du mot, mais à celui de l'énoncé, qui seul fait référence.

Nous avons déjà rencontré, à cet égard, l'exemple de l'ironie (voir chap. 8).

La litote en offre un autre. Pendant des générations, on a considéré comme illustration de la litote les paroles de Chimène à Rodrigue : «Va, je ne te hais point». C'est le point de vue de Dumarsais (*Des Tropes [...]*, éd. cit., p. 131), et c'est plus encore celui de Fontanier : «pense-t-on qu'elle se contente de *ne pas le haïr* ; et Rodrigue doit-il être moins satisfait que si elle eût dit : *Va, sois sûr que je t'aime ?*» (*Les Figures du discours*, éd. cit., p. 134). Or, Chimène ne dit pas autre chose que ce qu'elle dit : qu'elle n'a pas de haine envers l'assassin de son père. Le cotexte antérieur va dans ce sens, ainsi que le cotexte immédiat :

RODRIGUE
Ton malheureux amant aura bien moins de peine
A mourir par ta main qu'à vivre avec ta haine.
CHIMÈNE
Va, je ne te hais point.
RODRIGUE
Tu le dois.
CHIMÈNE
Je ne puis.
(Corneille, *Le Cid*, acte III, sc. 4.)

Cela n'empêche nullement Chimène, dans la tirade suivante, d'exprimer sa vive inclination pour dom Rodrigue.

3. Historicité de la figure

La rhétorique a constitué un réservoir de figures, dont la fonction change selon les époques et selon les genres, où elles sont diversement représentées. Ainsi la métaphore et le discours analogique ont-ils des rôles distincts dans un pamphlet ou une préface, dans un roman de Zola ou de Gracq. De même, entre l'usage ornemental

10. Pour reprendre le titre de l'ouvrage de Michel Charles, qui pose ce problème (*Rhétorique de la lecture*, Éd. du Seuil, 1977).

des figures, prescrit par la rhétorique classique, et leur dérive fantasmatique dans *Germinal*, l'écart correspond à un changement esthétique et idéologique profond : «La figure ne renvoie plus à un corps de référence imposé, à un *gradus* fermé, à un code centenaire [...]. L'intertexte des figures a changé de dimensions et de règles. Une même image – par exemple le troupeau humain – référée au code de la rhétorique classique (le pasteur et son troupeau) et référée à un intertexte ultérieur (le troupeau des grévistes dans *Germinal*) ne peut recevoir la même interprétation.» (Henri Mitterand, «La dérive des figures», dans *Le Discours du roman,* PUF, 1980, p. 232.)

L'historicité des figures se révèle encore dans leur usure, lorsqu'elles deviennent des *clichés*. Ruth Amossy et Elisheva Rosen[11] ont étudié la fonction et la remotivation de ce «langage cuit» dans des proses de genres et d'époques différents : cliché et lyrisme dans la prose «romantique» du XIXe siècle, cliché et vraisemblable dans le roman «réaliste» (Balzac, Flaubert), cliché et argumentation romanesque (Sartre, Camus), cliché et jeu de mots dans la prose surréaliste.

11. Ruth Amossy, Elisheva Rosen, *Les Discours du cliché,* éd. cit. Sur la question du cliché en littérature, voir aussi l'article classique de Michael Riffaterre, «Fonctions du cliché dans la prose littéraire», *Essais de stylistique structurale,* trad. fr., Flammarion, 1971, p. 161-181.

II. MÉTAPHORE, MÉTONYMIE, SYNECDOQUE

1. Métonymie et synecdoque

La métonymie et la synecdoque sont des tropes, qui mettent en jeu un glissement de la référence. La métonymie est un trope par correspondance (voir p. 43), qui suppose une contiguïté des objets dénommés, la synecdoque, un trope par connexion (voir p. 165) qui suppose une relation d'inclusion entre les objets dénotés.

La rhétorique classique distingue plusieurs espèces de métonymies et de synecdoques. Voici les métonymies les plus courantes :
– de *la cause* pour l'effet («un Balzac» pour «un ouvrage de Balzac»),
– de *l'instrument* pour celui qui l'emploie («une excellente plume» pour «un auteur habile dans l'art d'écrire»),
– du *contenant* pour le contenu («boire un verre» pour «le contenu d'un verre», «Paris» pour «les Parisiens»),

– du *physique* pour le moral («avoir de la cervelle» pour «avoir de l'intelligence» ou «du jugement», «avoir du cœur», pour «avoir des sentiments généreux», ou, à l'époque classique, «du courage»),

– du *lieu* pour la chose («un bourgogne» pour «un vin de Bourgogne», «la Maison blanche» pour «le gouvernement des États-Unis»),

– du *signe* pour la chose signifiée («le sceptre» pour «le pouvoir royal»),

– de *la chose,* ou «désignation d'une personne ou d'un être animé par le nom d'une chose qui lui est propre» («les casques bleus», pour les soldats des Nations Unies). La métonymie du vêtement peut servir de désignatif à une catégorie socio-professionnelle : au XIXe siècle, on disait ainsi «les blouses» pour «les ouvriers» (par opposition à l'habit du bourgeois). Aujourd'hui on parle des «blouses blanches» pour qualifier les médecins, ou pour désigner, dans l'industrie, les agents de maîtrise (par opposition au bleu de travail des ouvriers).

La synecdoque la plus connue est celle de *la partie* pour le tout («un toit» pour «une maison»). Elle est fréquente dans le roman dit «réaliste» comme désignation d'un individu par une partie de son corps («les têtes» pour les individus). Parmi les autres formes de synecdoque, signalons :

– la synecdoque ou métonymie d'*abstraction* (absolue : «la jeunesse» pour «les jeunes gens» ; relative : «sa colère», pour l'individu en colère),

– la synecdoque du *nombre* («le Français» pour «les Français»),

– l'*antonomase* ou *synecdoque d'individu,* qui consiste à désigner un individu par le nom commun de l'espèce («le Troyen» pour «Enée») ou à donner un nom propre pour un nom commun : «une mégère», pour «une femme violente et furieuse».

2. La métaphore et la comparaison

La métaphore est un trope par ressemblance. Dumarsais la définit comme «une figure par laquelle on transporte, pour ainsi dire, la signification propre d'un mot à une autre signification qui ne lui convient qu'en vertu d'une comparaison qui est dans l'esprit» (Dumarsais, *op. cit.,* p. 135).

La comparaison, elle, est une figure non-trope. La comparaison qualitative ou similitude est classée par Fontanier parmi les «figures de style par rapprochement». Dans la similitude, à la différence de ce qui se passe dans la métaphore, la relation entre le comparé et le comparant est le plus souvent explicitée par des outils syntaxiques («comme», «de même que», «ainsi que», «pareil à»...). Elle peut aussi être formulée par un verbe exprimant la semblance ou la ressemblance («sembler», «paraître», «ressembler à»). La comparaison pose et expose, dans la syntaxe, la relation d'analogie, l'une de ses originalités syntagmatiques tenant à son «pouvoir de *retardement*»[12].

La conception classique de la métaphore considère la relation de substitution entre un comparant et un comparé, en vertu d'une ressemblance entre les signifiés. La métaphore est dite *in praesentia*, lorsque le comparé est exprimé dans l'énoncé, elle est dite *in absentia,* lorsque seul le terme comparant est exprimé. On précisera que la relation entre comparant et comparé est *motivée* lorsqu'un terme du contexte (le *motif*) vient préciser la relation de ressemblance. Pour reprendre les exemples de G. Genette dans *Figures III*[13] :
– «mon amour est une flamme» et «ma flamme» sont des métaphores *in praesentia* et *in absentia* non motivées,
– «mon amour est une ardente flamme» et «mon ardente flamme» sont des métaphores *in praesentia* et *in absentia* motivées par l'adjectif «ardente». Celui-ci réduit l'écart métaphorique entre le comparant et le comparé (comparé qui reste virtuel dans la métaphore *in absentia*).

La conception classique de la métaphore prend pour unité le mot et non l'énoncé : elle envisage les relations de substitution d'un mot à un autre, non la relation de sens qui s'établit à l'intérieur d'un énoncé. Or, la métaphore, comme toute figure, n'est pas une irrégularité qui se substituerait à un emploi «normal» sur le fond neutre de l'énoncé. Elle se lit plutôt comme une tension prédicative entre le terme métaphorique et le reste de l'énoncé (voir p. 196-197). Dans cette perspective, la relation métaphorique s'établit entre un terme-repère, en emploi propre, isotope avec le reste de l'énoncé (terme propre), et un terme en emploi métaphorique (terme

12. H. Meschonnic, *Pour la poétique I,* Gallimard, 1970, p. 122.

13. Voir le tableau des comparaisons et métaphores proposé par G. Genette, *Figures III*, p. 30.

métaphorique), en relation de rupture ou d'impertinence prédicative avec le cotexte. Dans ce cas, c'est l'énoncé métaphorique qui est concerné et non pas le mot.

Nous ne pouvons proposer ici une analyse détaillée de la métaphore (voir la bibliographie). Nous nous contenterons de signaler quelques aspects importants de cette figure dans la prose : sa relation à la syntaxe, ses motivations dans le récit, ses fonctions dans la prose.

a. Métaphore et syntaxe

Nous retiendrons un schéma de classement inspiré de celui de J. Tamine[14], fondé sur la catégorie grammaticale du terme métaphorique et sur la relation syntagmatique entre le terme métaphorique et le cotexte. Sans épuiser tous les cas de figures, on distinguera par exemple :

● Les métaphores où la relation métaphorique s'établit entre un terme en emploi propre et un terme métaphorique, qui appartiennent à la même partie du discours. Ce sont exclusivement des métaphores nominales (substantif ou infinitif). Ces métaphores correspondent à la catégorie dite *in praesentia*. Elles se répartissent selon leur cadre syntaxique en :
– métaphores attributives : *N1 est N2* : «La mer est un miroir» ;
– métaphores appositives : *N1, N2* : «la mer, ce miroir» ;
– métaphores à cadre déterminatif : *N1, prép. N2*, essentiellement sous la forme *N1 de N2*, relation polysémique, où c'est tantôt N1, tantôt N2 qui est métaphorique : «le miroir de la mer» (N1 métaphorique), «une mer de soie» (N2 métaphorique). Syntaxe et sens sont en interaction.

● Les métaphores qui consistent en une relation entre un terme métaphorique et un terme propre relevant de catégories grammaticales distinctes. Par exemple :
– un nom et un adjectif (métaphore adjectivale) : «une voix chaude». Dans cet exemple, la fusion des sensations détermine une métaphore appelée *synesthésie* ;
– un nom et un verbe : le terme métaphorique peut être le verbe (métaphore verbale), dans sa relation avec le sujet ou le complément : «le navire s'ébroua dans l'accalmie» (J. Gracq, *Le Rivage des Syrtes*), ou, pour rester dans le registre marin, «l'énorme écume échevelait toutes les roches» (V. Hugo, *Les Travailleurs de la mer*) ; il peut

14. Nous nous inspirons ici de l'article de Joëlle Tamine «Métaphore et syntaxe», *Langages*, n°54, juin 1979, p. 65-81, et de l'ouvrage de Michel Murat, *«Le Rivage des Syrtes» de Julien Gracq. Étude de style II. Poétique de l'analogie*, Librairie J. Corti, 1983.

être aussi le nom (métaphore nominale) et il arrive que le nom entraîne le verbe dans son isotopie (cf. J. Gracq : «Un levain puissant brassait cette foule»).

La métaphore adjectivale et la métaphore verbale établissent un rapport prédicatif avec le terme propre. Ces métaphores sont souvent dites *in absentia*, mais il faut remarquer que la relation métaphorique s'établit dans le cadre de l'énoncé.

b. Motivations de la métaphore

L'une des questions qui se pose est la motivation des métaphores et leur insertion dans un récit.

L'emploi de clichés remotivés est une voie choisie par Gracq, qui intègre les métaphores à tout un dispositif analogique.

La comparaison (similitude) peut aussi servir de motivation à la métaphore. Dans cette évocation proustienne de la réminiscence, après l'expérience de la petite madeleine, la relation métaphorique est explicitée en cours de développement par une comparaison :

> «Mais, quand d'un passé ancien rien ne subsiste, après la mort des êtres, après la destruction des choses, seules, plus frêles mais plus vivaces, plus immatérielles, plus persistantes, plus fidèles, l'odeur et la saveur restent encore longtemps, comme des âmes, à se rappeler, à attendre, à espérer, sur la ruine de tout le reste, à porter sans fléchir, sur leur gouttelette presque impalpable, l'édifice immense du souvenir.» (Marcel Proust, *Du côté de chez Swann*, Flammarion, «GF», 1987, p. 144-145.)

Un autre procédé de motivation de la métaphore (et de la comparaison) consiste en ce que G. Genette a nommé *métaphore diégétique,* qui fait choisir à Proust, de préférence, des comparants empruntés au contexte diégétique immédiat : à l'heure des pâtisseries après la messe, le clocher de Combray est «doré et cuit lui-même comme une plus grande brioche bénie, avec des écailles et des égouttements gommeux»[15].

15. Sur cet emploi des figures, voir G. Genette, «Métonymie chez Proust», dans *Figures III*.

c. Fonctions de la métaphore

La conception néo-ornementale de la rhétorique classique présente la métaphore-«trope en un seul mot», comme une ressemblance entre des idées plus ou moins reçues. La conception tensionnelle de la métaphore-énoncé (Paul Ricœur, *La Métaphore vive*, Éd. du Seuil,

1975) ouvre, en revanche, la possibilité d'une métaphore d'invention. Dans cette perspective, en effet, la métaphore ne s'établit pas par substitution d'un terme figuré à un terme propre virtuel. Elle se définit en interaction avec le cotexte, comme une impertinence prédicative. Sa fonction n'est alors plus ornementale mais cognitive : la métaphore devient un moyen de produire de l'inédit, ou de redécrire le réel, avec un statut proche de celui de la fiction («Le "est" métaphorique signifie à la fois "n'est pas" et "est comme"», Paul Ricœur, *La Métaphore vive,* p. 11).

Dans la prose non poétique, la métaphore peut exercer un rôle didactique, et une fonction persuasive. Elle est classée par Ch. Perelman parmi les arguments d'analogie, qui composent, avec le cas particulier et l'exemple, les arguments visant à fonder la structure du réel, c'est-à-dire à conformer la pensée à des schèmes admis dans d'autres domaines du réel[16]. M. Angenot en fait, quant à lui, la composante d'une tropologie polémique (*La Parole pamphlétaire,* Payot, 1982).

Dans le récit, la métaphore assume des fonctions diverses, parmi lesquelles on peut reconnaître, outre une fonction poétisante :

– une fonction didactique (énoncé d'un savoir sur le monde, d'une morale, d'un jugement de l'auteur ou du narrateur). Comme cette métaphore verbale qualifiant Charles Bovary, relayée et motivée par une comparaison :

> «[...] il s'en allait *ruminant* son bonheur, comme ceux qui mâchent encore, après le dîner, le goût des truffes qu'ils digèrent.» (*Madame Bovary,* Le Livre de Poche classique, 1999, p. 96, nous soulignons.) ;

– une fonction indicielle (comme énonciation ou point de vue attribuable à un personnage). Avec cet exemple de métaphore, qui relève de l'énonciation du narrateur, mais qui porte la trace du jugement d'Emma Bovary dans la comparaison qui la suit, au présent de vérité générale :

> «Son voyage à la Vaubyessard avait fait *un trou* dans sa vie, à la manière de ces grandes crevasses qu'un orage, en une seule nuit, creuse quelquefois dans les montagnes.» (*ibid.*, p. 126, nous soulignons.) ;

– une fonction herméneutique (comme élément de déchiffrement symbolique de l'histoire) : voir le rôle des métaphores dans le texte n°27.

16. Techniques argumentatives
Dans leur *Traité de l'argumentation. La nouvelle rhétorique* (Éd. de l'Université de Bruxelles, 1970 ; 4e éd., 1983), Charles Perelman et Lucie Olbrechts-Tyteca distinguent deux techniques argumentatives principales : les arguments par liaison et les arguments par dissociation des notions.
Les *arguments par liaison* se divisent en trois groupes : les arguments quasi logiques, qui imitent les procédés de la logique (l'incompatibilité, la définition, etc.), les arguments fondés sur la structure du réel, qui sont présentés comme conformes à la nature des choses (les liaisons de succession, comme l'argument des fins et des moyens, et les liaisons de coexistence), et les liaisons qui fondent la structure du réel (fondement par le cas particulier : exemples, comparaisons, et raisonnement par analogie).
Les *arguments par dissociation* visent essentiellement à remanier des couples notionnels déjà existants. (Voir le texte n°27.)

3. La métaphore filée et l'allégorie

Ces deux figures analogiques supposent, comme la comparaison, une certaine extension syntagmatique, narrative ou descriptive.

La *métaphore filée,* bien connue de la rhétorique classique, est définie par Michael Riffaterre comme «une série de métaphores reliées les unes aux autres par la syntaxe – elles font partie de la même phrase ou d'une même structure narrative ou descriptive – et par le sens : chacune exprime un aspect particulier d'un tout, chose ou concept, que représente la première métaphore de la série» («La métaphore filée dans la poésie surréaliste», dans *La Production du texte*, trad. fr., Éd. du Seuil, 1979, p. 218).

M. Riffaterre cite cet exemple de *Pierrette*, de Balzac, à propos de bonnetiers qui veulent prendre leur retraite loin de Paris :

> «La terre promise de la vallée de Provins attirait d'autant plus ces Hébreux, qu'ils avaient [...] traversé, haletants, les déserts sablonneux de la Mercerie.»

La séquence verbale se forme par le déroulement de deux «*systèmes associatifs*», composés l'un des termes référentiels, l'autre des termes métaphoriques, associés ici dans une structure narrative. Et ce déroulement obéit à des contraintes de sélection réciproque, qui minimisent les différences. La première métaphore, nominale, associe le terme référentiel et le terme métaphorique dans une structure qualificative («La terre promise de la vallée de Provins»). La métaphore est développée par «ces Hébreux», «les déserts sablonneux», tandis que l'embrayage référentiel est assuré par les verbes : «attirait», «avaient [...] traversé» communs aux deux systèmes, par l'anaphorique «ces», et par «la Mercerie» dans l'expression qualificative métaphorique «les déserts sablonneux de la Mercerie». Ici, la dérivation de la métaphore filée est simple, mais elle peut être multiple, si la métaphore de départ se subdivise en métaphores secondaires.

L'*allégorie* se distingue de la métaphore filée en ce qu'elle constitue une séquence narrative, ou un récit, dont tous les termes renvoient à un sens figuré. Dumarsais la définit comme :

«un discours qui est d'abord présenté sous un sens propre qui paraît tout autre chose que ce qu'on a dessein de faire entendre, et qui cependant ne sert que de comparaison, pour donner l'intelligence d'un sens qu'on n'exprime point.» (*Des Tropes [...]*, p. 146-147.)

L'allégorie présente un aspect littéral concret, auquel on peut d'ailleurs s'arrêter, mais qui renvoie le lecteur à un sens abstrait – moral, politique, théologique… Dumarsais prend pour exemples les proverbes, comme «tant va la cruche à l'eau qu'à la fin elle se brise», ou «les fictions que l'on débite comme des histoires pour en tirer quelque moralité […] qu'on appelle *apologues, paraboles* ou *fables morales*» (*Des Tropes [...]*, p. 150).

Le plus souvent, l'allégorie est ainsi un récit qui «met en scène des personnages (êtres humains, animaux, abstractions personnifiées) dont les attributs et le costume, dont les faits et gestes ont valeur de signes et qui se meuvent dans un lieu et dans un temps qui sont eux-mêmes des symboles» (H. Morier, *op. cit.*, p. 65).

N.B.

Dans les arts plastiques, l'allégorie tend à désigner la personnification d'une valeur abstraite : la Justice est ainsi représentée comme une femme debout, les yeux bandés, tenant une balance, symbole de l'équité. Le mot «allégorie» est parfois employé en ce sens en littérature pour désigner la personnification d'un abstrait, objet d'une narration ou d'une description.

Sans entrer dans l'histoire des distinctions entre l'allégorie et le symbole, on dira que le *symbole* est l'incarnation d'une idée abstraite. La relation mise en œuvre par le symbole peut être d'ordre métonymique (la faucille, symbole des moissons), ou d'ordre analogique (la balance, symbole de la justice). Un récit ou une argumentation peuvent utiliser des symboles, mais le symbole n'implique pas en soi de narrativité.

La rhétorique ancienne distinguait trois genres de l'éloquence :
– le *genre démonstratif* ou *épidictique*, qui a pour objet l'éloge ou le blâme, pour critère le beau, pour procédé favori l'amplification ;
– le *genre délibératif*, qui concerne au départ le discours politique, et vise à persuader ou à dissuader, avec pour critère l'utile, pour argument dominant l'enthymème ;
– le *genre judiciaire*, qui vise à accuser ou à défendre devant un tribunal, avec pour critère le juste et l'injuste, et pour argument favori l'exemple. Ce sont bien sûr des genres abstraits qui s'incarnent en des formes différentes.

Le travail de l'orateur comprenait à l'origine cinq parties, ou phases, dont les deux dernières se sont perdues en chemin : *l'invention*, ou la recherche des idées ; la *disposition* ou la mise en ordre des idées, la composition ; *l'élocution*, ou le choix des mots, et l'ornement du discours ; *l'action* (prononciation, gestes et mimique), et la *mémoire* (l'art de se rappeler les «lieux» argumentatifs de l'invention, ou *topoi*).

L'*invention* est la recherche des arguments. Ceux-ci sont de trois sortes :
– les uns résident dans le caractère moral de l'orateur, qui conditionne sa crédibilité : c'est *l'ethos* ;
– les autres tiennent à la disposition des auditeurs, aux passions qu'éveille le discours : c'est le *pathos ;*
– les troisièmes tiennent au raisonnement proprement dit : ils se composent des exemples (raisonnement par induction) et des enthymèmes (raisonnement par déduction). Ce sont les preuves intrinsèques, par opposition aux preuves extrinsèques, qui dépendent de faits extérieurs (témoignages, documents, faits).

Il y a deux sortes d'*exemples*, les exemples réels, et les exemples fictifs. Les premiers sont pour Aristote les exemples historiques et mythologiques ; les seconds comprennent les paraboles (comparaisons courtes) et les fables.

L'*enthymème* désigne chez Aristote un syllogisme rhétorique, c'est-à-dire un syllogisme dont les prémisses sont fondées sur des vraisemblances (un fils aime son père) ou des indices (la cendre indique qu'il y a eu du feu). Il vise la persuasion du public, à partir du probable, non la démonstration, à partir du nécessaire. Par la suite, l'enthymème a désigné dans la tradition tout syllogisme tronqué : «il est malade puisqu'il a de la fièvre» (et non : «il a de la fièvre, or la fièvre est signe de maladie, donc il est malade»), «Socrate est un homme, donc Socrate est mortel». La maxime classique peut être assimilée à une forme d'enthymème, dont les prémisses restent virtuelles.

Les *lieux (topoi)* désignent :
– des catégories formelles d'arguments, qui servent de preuves intrinsèques au raisonnement. Les lieux communs sont ceux qui valent pour tous les genres de discours, du type : «qui peut le plus peut le moins». Les lieux propres sont spécifiques à chaque genre. Par exemple, pour l'éloquence judiciaire : «nul n'est censé ignorer la loi» ;
– une grille, un questionnaire auquel on soumet le sujet à traiter et qui permet de faire surgir une idée possible, prémisse d'enthymème. Qui ? quoi ? où ? pourquoi ? comment ? à quel moment ? par quels moyens ? etc.

Les lieux, cases vides au départ, ont eu tendance à se remplir, et à se transformer en arguments types, et en morceaux types, détachables, qui se sont figés chez les auteurs latins. Ernst-Robert Curtius recense cette topique dans *La Littérature européenne et le moyen âge latin*, trad. fr., PUF, 1956, rééd. coll. «Agora», t. I et II (1ère éd. 1948) :

par exemple, celle de la modestie affectée, celle du monde renversé... Les lieux communs ont fini par constituer, non plus un schéma d'argumentation pour l'orateur, mais une topique rebattue, un ensemble de banalités communes à une société.

La *disposition* (en particulier dans la rhétorique judiciaire) désigne à la fois l'art d'organiser les arguments et un plan-type divisé théoriquement en quatre parties : l'*exorde*, qui a pour but la «captatio benevolentiae», la recherche de l'attention bienveillante de l'auditoire ; la *narration*, ou l'exposé des faits ; la *confirmation*, ou l'exposé des arguments et des preuves ; et la *péroraison* ou conclusion, qui résume l'exposé et en appelle à l'émotion de l'auditoire – qui pouvaient être complétées par une partie mobile, la *digression*, un morceau détachable de récit ou de description visant à distraire, à émouvoir ou à prouver.

■ Indications bibliographiques

Aristote, *Rhétorique*, trad. fr., Le Livre de Poche, 1991.

– Pour une présentation de l'histoire et du système de la rhétorique, on peut se reporter à :
Roland Barthes, «L'ancienne rhétorique. Aide-mémoire», *Communications*, n°16, 1970, repris dans *L'Aventure sémiologique*, Éd. du Seuil, 1985, rééd «Points», p. 85-164.
Michel Meyer, *Histoire de la rhétorique des Grecs à nos jours*, Le Livre de Poche, 1999.
Olivier Reboul, *Introduction à la rhétorique*, PUF, 1991. [Applications à des textes littéraires]

– Sur la correspondance, à l'époque classique, des genres de la rhétorique avec des exemples littéraires :
Georges Forestier, *Introduction à l'analyse des textes classiques, Éléments de rhétorique et de poétique du XVIIe siècle,* Nathan, «128», 1993. [Synthèse sur la rhétorique littéraire au théâtre et dans la poésie du XVIIe siècle.]
A. Kibedi-Varga, *Rhétorique et littérature. Études de structures classiques*, Didier, 1970. [Étude de référence.]

– Pour une étude de l'argumentation :
Ruth Amossy, *L'Argumentation dans le discours. Discours politique, littérature d'idées, fiction,* Nathan, 2000. [Synthèse sur l'analyse argumentative.]
Marc Angenot, *La Parole pamphlétaire*, Payot, 1982.
Gilles Declercq, *L'Art d'argumenter : structures rhétoriques et linguistiques,* Éd. universitaires, 1993.
Charles Perelman, Lucie Olbrechts-Tyteca, *Traité de l'argumentation. La Nouvelle rhétorique,* Éd. de l'Université de Bruxelles, 1970, 4e éd. 1983.
Jean-Jacques Robrieux, *Rhétorique et argumentation*, 2e éd., Nathan, 2000. [Histoire de la rhétorique, étude des figures et de l'argumentation].

–Sur l'ethos (ou l'image de soi construite par l'orateur) et sur la rhétorique de l'éloge et du blâme :
Ruth Amossy (sous la dir. de), *Images de soi dans le discours. La construction de l'ethos,* Lausanne, 1999.
Marc Dominicy et Madeleine Frédéric (sous la dir. de), *La Mise en scène des valeurs. La rhétorique de l'éloge et du blâme,* Lausanne, Delachaux et Niestlé, 2001.

– Une réflexion sur l'histoire et les enjeux de la rhétorique :
Michel Meyer, *Questions de rhétorique : langage, raison, et séduction,* Le Livre de Poche, «Biblio essais», 1993.

III. MODÈLES D'ENGENDREMENT DU TEXTE LITTÉRAIRE

1. Métaphore et métonymie chez Jakobson

Le linguiste et poéticien R. Jakobson a utilisé les notions de métaphore et de métonymie de manière très extensive, pour caractériser à la fois un mode de fonctionnement du langage et un modèle d'engendrement du texte littéraire. Ce n'est plus seulement la définition du sens des mots qui est visée.

Dans le langage, le pôle métaphorique et le pôle métonymique correspondent à deux axes de fonctionnement du langage, l'axe de la sélection (relevant de la métaphore) et l'axe de la combinaison (ressortissant à la métonymie) :

> «La sélection est produite sur la base de l'équivalence, de la similarité et de la dissimilarité, de la synonymie et de l'antonymie, tandis que la combinaison, la construction de la séquence, repose sur la contiguïté» («Linguistique et poétique», *Essais de linguistique générale*, éd. cit., p. 220).

Cette distinction concerne la stylistique au moins à deux titres.

D'une part parce que Jakobson en fait une caractéristique de la «fonction poétique» du langage. Caractérisée comme «l'accent mis sur le message pour son propre compte» (*ibid.*, p. 218), «la fonction poétique projette le principe d'équivalence de l'axe de la sélection sur l'axe de la combinaison» (*ibid.*, p. 220). Certes, l'exemple que prend Jakobson concerne la poésie, mais la «fonction poétique» outrepasse «les limites de la poésie», et rien n'interdit d'étendre cette définition au mode de construction de la prose littéraire. Le discours littéraire repose en effet, comme on l'a déjà aperçu, sur l'expansion des relations de synonymie, d'hyperonymie, d'antonymie, mais aussi sur des parallélismes, des répétitions phoniques, lexicales, syntaxiques et rythmiques, des relations d'analogie qui établissent des corrélations entre les signifiants et, partant, entre les signes – voir, par exemple, les textes n°4 et 7.

D'autre part parce qu'il considère la métonymie (qui inclut la synecdoque) comme une «dominante»[17], pourrait-on dire, de la prose réaliste du XIXe siècle :

> «c'est la prédominance de la métonymie qui gouverne et définit effectivement le courant littéraire qu'on appelle «réaliste» [...]. Suivant la voie des relations de contiguïté, l'auteur réaliste

17. Dominante
Jakobson définit ce concept élaboré par les formalistes russes : «comme l'élément focal d'une œuvre d'art : elle gouverne, détermine et transforme les autres éléments. C'est elle qui garantit la cohésion de la structure» («La dominante», dans *Huit questions de poétique,* [textes extraits de *Questions de poétique,* trad. fr., Éd. du Seuil, 1973], Éd. du Seuil, «Points», 1977).

opère des digressions métonymiques de l'intrigue à l'atmosphère et des personnages au cadre spatio-temporel. Il est friand de détails synecdochiques.» («Deux aspects du langage et deux types d'aphasie», *Essais de linguistique générale,* p. 62-63.)

Le procédé métonymique concerne à la fois la composition du récit et de la description (les digressions) et l'importance du détail, avec le recours aux figures de style de la métonymie et de la synecdoque dans la désignation et la description «réaliste» des personnages.

On a beau jeu de montrer que le fonctionnement de l'écriture réaliste est plus complexe que cela. H. Mitterand, dans une étude déjà citée[18], a montré l'engendrement métonymique et métaphorique de la description des mineurs dans *Germinal*, surdéterminée par les symboles. Il reste qu'on peut retenir cette dérive métonymique comme l'un des procédés d'engendrement des textes, et en particulier d'un type de prose narrative qui privilégie la fonction du détail, et l'association par contiguïté (voir aussi la «métaphore diégétique» chez Proust).

18. «La dérive des figures», dans *Le Discours du roman,* p. 230-241.

2. Modèles de la phrase littéraire

La phrase littéraire obéit aussi à des modèles d'engendrement, qui ne se limitent pas aux figures. Dans les «modèles de la phrase littéraire» (*La Production du texte*, p. 45-60), M. Riffaterre s'attache à définir des règles de production de la phrase littéraire, illustrant l'idée que le texte littéraire, loin d'imiter le référent, construit son discours à partir de modèles linguistiques ou intertextuels. Il établit trois types de règles.

• La *surdétermination* est la règle «en fonction de laquelle la phrase entraîne l'adhésion du lecteur». Celle-ci «résulte de la surimposition de la phrase à d'autres phrases préexistantes – phrases qui figurent dans d'autres textes, ou phrases stéréotypées qui font partie du corpus linguistique» (p. 46). Trois procédés sont concernés : le *calque* ou l'imitation de clichés et de proverbes, la *polarisation,* ou l'association par contraste lexical («rouge» entraînant l'association avec «vert»), et l'*actualisation des systèmes descriptifs* ou *systèmes associatif*s, dont on a déjà fait mention à propos de la métaphore filée. La notion de «système descriptif» désigne chez Riffaterre la relation de subordination d'un réseau associatif de mots autour d'un mot-noyau : «la fonction nucléaire de ce mot

tient à ce que son signifié englobe et organise les signifiés des mots satellites» (p. 41). Le système descriptif est
une constellation de mots associés par des relations stéréotypées au mot-noyau :

> «Pris péjorativement, le mot *roi* est au centre d'un système
> dont les satellites sont des mots comme *courtisan* et *bouffon*,
> des stéréotypes sur la solitude, sur l'ennui, sur l'impuissance
> du roi tout-puissant. Les séquences associatives varient selon
> le ou les sèmes de *roi* que sélectionne le contexte où paraît le
> mot-noyau.» (*ibid.*)

D'après M. Riffaterre, le pouvoir de conviction des descriptions construites sur ce modèle s'explique parce
qu'elles accréditent des associations prévisibles. Le
mot-noyau peut d'ailleurs organiser implicitement la
description, ou être remplacé par une périphrase (voir le
texte n°28).

• La *conversion* détermine une transformation paradigma-
tique. «Elle s'applique aux cas où la phrase est engendrée
par une transformation simultanée de l'ensemble de ses
composantes – tous les éléments signifiants étant affectés
par la modification d'un seul facteur» (p. 55). Exemple pris
dans la Préface de Hugo à *La Légende des siècles* : la
modification de «[ce livre] existe solitairement et forme un
tout», en «il existe solidairement et fait partie d'un
ensemble», formules qui coexistent dans le texte «pour dire
le "double caractère" de *La Légende des siècles*.» (*ibid.*).

• L'*expansion* produit une transformation syntagmatique.
«Étant donné une phrase minimale (nucléaire, matri-
cielle), chacune de ses composantes engendre une forme
plus complexe» (p. 57). C'est «le mécanisme par lequel
la phrase passe du narratif au descriptif, de l'énoncé non
motivé à une représentation vraisemblable» (p. 58).

■ **Indications bibliographiques sur les figures de rhétorique**

– Traités classiques réédités

Dumarsais, *Des Tropes ou des différents sens* (1730), éd. critique par
F. Soublin, Flammarion, 1988.
Fontanier, *Les Figures du discours*, Flammarion, 1968, rééd. «Champs»,
introduction par G. Genette. [Réunion de deux traités de Fontanier concernant les figures non-tropes (1827) et les figures tropes (4e éd. 1830).]

– Dictionnaires contemporains de rhétorique et de poétique

Bernard Dupriez, *Gradus. Les Procédés littéraires. (Dictionnaire)*. UGE,
«10/18», 1980. [Compilation de poche, qui comprend aussi des procédés
d'argumentation. Utiles références aux traités et manuels de rhétorique.]

Georges Molinié, *Dictionnaire de rhétorique,* Le Livre de Poche, «Les usuels de poche», 1992. [Dictionnaire qui définit et illustre les procédés de la rhétorique par des exemples littéraires, avec une référence développée à l'argumentation aristotélicienne.]

Henri Morier, *Dictionnaire de rhétorique et de poétique,* PUF, 3ᵉ éd. refondue, 1981. [Dictionnaire de figures et de procédés poétiques.]

– Quelques études sur les figures

Patrick Bacry, *Les Figures de style*, Éd. Belin, «Sujets», 1992. [Présentation des figures de rhétorique. Manuel.]

Catherine Fromilhague, *Les Figures de style*, Nathan, «128», 1995. [Ouvrage de synthèse.]

Groupe μ, *Rhétorique générale,* Larousse, 1970. Rééd. Éd. du Seuil, «Points», 1982. [Traité contemporain de rhétorique.]

Irène Tamba, *Le Sens figuré,* PUF, 1981. [Réflexion sur le sens figuré et typologie des énoncés. Plus difficile.]

• Sur la métaphore, parmi de nombreux travaux, mentionnons :

Éric Bordas, *Les Chemins de la métaphore*, PUF, 2003.

Catherine Détrie, *Du sens dans le processus métaphorique*, H. Champion, 2001.

Jacques Dürrenmatt, *La Métaphore*, H. Champion, 2002.

Langages, n°54, juin 1979, «La métaphore».

Langue française, n°134, mai 2002, «Nouvelles approches de la métaphore».

Paul Ricœur, *La Métaphore vive*, Éd. du Seuil, 1975.

• Sur la métonymie, une étude spécialisée :

Marc Bonhomme, *Linguistique de la métonymie*, Berne, P. Lang, 1987.

EXEMPLES

Nous étudierons en premier lieu les formes de la persuasion dans un texte polémique de d'Holbach. Nous analyserons ensuite le développement de la métaphore dans un passage des Travailleurs de la mer *de V. Hugo. Puis nous nous attacherons à l'étude du discours analogique dans un extrait du* Rivage des Syrtes *de J. Gracq.*

Paul-Henri Thiry, baron d'Holbach
Système de la nature (1770), rééd. Fayard, 1990, t. II, 2ᵉ partie, chap. XI, p. 314-315 (nous modernisons l'orthographe).

TEXTE
27

En matière de religion il est très peu de gens qui ne partagent, plus ou moins, les opinions du vulgaire[a]. Tout homme qui s'écarte des idées reçues, est généralement regardé comme un frénétique[b], un présomptueux qui se croit insolemment bien plus sage que les autres. Au nom magique
5 de religion et de divinité, une terreur subite et panique s'empare des

esprits ; dès qu'on les voit attaqués la société s'alarme, chacun s'imagine voir déjà son monarque céleste lever son bras vengeur contre le pays où la nature rebelle a produit un monstre[c] assez téméraire pour braver son courroux. Les personnes mêmes les plus modérées taxent de folie et de sédition celui qui ose contester à ce Souverain imaginaire des droits que le bon sens n'a jamais discutés. En conséquence, quiconque entreprend de déchirer le bandeau des préjugés, paraît un insensé, un citoyen dangereux ; sa sentence est prononcée d'une voix presque unanime ; l'indignation publique, attisée par le fanatisme et l'imposture, fait qu'on ne veut point l'entendre ; chacun se croirait coupable, s'il ne faisait éclater sa fureur[d] contre lui, et son zèle[e] en faveur du Dieu terrible dont on suppose la colère provoquée. Ainsi l'homme qui consulte sa raison, le disciple de la nature est regardé comme une peste[f] publique ; l'ennemi d'un fantôme[g] nuisible est regardé comme l'ennemi du genre humain ; celui qui voudrait établir une paix solide entre les hommes est traité comme un perturbateur de la société ; on proscrit tout d'une voix celui qui voudrait rassurer les morts effrayés en brisant les idoles sous lesquelles le préjugé les oblige de trembler. Au seul nom d'un *Athée,* le superstitieux frissonne, le déiste lui-même s'alarme, le prêtre entre en fureur, la tyrannie prépare ses bûchers, le vulgaire applaudit aux châtiments que les lois insensées décernent contre le véritable ami du genre humain.

a. Au sens du «commun des hommes», de la majorité des gens. b. La «frénésie» désigne jusqu'au XVIIIe siècle une forme de folie, un délire accompagné de fièvre, et aussi, plus largement, un emportement violent. c. Au sens de «prodige», «création anormale», mais aussi au sens moral. d. «Fureur» est un mot très fort, qui associe l'emportement à l'éclipse de la raison. e. Désigne un attachement et un dévouement très vifs, voire excessifs pour la religion. f. La «peste» désigne à l'époque toute maladie mortelle, et par métaphore «un fléau». g. «Chimère», «représentation imaginaire».

PRÉSENTATION DU TEXTE 27

Le *Système de la nature, ou des lois du monde physique et du monde moral*, qui paraît en 1770 sous le nom d'emprunt de M. Mirabaud, est condamné la même année à être brûlé pour «crime de lèse-majesté humaine et divine». Qualifié par ses rééditeurs modernes de «véritable bombe idéologique», l'ouvrage de d'Holbach est d'un athéisme militant, construisant le bonheur de l'homme sur la nature et la raison, dans un monde sans dieu.

Ce qui nous séduit aujourd'hui, c'est la violence et la force de ce discours, qui fonde sa persuasion sur les ressources de la polémique.

Le texte ressortit à l'essai polémique. De l'essai, il possède l'énonciation généralisante. De la polémique, il retient le double aspect d'un discours persuasif et agressif. Il intègre à son énoncé l'image d'un contre-discours, et fonde en partie son argumentation sur la disqualification de l'adversaire. Le débat comprend trois actants : l'énonciateur, le destinataire, et la Vérité, que l'énonciateur s'approprie d'emblée. Marc Angenot, dans son essai sur *La Parole pamphlétaire*, a répertorié les procédés et la thématique du pamphlet, considéré comme une forme historique (de la fin du XIXe siècle) du genre agonique (ou littérature de combat) : nombre de ces éléments typologiques se retrouvent dans cette page du XVIIIe siècle, à commencer par l'évidence du scandale absolu, qui anime le texte.

L'essai polémique est aussi, de façon plus lointaine, une forme du genre délibératif : l'énonciateur vise à persuader le destinataire d'une vérité qu'il juge utile au bonheur de tous.

On étudiera dans ce texte les procédés de la persuasion : en particulier, le jeu des oppositions et leur renversement, la disqualification de l'adversaire, le rôle argumentatif des figures, avec le jeu de l'abstrait et du concret[19].

I. LES OPPOSITIONS ET LEUR RENVERSEMENT

1. L'énonciation et la construction de la référence

L'énonciation du texte est située sur un plan très général : l'énonciateur singulier s'efface derrière une énonciation universalisante, qui place d'emblée le destinataire comme un sujet universel, pris à témoin du scandale concernant la question religieuse. On remarquera en particulier :
– les tournures impersonnelles : «il est très peu de gens» (l. 1) ;
– l'emploi des adjectifs et pronoms indéfinis à valeur universelle : «Tout homme», l. 2 ; «quiconque», l. 11 ; le distributif «chacun», l. 6, l. 15 ;
– l'emploi des déterminants définis singuliers à valeur générique, «*l'*homme [...], *le* disciple...», l. 17-26 ;

19. Sur la rhétorique de d'Holbach, voir Bernard Ebenstein, «D'Holbach pamphlétaire : la Rhétorique de l'Imaginaire», dans *Mélanges de langue et de littérature française offerts à Pierre Larthomas*, Collection de l'École Normale Supérieure de Jeunes Filles, n°26, 1985, p. 165-174.

20. Sur l'hypotypose, voir p. 79.

21. Sur les connecteurs, voir p. 251.

– les synecdoques du nombre (l. 23-24 : «le superstitieux», «le déiste», «le prêtre»), et la synecdoque ou métonymie d'abstraction («la tyrannie»), qui prennent valeur de symboles ;
– le présent de vérité générale (confondu avec un présent itératif dans les hypotyposes[20], comme «Au nom magique de religion et de divinité, une terreur subite et panique s'empare des esprits», l. 4-5).

Ceci n'ôte rien, bien au contraire, à la violence du texte. La portée générale amplifie le propos polémique.

2. La démarche de l'argumentation

L'argumentation part de propositions assertives présentées comme des vérités générales, abstraites de toute référence singulière. Elle pose d'emblée des couples notionnels, comme celui de l'individu et du nombre, de la vérité et du préjugé, etc. Mais, contrairement à ce que les connecteurs[21] «en conséquence», «ainsi», pourraient faire penser, il ne s'agit pas d'une déduction rigoureuse, mais plutôt de l'amplification progressive d'oppositions, que récapitule et renverse la dernière partie du texte.

Le texte est construit en trois temps :
– le premier amplifie par une hypotypose les réactions de la société à l'égard de qui touche à la religion (l. 1-11) ;
– le second amplifie l'association de la folie et de la sédition (l. 11-17) ;
– le troisième amplifie et renverse les accusations, et se termine par une hypotypose symétrique de la première. On s'aperçoit alors que le troisième mouvement met en place une structure d'énigme fondée sur des périphrases (l. 17-26).

La persuasion repose ainsi moins sur une suite d'arguments enchaînés logiquement, que sur la construction d'un réseau de répétitions, de symétries, et d'oppositions, qui précisent progressivement l'objet du débat et l'enjeu de la réfutation, et marquent une montée de la dénonciation.

3. Amplification et renversement des oppositions

a. L'individu et le nombre

Le texte établit l'opposition entre l'individu et le nombre («il est très peu de gens qui ne partagent plus ou moins les opinions du vulgaire»). Plus précisément, ce que pose «il est très peu de gens qui ne» (qui vaut aussi comme effet intensif de litote), c'est l'existence du petit nombre, et sa valorisation. La minorité est valorisée à partir de l'opposition implicite avec «les opinions du vulgaire» : elle est du côté de l'opinion éclairée contre les préjugés de la majorité, dans une hiérarchie qui place les Lumières au-dessus des majorités («le vulgaire»). Un lieu commun est ici mobilisé, celui de la qualité : le singulier vaut mieux que le nombre.

Le texte construit ainsi des paradigmes oppositionnels.

D'un côté la série des «tout homme qui», «celui qui», «quiconque» (l. 2, l. 10-11), précisée par des qualifications rendues synonymes par leur symétrie :
– «s'écarte des idées reçues»,
– «ose contester»,
– «entreprend de déchirer le bandeau des préjugés».

Et l'on aperçoit, dans ce contexte de débat idéologique, la synonymie discursive de : «opinions du vulgaire [en matière de religion]», «idées reçues» et «préjugés», avec une gradation dans la péjoration.

De l'autre côté, le nombre, marqué par «généralement» (l. 3), «plus sage que les autres» (l. 4), «[l]es esprits», «la société», «chacun», «les personnes même les plus modérées» (l. 6-9), «d'une voix presque unanime», l'indignation publique» (l. 13-14), «on» (l. 14 et 16), et surtout par l'absence d'agent dans les constructions attributives. Celles-ci prédiquent un jugement péjoratif sur le sujet grammatical, que soulignent les parallélismes syntaxiques et sémantiques :
– «est généralement regardé comme un frénétique, un présomptueux» (l. 3),
– «paraît un insensé, un citoyen dangereux» (l. 12),
parallélismes relayés par l'expression «taxent de folie et de sédition» (l. 9).

Le libre-penseur est donné pour un fou dangereux. Les couples binaires reflètent un amalgame récusé par le texte : celui de la religion et de l'État, de la religion et de la monarchie.

D'autre part, les parallélismes développent dans le second mouvement du texte les conséquences de la peur. Ils associent, dans l'évidence d'un même scandale, la résistance aux préjugés et les réactions qu'elle suscite : «sa sentence est prononcée», «l'indignation publique [...] fait qu'on ne veut point l'entendre». D'Holbach utilise ici, comme figure d'amplification, l'accumulation

22. Conglobation
voir encadré p. 228.

(ou conglobation pour Fontanier), qui consiste à exposer une même idée sous plusieurs aspects[22].

Dans la dernière partie du texte, l'auteur reprend et retourne cette opposition. Mais le renversement fait alors appel à la dissociation d'un autre couple notionnel, celui de l'apparence et de l'être véritable.

b. L'être et le paraître

Les verbes attributifs posent les jugements comme l'effet des apparences, d'une illusion subjective : «est regardé comme», «paraît», mais aussi «se croire» (l. 15), symétrique du jugement porté par l'opinion sur le «présomptueux, qui se croit [...] plus sage que les autres» (l. 3-4). «Supposer» («dont on suppose la colère provoquée», l. 16-17) pose l'hypothèse, présuppose qu'elle n'est ni vraie ni fausse, mais en l'absence de confirmation, penche plutôt du côté de l'illusion.

Quant au verbe «s'imaginer», il présuppose que l'objet de croyance est faux. Le sème d'illusion est repris dans «Souverain imaginaire» puis dans «fantôme nuisible», qui évoque une chimère de l'imagination. Il est aussi présent dans «imposture», qui désigne une tromperie fondée sur l'apparence.

c. Le renversement des apparences

Le dernier mouvement, relancé par «ainsi», récapitule les oppositions et les renverse.

D'Holbach a recours à des *périphrases*, qui se substituent comme des rébus définitionnels, au terme propre employé au début de la dernière phrase : «Au seul nom d'un *Athée*» (l'italique de renforcement souligne la modalisation autonymique). Il crée une structure d'énigme et d'attente, propre à piquer l'attention, tout en imposant un paradigme de définitions positives de l'athée. Celles-ci relaient les qualifications antérieures, plus générales, qui définissaient l'opposant aux préjugés religieux.

Ces périphrases définissent des équivalences synonymiques : «L'homme qui consulte sa raison, le disciple de la nature» («raison» et «nature» deviennent synonymes dans ce contexte), et constituent les traits d'une définition de l'athée : «celui qui voudrait établir une paix solide entre les hommes», «celui qui voudrait rassurer».

Elles prennent place dans des *antithèses* qui opposent cette définition méliorative de l'athée à des prédications dévalorisantes : «est regardé comme une peste publique», «est regardé comme l'ennemi du genre humain», «est traité comme un perturbateur de la société», l. 18-21.

Ces antithèses sont soulignées par les *répétitions* (lexicales : «est regardé comme», «l'ennemi», l. 18-19, allitératives : «paix solide», «perturbateur de la société») et les *parallélismes* : «l'ennemi d'un fantôme nuisible»/ «l'ennemi du genre humain» (épanadiplose)[23], expression reprise en fin de paragraphe par «le véritable ami du genre humain».

23. Épanadiplose voir encadré p. 228.

«Le véritable ami du genre humain» donne le mot de la fin. Il clôt le retournement des couples notionnels, remodèle l'opposition du vrai et du faux, et s'oppose terme à terme à «l'ennemi du genre humain». Mais la réfutation va plus loin. A l'époque, «l'ennemi du genre humain», ou «l'ennemi», est aussi une périphrase reçue, présente dans tous les esprits, pour «le diable». L'antithèse («ennemi d'un fantôme nuisible»/«ennemi du genre humain») se double d'un paradoxe : l'ennemi d'un fantôme nuisible, pour tout le monde, est le diable. La connotation fait apparaître l'athée comme un personnage qui excède la représentation.

Pour ce qui est du dernier mouvement, il rassemble les oppositions, les transforme en antithèses, et retourne les jugements de l'opinion, précédemment exprimés. «Les lois insensées» réfute le recours au «bon sens» et l'accusation d'être «un insensé» ; «rassurer», s'oppose à l'isotopie de la peur ; «établir une paix solide» s'oppose rétrospectivement à l'amalgame de la folie et de la subversion, et réconcilie l'individu et le social ; si l'athée est «l'homme qui consulte sa raison», le prêtre, lui, «entre en fureur». La dernière phrase amplifie par l'hypotypose et la gradation les réactions passionnelles à l'égard de l'athée.

En même temps, les oppositions précédentes se trouvent réévaluées : s'écarter des idées reçues, braver, entreprendre de déchirer le bandeau des préjugés, sont connotés de manière positive, et s'opposent à la crédulité, à la passivité de l'opinion («le vulgaire applaudit», l. 25).

La cohésion du texte est ainsi fondée avant tout sur des répétitions lexicales, et sur les isotopies sémantiques. Les liaisons entre phrases sont quasiment inexistantes : la juxtaposition domine, hormis la présence de deux connecteurs («En conséquence», et «ainsi»), qui scandent la reprise amplificatoire, plus qu'ils ne marquent une suite logique d'arguments. Prédomine le style coupé[24], avec la parataxe et l'asyndète (cf. en particulier la phrase l. 11-17).

La démarche argumentative du texte repose essentiellement sur l'amplification et la dissociation d'oppositions reçues dans l'opinion et joue d'un accord présupposé du destinataire sur les lieux du préférable (la vérité, préférable aux apparences et supérieure aux préjugés, la raison supérieure aux passions sans contrôle). La persuasion vise la croyance d'un destinataire qui se trouve pris dans une hiérarchie de valeurs implicite.

II. LA DISQUALIFICATION DE L'ADVERSAIRE ET LES FIGURES

Si le texte construit un réseau d'oppositions, il fonde aussi sa persuasion sur la dévalorisation de l'adversaire : sont en jeu l'ironie et les figures.

1. Les hypotyposes

Les hypotyposes du texte (l. 4-9, 23-26), sont des figures de la présence, elles créent un effet de réel. En même temps, elles ont une valeur argumentative. La structure syntaxique de la phrase marque la simultanéité entre «Au nom magique de religion et de divinité» (l. 4-5) et la prédication verbale qui développe le tableau de la peur, amplifié par «dès que», et l'adverbe «déjà».

C'est une manière d'illustrer le caractère «magique» des conduites, réduites à la superstition, et leur caractère païen : l'adjectif «panique» («terreur subite et panique») redouble le sème d'immédiateté, mais, dissocié du substantif par «et», il connote aussi l'analogie avec le dieu Pan (voir, l. 22, les «idoles»). La synecdoque «les esprits» (synecdoque de la partie pour le tout) souligne l'effet de possession magique : avec la personnification[25] de «terreur» associée à «s'emparer de», et la métaphore guerrière de «s'alarmer».

L'hypotypose, l. 4-9, d'autre part, souligne l'importance de l'imagination, et le caractère imaginaire des représentations. La répétition des verbes dénotant la vision remotive la signification visuelle d'«être considéré comme», de «s'imaginer voir», en relation avec «imaginaire», et «fantôme» : le fantôme, ici, c'est presque le fantasme. L'athée et la divinité sont les pôles opposés d'une même représentation qui échappe à la raison.

Les hypotyposes, et l'ensemble du texte développent l'association entre la religion et la violence. Le champ sémantique de la colère, et de la colère liée à la perte de la raison est développé : «courroux», «indignation» «fureur», «colère», (l. 8-9, 13, 15, 16). «Fureur» est associé dans une antithèse à «zèle» («sa fureur contre lui, et son zèle en faveur du Dieu terrible», l. 15-16), terme qui dénote la passion dans l'attachement religieux. «Indignation», «fanatisme» et «imposture», condamnent la violence dans l'expression du religieux, et la tromperie des apparences.

Parallèlement, la religion est associée à la «terreur» (au «Dieu terrible») et à ses manifestations («s'alarmer», «trembler», «frissonner», l. 6, l. 22-24). Le Dieu terrible, le préjugé, et le nom de l'Athée sont mis sur le même plan : ils ont le même degré de réalité imaginaire, et le même pouvoir sur les esprits.

2. Les périphrases

Les périphrases désignant la divinité sont aussi des figures argumentatives, qui définissent et qualifient en même temps l'objet du discours.

«Son monarque céleste» (l. 7), «ce Souverain imaginaire» (l. 10) : la métaphore politique contenue dans la périphrase associe dérisoirement la religion ou la divinité et la monarchie. «Céleste» est un adjectif de relation (la divinité est un souverain du ciel, comme le monarque français est sur terre, et de droit divin). Il prend cependant aussi dans le cotexte une valeur d'adjectif de qualité, en gradation avec «imaginaire». Les deux dénominations insistent sur le pouvoir dérisoire de cette divinité chimérique : la souveraineté est chimérique, et si l'on continue le raisonnement, l'association de la religion et de la monarchie l'est aussi. L'appellatif de «fantôme nuisible» va plus loin encore : c'est la chimère elle-même qui est source de maux pour les hommes.

«Le Dieu terrible dont on suppose la colère provoquée» : l'appellatif est ici une parodie des dénominations bibliques (Dieu de colère, Dieu jaloux), et une reprise ironique du point de vue prêté à l'opinion : terrible, à ce qu'on dit.

3. Métaphores et métonymies

Il faut revenir sur l'expression contenant la périphrase déjà commentée : «chacun s'imagine voir déjà son monarque céleste lever son bras vengeur». La dérision passe d'abord par l'utilisation du distributif «chacun» et de «son» qui rendent ridicules la multiplicité des représentations et l'appropriation singulière. En même temps, le texte de d'Holbach montre la circulation de la croyance, de l'entité collective (exprimée par la métonymie, ou synecdoque d'abstraction «la société») à l'individu (le même mouvement fait passer de «l'indignation publique» à «chacun»).

«Lever son bras vengeur» est une métonymie de la cause, qui contient une hypallage[26] («vengeur» s'applique au dieu, et constitue même une épithète reçue) : la figure concrétise l'image de la vengeance, en fait un symbole mais aussi une statue. La divinité n'est représentable que sous forme d'images, qui ne sont que fantômes, ou «idoles», au sens de simulacres : la métaphore de l'athée «brisant les idoles» file l'assimilation du dieu à une statue (le Dieu terrible, comme figure du Commandeur), et construit en même temps le renversement des oppositions. Alors que les premiers chrétiens brisaient les idoles païennes, c'est ici l'athée qui brise les statues des faux dieux. La métaphore s'insère dans un contexte quelque peu énigmatique («rassurer les morts effrayés en brisant les idoles sous lesquelles on les oblige de trembler») qui évoque l'image du jugement dernier pour la réfuter.

«Déchirer le bandeau des préjugés» insère pareillement le symbole, à partir d'une représentation métaphorique associant abstrait et concret. On peut y ajouter la personnification par synecdoque d'abstraction : «*la tyrannie* prépare ses bûchers», l. 23, et les synecdoques du nombre («le superstitieux», «le déiste»…) associées à des verbes exprimant des sentiments, ou les manifestations concrètes des sentiments (l. 23-26).

Quant à «peste publique», expression prêtée au discours adverse pour qualifier l'athée, c'est un type de cliché politique, qui assimile la société à un organisme et fait de l'opposition une maladie du corps social.

26. Hypallage
«Figure qui attribue à un objet l'acte ou l'idée convenant à l'objet voisin» (H. Morier, *op. cit.,* p. 516). Elle consiste souvent à qualifier un abstrait ou un élément inanimé par un adjectif s'appliquant à un être animé du contexte.

4. L'ironie et la violence verbale

a. L'ironie

L'ironie est ici fondée principalement sur la polyphonie. Elle est une figure d'argumentation, dans la mesure où elle reprend une opinion attribuée à l'adversaire pour la réfuter.

Les deux hypotyposes constituent une description ironique, dans la mesure où elles manifestent un point de vue dont l'énonciateur se dissocie (l'accumulation des propositions en style coupé sert de marqueur ironique, de même que les mots «magique», «s'imagine», et les périphrases désignant la divinité).

Certains morceaux de phrases sont plus directement polyphoniques : «un frénétique, un présomptueux, qui se croit insolemment plus sage que les autres» reprend un jugement, voire des propos, que rejette l'énonciateur. De même, l'expression « un monstre assez téméraire» présente un point de vue péjoratif, dont l'énonciateur se démarque par l'hyperbole.

Enfin l'ironie croise l'indirect libre dans «celui qui ose contester [...] des droits que le bon sens n'a jamais discutés» : la polyphonie fait entendre et superpose dans l'énoncé un point de vue et une voix distincts de ceux de l'auteur.

b. La violence verbale

Elle est omniprésente à la fois dans les hyperboles et les jugements de l'opinion sur l'athée («frénétique», «présomptueux», «monstre», «insensé», «citoyen dangereux», «peste publique»), dans le vocabulaire désignant les sentiments de l'opinion et des prêtres («fureur», «zèle», «indignation») et dans les qualificatifs associés à la religion («fanatisme», «imposture», périphrases désignant la divinité). Elle consiste dans une double agression verbale : celle prêtée à l'opinion, celle retournée contre les tenants de la religion.

Elle est renforcée par les intensifs de l'énoncé : superlatifs et gradation argumentative («Les personnes même les plus modérées»), qualificatif intensif et italique de soulignement («Au seul nom d'un *Athée*»).

Elle est amplifiée par l'énonciation, qui donne une portée universalisante à l'expression des jugements assertifs.

CONCLUSION

Ce texte fonde son efficacité sur une rhétorique d'amplification, sur le renversement des oppositions, et sur la
disqualification d'un contre-discours. Il tire sa force de
l'ironie, et de l'utilisation du langage analogique et symbolique. Loin d'être de purs ornements, les métaphores,
synecdoques et métonymies ont une valeur argumentative visant à réfuter la religion. Elles constituent de plus
un langage de persuasion fondé sur l'image, mimétique
des représentations de la croyance.

TEXTE
28

Victor Hugo
Les Travailleurs de la mer (1866), 2ᵉ partie, Livre III, chap. VI
(«Le combat»), Laffont, «Bouquins», 1985, p. 261.

Gilliatt monta sur la grande Douvre[a].
De là il voyait toute la mer.
L'ouest était surprenant. Il en sortait une muraille. Une grande
muraille de nuée, barrant de part en part l'étendue, montait lentement de
5 l'horizon vers le zénith. Cette muraille, rectiligne, verticale, sans une
crevasse dans sa hauteur, sans une déchirure à son arête, paraissait bâtie
à l'équerre et tirée au cordeau. C'était du nuage ressemblant à du granit.
L'escarpement de ce nuage, tout à fait perpendiculaire à l'extrémité Sud,
fléchissait un peu vers le Nord comme une tôle ployée, et offrait le
10 vague glissement d'un plan incliné. Ce mur de brume s'élargissait et
croissait sans que son entablement cessât un instant d'être parallèle à la
ligne d'horizon, presque indistincte dans l'obscurité tombante. Cette
muraille de l'air montait tout d'une pièce en silence. Pas une ondulation,
pas un plissement, pas une saillie qui se déformât ou se déplaçât. Cette
15 immobilité en mouvement était lugubre. Le soleil, blême derrière on ne
sait quelle transparence malsaine, éclairait ce linéament d'apocalypse.
La nuée envahissait déjà près de la moitié de l'espace. On eût dit
l'effrayant talus de l'abîme. C'était quelque chose comme le lever d'une
montagne d'ombre entre la terre et le ciel.
20 C'était en plein jour l'ascension de la nuit.

---

a. Les Douvres, la petite et la grande, sont deux écueils entre lesquels est naufragée la *Durande,* le
bateau que le pêcheur Gilliatt doit sauver pour pouvoir épouser Déruchette, la fille de l'armateur.

En ce début du chapitre VI, intitulé «Le combat», nous voyons approcher la tempête que se prépare à affronter Gilliatt. Le texte présente une vision halluci-natoire[27] du paysage, qui prend la dimension d'une apocalypse.

Nous nous attacherons à l'étude de la métaphorisa-tion du paysage. Celle-ci se construit en deux temps. La métaphore filée (l'assimilation paradoxale des nuages à une muraille) met en place une vision fantasmatique, qui donne lieu à une nouvelle recherche analogique.

I. LA MÉTAPHORE FILÉE

Elle se développe par l'association de deux systèmes descriptifs, un système référentiel, et un système méta-phorique.

Le système référentiel est marqué par les indications de lieu («l'ouest», «à l'extrémité Sud», «de l'horizon au zénith», «parallèle à la ligne d'horizon», «entre la terre et le ciel») et les termes «nuée», «nuage», «brume», «air».

Le système métaphorique file une assimilation para-doxale : celle des nuages à une «muraille», à un «mur». La description emprunte au lexique de l'architecture («bâtie à l'équerre», «tirée au cordeau», «plan incliné», «entablement»…) et souligne la disposition des lignes.

Ce système métaphorique déroule par dérivation et amplification des traits associés à l'idée de «muraille», normalement incompatibles avec l'idée de «nuage» : la rectitude des lignes et des angles, la verticalité. La des-cription est bien ici cette «mise en équivalence […] d'une expansion prédicative et d'une condensation déic-tique ou dénominative»[28], qui caractérise, selon Ph. Hamon, un texte descriptif.

Des adjectifs «rectiligne» et «verticale» (l. 5) déri-vent en effet «sans une crevasse dans sa hauteur», «sans une déchirure à son arête», qui reprennent les sèmes de verticalité et de ligne droite, dans une description néga-tive[29], à valeur ici d'hyperbole. L'amplification se pour-suit avec «bâtie à l'équerre et tirée au cordeau» (l. 6-7).

27. Sur le sujet, voir Michael Riffaterre, «La vision hallucinatoire chez Victor Hugo», dans *Essais de stylistique structurale*, trad. fr., Flammarion, 1971, p. 222-241.

28. Philippe Hamon, *Du Descriptif*, Hachette, 1993, p. 77. Voir aussi de Ph. Hamon, «Qu'est-ce qu'une description ?», *Poétique*, n°12, 1972, p. 465-485, et l'anthologie de textes sur la description, éditée par Ph. Hamon, *La Description littéraire de l'Antiquité à Roland Barthes, une anthologie*. Paris, Macula, 1991. Sur la description, on consultera aussi Jean-Michel Adam et André Petitjean, *Le Texte descriptif*, Nathan, 1989, Jean-Michel Adam, *La Description*, PUF, «Que sais-je ?», 1993, et les travaux de Raymonde Debray Genette, en particulier, *Métamorphoses du récit*, Éd. du Seuil, 1988. Sur la description dans l'antiquité grecque – sur l'*ekphrasis* ou description des œuvres d'art – voir Massimo Fusilio, *Naissance du roman,* trad. fr., Éd. du Seuil, 1991, p. 81-88.

29. Ph. Hamon commente ces procédés dans *Du Descriptif*, p. 118 et suiv.

«Bâtie à l'équerre» ajoute l'idée d'angle droit (reprise ensuite dans «perpendiculaire», l. 8) qui implique la dimension horizontale. De la verticalité on passe à l'«escarpement» (ou «pente raide») qui s'oppose au «vague glissement d'un plan incliné». L'idée de pente est reprise plus bas dans «talus de l'abîme».

Deux autres sèmes sont associés au système descriptif de la muraille : la massivité et la densité.

Dans cette approche de la métaphore filée, la construction des expressions est significative. La première expression métaphorique («une grande muraille de nuée») emploie le terme métaphorique («une grande muraille») comme un désignatif. Le terme référentiel «nuée» n'intervient que comme un déterminant de «muraille» précisant sa matière. La métaphore est alors relayée par une comparaison («c'était du nuage ressemblant à du granit», l. 7) qui désigne directement le référent comme une matière et non plus comme une forme : l'article partitif («du») fait de «nuage» une substance, et non une unité individualisable, comme le ferait l'article indéfini. L'analogie met en place une nouvelle alliance des contraires : le nuage (de l'air et de l'eau), parangon de l'impalpable, est rapproché du granit (du minéral), parangon de la dureté. Le trait descriptif commun semble constitué à la fois par la densité et par la couleur sombre de la pierre.

L'expression suivante («l'escarpement de ce nuage», l. 8) nous fait repasser du point de vue de la matière à celui de la forme, le démonstratif anaphorique «ce» assurant la coréférence[30] des divers appellatifs.

«Ce mur de brume» (l. 10), puis «cette muraille de l'air» (l. 12-13) soulignent de nouveau la massivité, développée par «tout d'une pièce». «Cette muraille de l'air» désigne non plus une muraille faite d'air, mais la muraille constituée par l'air. La construction déterminative marque une métaphore d'identification : l'air est devenu muraille.

C'est alors vers une autre forme du paradoxe que nous sommes conduits : vers l'oxymore «cette immobilité en mouvement» (l. 14-15), construit à partir d'une synecdoque d'abstraction («cette immobilité»), et d'un qualificatif contradictoire. Ce n'est plus seulement la massivité qui est soulignée, c'est le mouvement d'une

30. Sur la coréférence et sur l'emploi du démonstratif anaphorique, voir p. 237-238 et 241-242.

masse en elle-même imperturbable. La figure est préparée par les deux phrases qui précèdent («ce mur de brume s'élargissait et croissait sans que son entablement [...]», et «Pas une ondulation, pas un plissement [...] déplaçât»).

En même temps, avec l'expression de ce mouvement, un autre élément du système descriptif de «muraille» se trouve réactivé. Une muraille est un ouvrage de défense militaire. L'animation du paysage en mouvement («montait», l. 4 et 13, repris par «l'ascension», l. 20, «s'élargissait et croissait», l. 10-11) est ici associée à la progression d'une force hostile («barrant de part en part l'étendue», l. 4, «envahissait déjà près de la moitié de l'espace», l. 17).

Cette transformation du paysage est perçue par le regard halluciné de Gilliatt, nommé dans le roman le «voyant de la nature». Il est le support des impressions sensorielles, visuelles et auditives («en silence», l. 13), le médiateur du discours analogique (et des modalisations comme «paraissait», l. 6). Il porte des jugements qui marquent le développement de la fantasmagorie. Il souligne d'abord l'effet d'attente («L'ouest était surprenant. Il en sortait une muraille», l. 3), puis rend sensible la dimension inquiétante du phénomène («malsaine», «effrayant», l. 16 et 18). Enfin, la relance analogique de la fin et l'approximation des indéfinis («on eût dit», l. 17, «c'était quelque chose comme», l. 18, «on ne sait quelle», l. 15-16) laissent percevoir l'impossibilité de nommer l'apparition.

II. UN PAYSAGE D'APOCALYPSE

La fin du texte est l'objet d'une nouvelle dérive métaphorique organisée autour de l'expression «ce linéament d'apocalypse» (l. 16). Celle-ci qualifie l'ensemble de la description précédente (résumée par «ce linéament») par une nouvelle analogie. La comparaison avec l'apocalypse («d'apocalypse» = «digne de l'apocalypse») n'a pas seulement une valeur d'hyperbole. Elle réorganise les données du tableau. («l'obscurité tombante», l. 12, «le soleil, blême», l. 15, le «talus de l'abîme», l. 18, «le lever d'une montagne d'ombre», l. 18-19) autour de composantes décrites dans *L'Apocalypse* de saint Jean (l'obscurcissement du soleil, et l'ouverture d'un gouffre de nuée). Le «talus de l'abîme» ajoute à la fantasmagorie la dimension de la profondeur, d'une profondeur aux résonances métaphysiques, soulignées par l'expression «entre la terre et le ciel». Non que le texte ouvre sur une transcendance divine. La référence à l'apocalypse est une façon de rendre sensible la présence d'entités cosmiques, adversaires de Gilliatt, que soulignent les marques de l'animation (l'ambivalence du mot «lever») et l'antithèse du dernier alinéa : «C'était en plein jour l'ascension de la nuit». «La nuit», comme présence mythique d'une force antagoniste de la lumière, condense et finalise rétrospectivement les réseaux associatifs accompagnant la montée de l'obscurité (avec les catégories hugoliennes du «blême» et de l'«ombre»). L'obscurité connote la mort, et la tombe («obscurité tombante»), le jugement dernier. Dans «montagne d'ombre», «ombre» est à la fois couleur et substance. Elle est associée à la présence dans le visible d'une dimension insondable (l'abîme) et de forces inconnues. En clôture de la description, la paronymie de «nuit» et de «nuée» fonde, par la parenté des signifiants, l'assimilation métaphorique des signifiés.

CONCLUSION

La thématique et les procédés d'écriture hugoliens qu'on retrouve ici (l'antithèse, le paradoxe, la présence de mots fortement valorisés), se rechargent des réseaux sémantiques du texte.

Les figures de l'opposition et de la contradiction (antithèses, oxymore) marquent les étapes d'un développement métaphorique, qui vise à dire le monstrueux, la présence de forces saisies dans la vision hallucinée de Gilliat. La description s'engendre à partir du système métaphorique de la «muraille» et de l'analogie avec l'apocalypse : c'est le langage qui produit le décrit.

Le texte réussit son effet. L'hypertrophie des détails de lignes et de formes confine à l'irreprésentable. Ce qui reste sur la rétine du lecteur, c'est l'impression d'une masse noire dont on saisit l'active menace.

Julien Gracq
Le Rivage des Syrtes, chap. II, Librairie J. Corti, 1951, p. 32-33.

Aldo, le héros-narrateur, est délégué par le gouvernement d'Orsenna, comme Observateur sur le rivage des Syrtes, en face de l'invisible Farghestan, avec lequel la Principauté d'Orsenna est en guerre depuis trois cents ans. Les hostilités sont éteintes, mais le Farghestan reste l'objet d'un interdit. La chambre des cartes attire Aldo «comme un mystérieux centre de gravité».

Debout, penché sur la table, les deux mains appuyées à plat sur la carte, je demeurais là parfois des heures, englué dans une immobilité hypnotique d'où ne me tirait pas même le fourmillement de mes paumes. Un bruissement léger semblait s'élever de cette carte, peupler la
5 chambre close et son silence d'embuscade. Un craquement de la boiserie parfois me faisait lever les yeux, mal à l'aise, fouillant l'ombre comme un avare qui visite de nuit son trésor et sent sous sa main le grouillement et l'éclat faible des gemmes dans l'obscurité, comme si j'avais guetté malgré moi, dans le silence de cloître, quelque chose de mystérieuse-
10 ment éveillé. La tête vide, je sentais l'obscurité autour de moi filtrer dans la pièce, la plomber de cette pesanteur consentante d'une tête qui chavire dans le sommeil et d'un navire qui s'enfonce ; je sombrais avec elle, debout, comme une épave gorgée du silence des eaux profondes.

Un soir, comme j'allais quitter la pièce après une visite plus longue
15 qu'à l'accoutumée, un pas lourd sur les dalles me réveilla en sursaut et me jeta, avant toute réflexion, dans une attitude de curiosité étudiée dont la hâte ne pouvait plus me donner le change sur le *flagrant délit* que je sentais peser sur ma présence dans la chambre. Le capitaine Marino entra sans me voir, son dos large complaisamment tourné vers moi pendant
20 qu'il s'attardait à refermer la porte, avec ce sans-gêne né d'une longue intimité avec le vide qu'on voit aux veilleurs de nuit. Et j'eus en effet, l'espace d'un éclair, devant l'intime violence avec laquelle tout dans cette pièce l'expulsait, le même sentiment d'étrangeté absorbante qu'on ressent devant un veilleur de nuit boitant son chemin à travers un musée.

C O M M E N T A I R E   D U   T E X T E   29

La chambre des cartes – celles de la mer des Syrtes, qui marquent la «frontière d'alarme» avec le Farghestan – est présentée comme un lieu du symbolique, qui attire le désir herméneutique du héros-narrateur.

Le passage se compose de deux temps bien délimités. Le premier paragraphe, dominé par l'imparfait itératif, décrit l'hypnose du personnage, et laisse place à une dérive analogique. Le second paragraphe, dont nous ne donnons que le début, marque une rupture narrative et diégétique : il décrit l'intrusion singulative («un soir») du capitaine Marino, qui surprend Aldo, le tire de sa torpeur, et entreprend de l'éloigner de sa quête des signes, ce qui souligne encore davantage le caractère symbolique du lieu, mis en valeur par l'interdit.

L'ensemble du texte vise une poétique du leurre. S'il intègre à la diégèse la nécessité même de son déchiffrement, les symboles ne renvoient en définitive qu'au désir du sens.

Nous étudierons dans le premier paragraphe la dérive analogique des figures.

I. IMPRESSION ET INTERPRÉTATION

Le récit rétrospectif, autodiégétique, affiche sa subjectivité. La présence marquée du personnage-narrateur, source du discours analogique, signale la fiction comme telle.

De fait, le regard est double : à l'impression du personnage, qui cherche à décrypter les signes s'ajoute l'interprétation du narrateur, qui fait appel à un savoir présupposé partagé du lecteur, qui motive et relance le discours analogique.

1. La subjectivité de la narration

Le récit et la description sont conduits selon une focalisation interne (voir p. 25). L'impression affichée est alors la médiatrice du fantastique, au sens d'intrusion du mystère dans la vie réelle[31]. A ceci près qu'il ne renvoie ici à aucune croyance au surnaturel.
– Le modalisateur «sembler» (l. 4) devant l'énoncé métaphorique sert moins à atténuer la métaphore qu'à «l'*intégrer* dans la continuité du discours, en interposant entre le sujet et le prédicat une médiation interprétative» (M. Murat, «*Le Rivage des Syrtes*» *de Julien Gracq. Étude de style II,* éd. cit., p. 190).

31. Voir la définition de P.-G. Castex : «Le fantastique [...] se caractérise [...] par une intrusion brutale du mystère dans le cadre de la vie réelle», *Le Conte fantastique en France,* Librairie J. Corti, 1951, p. 8, cité par T. Todorov (*Introduction à la littérature fantastique*, Éd. du Seuil, «Points», 1970, p. 30), qui définit le fantastique comme «l'hésitation éprouvée par un être qui ne connaît que les lois naturelles, face à un événement en apparence surnaturel» (*ibid.*, p. 29). Nerval parlait dans *Aurélia* de «l'épanchement du songe dans la vie réelle».

– Le verbe «sentir» joue le même rôle de médiateur («je sentais l'obscurité autour de moi filtrer», l. 10, et l. 17-18).
– Les sensations tactiles («les deux mains appuyées […]», l. 1-3), et auditives (l. 4-5), relayées par les sensations visuelles, deviennent le support du déroulement analogique : le sujet perd toute identité («la tête vide») et se laisse gagner par l'hypnose.

D'autre part, la présence d'une évaluation subjective est mise en valeur par les expressions intensives («des heures»), et qualificatives, en particulier :
– l'emploi de la qualification adverbiale : «mystérieusement éveillé», «complaisamment tourné» ;
– l'emploi de substantifs abstraits qualifiés par un adjectif («immobilité *hypnotique*», «pesanteur *consentante*», avec un effet d'hypallage qui brouille les relations référentielles et ménage la métaphore). M. Blanchot a commenté la présence de ces adjectifs chez Gracq, qui créent entre le nom et les adjectifs «une *confusion primordiale*», et font émerger «un monde de qualités, c'est-à-dire magique»[32].

Le récit suit l'ordre de la perception, et de la découverte des signes : l'un des modèles est le récit d'apprentissage, avec les personnages du jeune homme (Aldo) et du Mentor (Marino, le veilleur, le gardien des signes). Mais il superpose aussi le savoir rétrospectif d'un narrateur, qui a recours à des énoncés de portée générale.

2. Les métalepses narratives[33]

Ce sont, au présent de vérité générale, des comparaisons, qui font appel à une connaissance présupposée partagée du lecteur :
– «comme un avare qui visite de nuit» (cf. aussi : «comme une épave gorgée du silence»),
– «de cette pesanteur consentante d'une tête qui chavire» : la comparaison («de *cette* pesanteur […] *qui*») introduit une métaphore, et la fait accepter comme une évidence.

32. M. Blanchot, «Grève désolée, obscur malaise» (1947), article repris dans *Givre,* n°1, mai 1976, p. 134-137. Cité par M. Murat, *op. cit.,* p. 230-231.

33. Voir p. 90.

II. LE DÉROULEMENT
DU DISCOURS ANALOGIQUE

1. Les répétitions lexicales

Elles servent de relais référentiel («debout», l. 1 et 13), et analogique («les deux mains appuyées à plat sur la carte», l. 1-2, et «comme un avare […] sent sous sa main», l. 6-7, «je sentais», l. 10, «l'obscurité», l. 8 et 10, le «silence», l. 5, 9, 13, la «tête», l. 10 et 11), mais aussi de leurre analogique : «pesanteur» (l. 11) a pour écho «que je sentais peser» (l. 18) – la correspondance est bien établie entre les deux emplois, mais sans réelle continuité.

2. La dérive analogique

On étudiera la construction du discours analogique et son mode d'intégration à la diégèse.

L'isotopie de l'animé traverse, dans tout ce premier paragraphe, l'expression fantastique de la métamorphose.

Le point de départ de la dérive analogique est en effet fourni par l'expression «englué dans une immobilité hypnotique».

L'adjectif épithète possède deux valeurs :
– une valeur de comparant hyperbolique, redoublant «immobilité», à valeur de cliché : «une immobilité hypnotique» est une immobilité absolue, telle qu'elle est produite dans l'hypnose ;
– une valeur littérale d'adjectif relationnel : «hypnotique» désigne ce qui est propre à l'hypnose, et c'est la valeur que réactive le texte. L'adjectif sert d'embrayeur à un double système descriptif : celui du guet et celui du sommeil hypnotique (l'isotopie référentielle), qui est induit au contact de la carte (métonymie du signe pour le Farghestan, au nom tabou).

A partir de cette isotopie référentielle se développe à la fin du paragraphe la métaphore filée du navire englouti.

a. Le guet et la métaphore de l'animalité

«Englué» et «immobilité hypnotique» évoquent l'insecte pris au piège, ou hypnotisé par la peur. La notation du silence («silence de cloître», «silence d'embuscade»), des bruits ténus («bruissement léger», «craquement»), et de l'obscurité, le verbe «fouiller», sont les composantes d'un système descriptif du guet, dont le terme-noyau est nommé rétrospectivement, sur le mode d'une comparaison hypothétique : «comme si j'avais guetté». «Chambre close» et «silence d'embuscade» associent l'idée du piège à celle de la clôture.

«Le silence de cloître» est une expression où le complément déterminatif a valeur de comparant hyperbolique, sans rupture d'isotopie : il prend valeur de caractérisant intensif, tout en associant l'idée de la clôture, reprenant «close» (dans «chambre close»). «Son silence d'embuscade» contient une métaphore de caractérisation qui est aussi une hyperbole du silence : le comparant associe un nouveau sème, mais il enrichit le système associatif auquel il s'intègre, il ne produit pas de rupture d'isotopie[34]. L'expression crée une amorce métaphorique, qui trouve son répondant dans la diégèse avec l'arrivée de Marino.

La rhétorique de l'attente renvoie au modèle du roman à suspens : l'attente du symbolique, dans le premier paragraphe se transforme en *flagrant délit*. La sensation de malaise au contact magique de la carte trouve une nouvelle définition avec la culpabilité de qui s'est introduit, la nuit, dans la chambre interdite. L'italique insiste sur la littéralité du langage[35]. L'attention prêtée aux mots ravive la métaphore de l'expression précédente («donner le change»), qui appartient au domaine cynégétique : «donner le change» pour une bête pourchassée, c'est détourner ses poursuivants vers d'autres traces. C'est aussi un leurre pour le lecteur : on ne sait plus très bien qui chasse qui, et l'ambiguïté du guet apparaît : le piège est pour le guetteur de signes cette chambre des cartes qui l'attire.

Pourtant l'isotopie de l'animalité (animé animal) est aussi développée dans le premier paragraphe comme une métaphore du Farghestan. Elle commence par un cliché : «le fourmillement de mes paumes», qui associe l'idée de nombre à celle d'insectes en mouvement. La métaphore est réactivée par «grouillement» dans la comparaison, et développée, auparavant, par la notation du «bruissement léger» qui «semblait s'élever de cette carte, peupler la chambre close et son silence d'embuscade». Introduite par un cliché, la métaphore est continuée et intégrée au récit par un modalisateur («semblait»), atténuée et enrichie

34. Voir M. Murat, *op. cit.*, p. 73 et suiv.

35. Voir J.-P. Richard, *Microlectures*, Éd. du Seuil, 1979, p. 279. Sur l'italique, voir chap. 6, p. 103-104.

36. Hendiadyn
voir encadré p. 228

par l'alliance de l'abstrait et du concret dans la figure de l'hendiadyn[36] («peupler la chambre close et son silence d'embuscade», au lieu de : «la chambre close et silencieuse», qui ne permet pas la qualification métaphorique du second terme).

Le discours analogique est relancé encore par deux comparaisons. «Comme un avare qui visite de nuit son trésor», ouvre un nouveau domaine analogique, en établissant l'équivalence entre le «fourmillement» des paumes, le «bruissement léger» et «le grouillement et l'éclat faible des gemmes dans l'obscurité» : la métaphore de l'animé (reprise ensuite par «quelque chose de mystérieusement éveillé») conduit de la carte au trésor. Se surimpose au système descriptif angoissé de l'affût, celui, aventureux et passionné, de la chasse au trésor. La seconde comparaison, ouverte par «comme si», superpose un modèle analogique à l'univers de la fiction. Elle transforme le geste en signe et vaut comme signal de fiction : elle unifie rétrospectivement (mais sur le mode, fictif, du «comme si») la dérive analogique.

b. Le navire englouti

La métamorphose de l'animé a pour corrélat une autre métamorphose : celle du sujet qui sombre dans le sommeil. Elle donne lieu à une métaphore filée, qui unit le sujet référentiel («je») à l'isotopie métaphorique d'un navire qui s'engloutit.

La métaphorisation est annoncée par une double transition :

– La dissolution des frontières entre l'intérieur et l'extérieur accompagne la perte progressive de conscience, et se manifeste par une conscience du corps morcelée, par la formule «malgré moi», qui suppose un dédoublement, et par l'expression «la tête vide». A cela s'ajoute l'indétermination référentielle de l'anaphorique «elle», qui renvoie à un antécédent indistinct : la pièce, mais aussi bien la tête.

– La transformation de l'espace : l'obscurité, d'abord perçue comme un espace à fouiller, devient un élément animé, liquide, qu'Aldo sent «filtrer dans la pièce».

La métaphore réactive le cliché de la lumière qui filtre. La métamorphose se poursuit avec «plomber» qui met en jeu trois isotopies : celle de la couleur (on parle d'un «ciel plombé»), celle de la pesanteur, celle de la clôture funèbre («plomber un cercueil»). Le développement du discours analogique se fonde ici sur le signifiant, qui sert de pivot métaphorique, permettant de passer de l'isotopie de l'obscurité à celle de la «pesanteur», puis à celle de l'engloutissement. La métaphore proprement dite est la continuation d'une comparaison métaphorique («de cette pesanteur consentante d'une tête qui chavire dans le sommeil et d'un navire qui s'enfonce»), qui se fonde sur l'échange des prédicats verbaux et adjectivaux : «chavirer dans le sommeil» est une métaphore verbale usée, réactivée par la présence du «navire qui s'enfonce», et par l'emploi en commun de «pesanteur consentante» (hypallage de l'adjectif, avec métaphore de l'animé appliquée au navire). On aperçoit la complexité des réseaux analogiques qui se motivent réciproquement.

Enfin, l'identification métaphorique est assurée par l'emploi de «je» (terme référentiel) et du prédicat métaphorique «sombrais». «Sombrer» est motivé au plan du signifiant et du signifié. Il enchaîne, par un jeu sur le signifiant, avec l'isotopie de l'obscurité, et par l'association avec l'isotopie funèbre de «plomber». La relation métaphorique est motivée par «debout» – qui dénote une verticalité, commune au comparant et au comparé – et par la comparaison métaphorique finale de l'épave : le sème funèbre reprend celui de «sombrer», «gorgée» est appelé par «la tête *vide*» et sert de prédicat commun au comparant-navire et au comparé-humain, par un jeu sur le signifiant de «gorge». Quant à l'expression «gorgée du silence des eaux profondes», elle résulte de la transformation par surdétermination du cliché «gorgé d'eau» : l'alliance de l'abstrait et du concret permet d'insérer dans le récit un réseau de connotations symboliques, et de rattacher analogiquement cette métaphore filée aux parcours sémantiques précédents.

Le dispositif analogique n'est cependant pas sans attaches diégétiques : la forteresse est au bord de la mer des Syrtes, et la fonction des soldats qui lui sont attachés, *a fortiori* d'Aldo, l'Observateur, est le guet, la surveillance des frontières avec le Farghestan. L'arrivée de

Marino, le gardien des signes (annoncée par la synec-doque du «pas lourd»), survient en contiguïté avec la métaphore marine : c'est ici la métaphore qui motive heureusement la métonymie.

CONCLUSION

Ce paragraphe est bien le lieu d'une intense activité ana-logique, liée à la quête herméneutique du personnage : le contact de la carte déclenche un déferlement de méta-phores et de comparaisons qui relance la dynamique du

---

FIGURES DE RHÉTORIQUE AUXQUELLES RENVOIENT LES NOTES DE CE CHAPITRE

Anacoluthe

«Rupture de construction syntaxique» (H. Morier, *op. cit.,* p. 102).

Apostrophe

«Diversion soudaine du discours par laquelle on se détourne d'un objet, pour s'adresser à un autre objet, naturel ou surnaturel, absent ou présent, vivant ou mort, animé ou inanimé, réel ou abstrait, ou pour s'adresser à soi-même.» (Fontanier, *op. cit.,* p. 371.)

Chiasme

«Figure consistant dans un croisement des termes» (H. Morier, *op. cit.,* p. 194). C'est un parallélisme inversé, du type ABBA :
«Soumis à tous leurs vœux, à mes désirs contraire,
Suis-je leur empereur seulement pour leur plaire ?» (Racine, *Britannicus.*)

Conglobation («que l'on appelle encore **Énumération Accumulation**»)

«Figure par laquelle, au lieu d'un trait simple et unique sur le même sujet, on en réunit, sous un seul point de vue, un plus ou moins grand nombre, d'où résulte un tableau plus ou moins riche, plus ou moins étendu.» (Fontanier, *op. cit.,* p. 363.)

Épanadiplose

Dans cette figure, le mot qui commence un membre de phrase est utilisé pour terminer la phrase, alors que dans l'anadiplose, le mot qui termine un membre de phrase, commence le suivant. Sur les formes de répétitions, voir P. Bacry, *Les Figures de style*, p. 167 et suiv.

Hendiadyn ou **hendiadys**

«Figure qui consiste à remplacer un sub-stantif accompagné d'épithète par deux sub-stantifs qu'unit une conjonction.» (H. Morier, *op. cit.,* p. 502.)

Hyperbate

«Figure par laquelle on ajoute à la phrase qui paraissait terminée une épithète, un complé-ment ou une proposition [...]» (H. Morier, *op. cit.,* p. 517.)
Exemple de Morier : «Le roi François Ier était en un beau château, *et plaisant*» (Marguerite de Navarre, *L'Heptaméron*).
«Hyperbate» s'employait anciennement pour désigner une inversion de l'ordre des mots.

Périphrase

«Figure par laquelle on remplace le mot propre, qui est simple, par une tournure ou locution explicative.» (H. Morier, *op. cit.,* p. 848.)

sens à partir des relations entre signifiants et signifiés. La structure de la phrase met ainsi en œuvre une rhétorique d'approximation, de recherche du mot, qui s'efforce de cerner l'objet du désir.

Mais tout ce dispositif est une rhétorique de contournement : elle ne fait que désigner à sa façon l'innommable Farghestan, objet du désir, autrement nommé par une périphrase au neutre : «quelque chose de mystérieusement éveillé». Le dispositif analogique instaure dans le récit des parcours symboliques[37], relancés par la dynamique du littéral et du figuré : mais il n'en donne que la promesse.

37. Sur le sujet, consulter Ruth Amossy, *Parcours symboliques chez Julien Gracq, «Le Rivage des Syrtes»*, CDU-SEDES, 1984.

Fontanier l'appelle prononmination, ou figure par laquelle «on substitue au nom simple et connu d'une chose, un terme complexe et en plusieurs mots, qui la représente sous un point de vue particulier» (Fontanier, *op. cit.*, p. 362). Exemple : «l'aigle de Meaux», pour désigner Bossuet, qui était évêque de Meaux.

Personnification

Elle «consiste à faire d'un être inanimé, insensible, ou d'un être abstrait et purement idéal, une espèce d'être réel et physique, doué de sentiment et de vie, enfin ce qu'on appelle une personne ; et cela, par simple façon de parler, ou par une fiction toute verbale, s'il faut le dire. Elle a lieu par métonymie, par synecdoque, ou par métaphore» (Fontanier, *op. cit.,* p. 111).

Prétérition

Elle «consiste à feindre de ne pas vouloir dire ce que néanmoins on dit très clairement, et souvent même avec force» (Fontanier, *op. cit.,* p. 143).
C'est dire qu'on ne dira pas quelque chose, qu'on dit tout de même, comme ces chevilles du discours qui servent à présenter un sujet : «Je ne vous parlerai pas de...», «il est inutile de décrire...», suivies de l'exposé ou de la description en question.

Prosopopée

Elle «consiste à mettre en quelque sorte en scène, les absents, les morts, les êtres surnaturels, ou même les êtres inanimés ; à les faire agir, parler, répondre, ainsi qu'on l'entend ; ou tout au moins à les prendre pour confidents, pour témoins, pour garants, pour accusateurs, pour vengeurs, pour juges, etc. ; et cela, ou par feinte, ou sérieusement, suivant qu'on est ou qu'on n'est pas le maître de son imagination.» (Fontanier, *op. cit.*, p. 404.)
L'exemple classique en est la prosopopée de Fabricius (Romain illustre pour sa probité), dans le *Discours sur les Sciences et les Arts,* de Rousseau :
«O Fabricius ! qu'eût pensé votre grande âme, si, pour votre malheur, rappelé à la vie, vous eussiez vu la face pompeuse de cette Rome sauvée par votre bras, et que votre nom respectable avait plus illustrée que toutes ses conquêtes ? "Dieux ! eussiez-vous dit, que sont devenus ces toits de chaume et ces foyers rustiques qu'habitaient jadis la modération et la vertu ? Quelle splendeur funeste a succédé à la simplicité romaine ? [...]"» (J.-J. Rousseau, *Discours sur les Sciences et les Arts,* Première partie.)

Chapitre 11

La cohésion du texte

Ce chapitre a pour objet de présenter certains procédés de cohésion du texte. Nous en avons déjà aperçu quelques uns : l'organisation des temps verbaux selon H. Weinrich, les notions d'isotopie et de cohésion sémantique. De manière plus générale, la grammaire de texte considère qu'un texte n'est pas une simple suite de phrases, mais qu'il se construit selon des règles d'enchaînement, fondamentales, comme la règle de répétition (reprendre l'acquis du discours) et celle de progression (énoncer du nouveau).

Bien que la terminologie ne soit pas uniforme, et qu'il soit difficile de dissocier les notions, l'on s'accorde à distinguer la *cohérence* d'un texte (son interprétabilité et sa compatibilité sémantique et logique[1]) et sa *cohésion*, qui comprend les procédés de continuité textuelle : aussi bien l'anaphore, la répétition, l'ellipse, la continuité thématique, que les connecteurs du type de «mais», «car», «de sorte que».

On s'est aussi rendu compte que la cohérence d'un texte, spécialement d'un texte de fiction, n'est pas liée uniquement aux mots écrits mais aussi à la construction de lecture : elle tient non seulement à ce qui est dit, mais aux relations d'inférence produites par le lecteur, à la mobilisation de connaissances extérieures au texte, présupposées partagées par le lecteur – à la coopération de celui-ci à la fabrication d'un monde possible[2].

Nous aborderons ici :
– la question de la dénomination, en particulier dans les débuts de fictions narratives : comment désigner un personnage, un lieu ? comment continuer à s'y référer ? comment s'effectue la mise en texte du savoir ?
– la progression thématique ;
– la notion de paragraphe ;
– les connecteurs.

[1]. La cohérence a partie liée avec la notion de vraisemblable. Après «La marquise désespérée», G. Genette estime le narrateur moins libre de continuer par «commanda une bouteille de champagne» que par «prit un pistolet et se fit sauter la cervelle» : mais cela dépend de la logique du récit, et du tempérament de la marquise.
Sur la motivation et l'arbitraire du récit, voir G. Genette, «Vraisemblance et motivation», dans *Figures II*, Éd. du Seuil, 1969, p. 71-99.

[2]. Voir à ce sujet *Lector in fabula* d'Umberto Eco, trad. fr., 1985, rééd. Le Livre de Poche, «Biblio Essais».

I. LA DÉNOMINATION

Tout texte, qu'il soit ou non une fiction, doit, pour exister, pour prendre consistance, dénommer des êtres, des notions, des choses, des lieux, et pouvoir continuer à s'y référer. On dispose, pour ce faire, de deux grandes catégories d'expressions dénominatives : les *expressions autonomes*, qui ne dépendent pas d'un autre élément du contexte, les *substituts nominaux*, qui permettent de reprendre ou d'annoncer des informations du cotexte.

Ceci nous conduira à nous interroger sur la désignation des personnages et des lieux dans une fiction, et sur la mise en texte du savoir dans les débuts de récit.

1. Les expressions autonomes

Ces expressions, qui ne dépendent pas d'une autre désignation du contexte, peuvent être réparties en trois séries : les expressions génériques, les expressions indéfinies particulières, et les expressions référentielles, qui comprennent les noms propres, les descriptions définies.

● *Les expressions génériques*
Elles sont actualisées par un déterminant défini ou indéfini, qui désigne une classe dans son ensemble («*l'homme* est un animal raisonnable»), ou l'exemplaire d'une classe («*un homme* est faillible», «*tout homme* est faillible»).

● *Les expressions indéfinies particulières*
Elles introduisent pour la première fois un substantif, actualisé par un article indéfini (c'est un exemple particulier d'une classe) : «un homme suivait seul la grande route de Marchiennes à Montsou» (début de *Germinal*).

● *Les expressions référentielles proprement dites*
Elles permettent «au locuteur de désigner au destinataire un ou plusieurs objets particuliers de l'univers du discours (que celui-ci soit le monde "réel" ou un monde imaginaire)» (O. Ducrot, *Dire et ne pas dire*, éd. cit., p. 221), c'est-à-dire qu'elles permettent, à la différence des expressions indéfinies, d'identifier les référents du discours. Ce sont, en particulier :
– les noms propres,
– les descriptions définies ou identifiantes (dont la formule complète consiste en un déterminant défini, actualisant

un substantif accompagné d'une expansion déterminative formée d'un adjectif, d'un complément de nom, ou d'une relative),
– les expressions déictiques (voir chap. 1).

a. Noms propres et descriptions définies

Les noms propres ont-ils ou non un sens ?

Pour reprendre une distinction mise en valeur par le logicien G. Frege[3], si le *référent* d'une expression est l'objet qu'elle désigne (la référence étant l'acte de mise en relation d'une expression avec ce qu'elle désigne), le *sens* d'une expression est la manière dont elle désigne le référent.

Pour S. Kripke, dont la théorie est aujourd'hui dominante (*La Logique des noms propres*), les *noms propres* n'ont pas de sens, mais un référent. Ce sont des désignateurs rigides, qui désignent directement un même référent, dans tous les mondes possibles, sans passer par l'intermédiaire d'un sens. Ils se distinguent en cela des expressions ou descriptions définies, qui sont des désignateurs contingents. Ainsi, de Vénus, on peut dire également qu'elle est «l'étoile du matin» et «l'étoile du soir» : ce sont deux descriptions sémantiques d'un même référent désigné par le nom propre.

> «Le terme "description définie", dit J. Lyons, vient de ce que l'on peut identifier un référent, non seulement en le nommant, mais aussi en fournissant à l'interlocuteur une description suffisamment détaillée, dans un contexte d'énonciation précis, permettant de l'isoler de tous les autres individus dans l'univers du discours.» (*Éléments de sémantique,* trad. fr., Larousse, 1978, p. 147.)

Si le nom propre n'a pas de sens en lui-même, on peut associer au référent qu'il désigne plusieurs descriptions sémantiques différentes. Le nom propre «François Mitterrand» et la description définie «le Chef de l'État» sont des expressions coréférentes pendant la durée d'un mandat présidentiel. Mais d'autres descriptions définies peuvent désigner le personnage selon les fonctions qu'il a occupées ou les activités qu'il a exercées : le chef du parti socialiste, l'auteur de *La Paille et le grain*, etc... Ces expressions se substitueront tour à tour au nom propre dans une biographie. Tout l'intérêt de ces descriptions est de fixer momentanément la référence, en présentant un même référent sous divers aspects, et sous divers points de vue.

3. Gottlob Frege, «Sens et dénotation», dans *Écrits logiques et philosophiques*, trad. fr., Éd. du Seuil, 1971, p. 102-126.
Voir l'article «Référence» du *Nouveau dictionnaire encyclopédique des sciences du langage*, d'O. Ducrot et J.-M. Schaeffer, Éd. du Seuil, 1972 et 1995, p. 302-311, et les *Éléments de sémantique* de J. Lyons, éd. cit., chap. VII, p. 143-186 («Référence, sens et dénotation»).

b. Descriptions définies et expressions démonstratives

Les expressions définies se distinguent aussi des expressions démonstratives par leur manière de construire la référence.

Quand on dit «donne-moi le livre rouge», on fait deux présuppositions.

D'une part une *présupposition d'existence* : comme tout actualisateur du substantif, l'article défini présuppose que la classe ouverte n'est pas vide («le livre rouge» présuppose que la classe des livres rouges contient au moins un exemplaire).

D'autre part une *présupposition d'unicité* : il existe un livre rouge *et un seul.*

Mais l'expression peut être proférée sans que le livre rouge soit présent, à la différence de l'expression démonstrative, dont la «fonction désignatrice se résume à redoubler la démonstration» (O. Ducrot, *Dire et ne pas dire,* p. 244).

Ceci nous intéresse pour la constitution des univers de fiction : «Aussi bien lorsqu'elle désigne que lorsqu'elle ne désigne pas, la description définie constitue un objet – dont elle fait l'univers du discours : c'est ce que nous exprimons en disant qu'elle le présuppose» (*ibid.*, p. 244-245).

c. L'onomastique littéraire

Si l'on peut admettre que le nom propre n'a pas de sens dans le langage ordinaire, il n'en va pas de même dans un texte de fiction. Les noms propres – noms de personnes et noms de lieux – y sont de toute évidence l'objet d'une recherche et d'une motivation sémantique. Ils permettent de dénommer un monde, de le classer, d'en orienter les significations.

L'intérêt du nom propre est d'abord de pouvoir désigner un référent absent, et par là même de permettre de construire les référents de la fiction, lieux et personnages :

> «Pendant un demi-siècle, les bourgeoises de Pont-l'Évêque envièrent à Mme Aubain sa servante Félicité.» (Flaubert, *Un cœur simple.*)

Sa fonction principale, comme le rappelle excellemment Eugène Nicole, est d'identifier, d'«assurer l'identification des membres du groupe et la continuité de cette référence dans le procès de la narration» («L'onomastique littéraire», *Poétique*, n°54, p. 235). «Toute subversion, ou toute soumission romanesque commence donc par le Nom Propre» (R. Barthes, *S/Z*, Éd. du Seuil, 1970, «Points» p. 102). *A la recherche du temps perdu* joue à plaisir de l'énigme des titres nobiliaires, qui désignent les bouleversements sociaux et l'écoulement du temps et recouvrent un palimpseste de noms : Mme Verdurin devient Princesse de Guermantes dans *Le Temps retrouvé*. Le narrateur, à la présence arachnéenne, lui, est sans nom. Et dans le «nouveau roman», la perte du Nom accompagne la destruction du personnage classique.

Une autre fonction du nom propre est de classer, d'établir une hiérarchie dans le système des personnages. Il y a des personnages sans nom, comme l'Aveugle dans *Madame Bovary*. D'autres, comme Julien Sorel, sont presque toujours prénommés, ce qui n'est pas sans un effet de relief sur la lecture[4]. Le nom propre renvoie aux classements de la société du roman, au regard porté sur tel personnage : l'appellatif constant de «Mme de Rênal» dans *Le Rouge et le Noir*, l'alternance d'Emma et de «Mme Bovary», sont autant de signes de la socialité du roman.

Le nom propre, dans le récit de fiction, a enfin pour fonction de signifier. Certains noms, surdéterminés, portent en eux-mêmes un commentaire : ainsi «Candide», dans le conte de Voltaire, ou «Renardet», le meurtrier, dans *La Petite Roque,* de Maupassant. De façon plus générale, le nom peut apparaître comme un programme narratif, et le personnage se définir comme le dépli d'un signe. Le début de *Z. Marcas*, de Balzac, revendique une conception du nom qui, au-delà des considérations cabalistiques, figure de façon emblématique la motivation romanesque des noms propres, noms de personnes et noms de lieux :

> «Marcas ! Répétez-vous à vous-même ce nom composé de deux syllabes, n'y trouvez-vous pas une sinistre signifiance ? Ne vous semble-t-il pas que l'homme qui le porte doive être martyrisé ? [...] Entre les faits de la vie et le nom des hommes, il est de secrètes et d'inexplicables concordances ou des désaccords visibles qui surprennent.» (H. de Balzac, *Z. Marcas*, cité par E. Nicole, p. 244.)

L'onomastique proustienne offre un riche exemplaire de la remotivation du signifiant des noms de personnes (noms de la noblesse) et des noms de lieux[5]. Ce mirage d'un accord entre la désignation et la signification du nom s'incarne dans le «rapprochement phonique et lexical qui

4. Sur les noms de personnages, voir Ph. Hamon, «Statut sémiologique du personnage», article repris dans *Poétique du récit*, Éd. du Seuil, «Points», 1977, p. 115-180.
Sur le personnage comme effet de lecture, voir Vincent Jouve, *L'Effet-personnage dans le roman*, PUF, 1992. Pour une réflexion sur le personnage (et le nom propre), voir l'anthologie commentée de Christine Montalbetti, *Le Personnage*, «GF Flammarion», 2003.

5. Sur l'onomastique proustienne, voir les indications bibliographiques de l'article d'E. Nicole : en particulier, R. Barthes, «Proust et les noms» (repris dans *Nouveaux essais critiques*, à la suite du *Degré zéro de l'écriture*, Éd. du Seuil, 1973, «Points», p. 121-134), et G. Genette, «L'âge des noms», dans *Mimologiques*, Éd. du Seuil, 1976, p. 315-328.

conduit le narrateur à rêver, en Pont-Aven, d'une "ville balayée par les vents", ou le romancier à traduire la colère de Swann en lui faisant dire des Verdurin que ce sont des "ordures"» (E. Nicole, art. cit., p. 247).

■ **Indications bibliographiques sur les noms propres (linguistique et littérature)**

Francis Corblin, «Les désignateurs dans les romans», *Poétique,* n°54, avril 1983, p. 199-211 (article repris dans *Les Formes de reprise dans le discours. Anaphores et chaînes de référence*, Presses Universitaires de Rennes, 1995, chapitre 8).
Jean-Michel Gouvard, *La Pragmatique. Outils pour l'analyse littéraire,* A. Colin, 1998 (2e partie).
Charles Grivel, *Production de l'intérêt romanesque : un état du texte (1870-1880). Un essai de constitution de la théorie*, vol. 1, La Haye-Paris, Mouton, 1973. [Remarques intéressantes sur le nom propre à l'intérieur d'une étude plus générale sur le roman.]
S. Kripke, *La Logique des noms propres,* trad. fr., Éd. de Minuit, 1982.
Eugène Nicole, «L'onomastique littéraire», *Poétique,* n°54, avril 1983, p. 233-253.
Denis Slakta, «Sémiologie et grammaire du nom propre dans *Un prince de la Bohême»,* dans *Balzac : l'invention du roman,* dir. C. Duchet et J. Neefs, Belfond, 1982, p. 235-256.
Numéros spéciaux de revues :
Langages, n°66, «Le nom propre», 1982 (en particulier l'article de Jean Molino). [Linguistique.]
Langue française, n°92, déc. 1991, «Syntaxe et sémantique des noms propres». [Linguistique.]
34-44, Cahiers de recherche de S.T.D, Université Paris 7, n°7, automne 1980, «Noms propres». [Linguistique et littérature, en particulier sur Balzac.]

2. Les expressions dépendantes du contexte

Pour constituer un récit, il ne suffit pas de désigner son univers, il faut pouvoir continuer à s'y référer : c'est le rôle essentiel de l'anaphore.

L'anaphore comme la cataphore sont des relations sémantiques qui font référence au cotexte. C'est surtout l'anaphore qui nous retiendra ici.

a. Anaphore et cataphore

Il est fréquent qu'un segment d'énoncé (en général un pronom ou un syntagme défini ou démonstratif) nécessite, pour être interprété, le recours à un segment précédent du texte. Dans :

«Pour cent francs par an, elle faisait la cuisine et le ménage […]» (G. Flaubert, *Un cœur simple,* dans *Trois contes* [1877], Le Livre de Poche classique, 1999, p. 47.)

«elle» ne peut être interprété que si l'on fait retour sur le texte, qui nomme la «servante Félicité». «Elle» constitue le *représentant* et «la servante Félicité», le *représenté*.

On nomme *anaphore* textuelle (distincte de l'anaphore, figure de rhétorique) ce phénomène de dépendance interprétative qui dépasse les limites de la phrase.

L'anaphore implique une mémoire discursive, qui conduit à la considérer non pas comme une simple variante de style évitant les répétitions, mais comme le rappel d'informations et d'interprétations antécédentes : «l'anaphore consiste non à répéter quelque donnée du texte antérieur, mais à situer l'interprétation de tout nouveau SN [= syntagme nominal] d'un texte relativement à la mémoire des interprétations antérieures» (F. Corblin[6]). Cette mémoire discursive comprend aussi bien des données explicites (comme dans l'exemple d'*Un cœur simple*, où l'anaphore prend la forme d'une reprise des mots du texte), que des informations implicites qu'il appartient au lecteur d'inférer de l'énoncé. Ainsi comprise, l'anaphore fait appel à la coopération du lecteur, à son activité d'interprétant. Chez Claude Simon, les parenthèses ont souvent pour rôle d'expliciter le référent de l'anaphore, et de souligner le mouvement de l'interprétation :

> «Les chevaux qui, comme eux (les cavaliers), n'avaient pratiquement rien mangé depuis six jours [...]» (Claude Simon, *L'Acacia*, Éd. de Minuit, 1989, p. 32.)

Il faut cependant distinguer l'anaphore de la *coréférence* (le fait que deux expressions désignent le même objet du discours).

La coréférence est une relation symétrique. Elle peut s'établir entre deux expressions autonomes, lorsqu'on répète un nom propre, ou lorsqu'on reprend une expression indéfinie par un nom propre. Il appartient au lecteur de construire la coréférence entre deux expressions indépendantes l'une de l'autre ; dans l'exemple suivant, entre «un jeune homme», et «M. Frédéric Moreau» :

> «Un jeune homme de dix-huit ans, à longs cheveux et qui tenait un album sous son bras, restait auprès du gouvernail, immobile. A travers le brouillard, il contemplait des clochers, des édifices dont il ne savait pas les noms ; puis il embrassa, dans un dernier coup d'œil, l'île Saint-Louis, la Cité, Notre-Dame ; et bientôt, Paris disparaissant, il poussa un grand soupir.

6. Francis Corblin, «Défini et démonstratif dans la reprise immédiate», *Le Français moderne*, 1983, p. 120.

M. Frédéric Moreau, nouvellement reçu bachelier, s'en retournait à Nogent-sur-Seine […].» (G. Flaubert, *L'Éducation sentimentale* [1869], Le Livre de Poche classique, 2002, p. 41-42.)

Toute relation de coréférence ne coïncide donc pas avec une anaphore au sens strict. De même, toute anaphore n'implique pas forcément la coréférence des expressions, l'anaphore n'étant pas forcément *totale*[7] (voir l'anaphore associative). Mais la mémoire discursive embrasse les deux phénomènes.

La *cataphore* est un phénomène complémentaire, mais non symétrique de l'anaphore, que nous présenterons brièvement. Elle consiste en ce qu'un segment d'énoncé nécessite, pour être interprété, le recours au cotexte subséquent. Il s'agit donc d'un phénomène d'annonce, de suspens interprétatif, dont joue, par exemple, le début de *L'Acacia* :

> «Elles allaient d'un village à l'autre, et dans chacun (ou du moins ce qu'il en restait) d'une maison à l'autre, parfois une ferme en plein champ qu'on leur indiquait, qu'elles gagnaient en se tordant les pieds dans les mauvais chemins, leurs chaussures de ville souillées d'une boue jaune que l'une des deux sœurs parfois essuyait maladroitement à l'aide d'une touffe d'herbe […].» (Claude Simon, *L'Acacia*, éd. cit., p. 29.)

L'identité de «elles» et de «leurs» est différée jusqu'à l'emploi de l'expression «l'une des deux sœurs», qui reste une indication encore énigmatique.

Parmi les termes spécifiques de la cataphore (et, à un moindre degré, de l'anaphore), il faut faire une place à part aux démonstratifs neutres, tels que «ceci», «cela», que F. Corblin appelle des «formes à contenu indistinct» (voir la bibliographie). Par opposition à «celui-ci» ou «celle-là», qui réfèrent à des éléments précis, «ceci» et «cela» (ou «ça») permettent de reprendre ou d'annoncer le «non nommé», et le «non classé» (des syntagmes nominaux mais aussi des énoncés entiers). Le début de *Voyage au bout de la nuit* de L.-F. Céline contient une cataphore narrative célèbre, qui ouvre tout le récit :

> «Ça a débuté comme ça.»

b. Les substituts anaphoriques nominaux

Les substituts nominaux, auxquels nous nous limiterons, se répartissent en deux grandes catégories : celle des pronoms représentants et celle des syntagmes nominaux définis et démonstratifs.

---

7. Anaphores totales, partielles, conceptuelles
On distingue de ce point de vue l'anaphore *totale* (il y a coréférence complète entre le représentant et le représenté), l'anaphore *partielle*, qui assure une coréférence partielle entre le représentant et le représenté (avec des pronoms comme «certains», ou «les uns»), et l'anaphore *conceptuelle*, où seul le signifié de l'antécédent est repris («Pierre a loué une voiture. *La sienne* est en réparation.»).

● *Les pronoms représentants*
Ils comprennent essentiellement les pronoms personnels de
3ᵉ personne (et les déterminants possessifs de 3ᵉ personne),
les pronoms démonstratifs, et certains indéfinis. Ne sont
donc pas représentants les pronoms en emploi déictique
(voir p. 10-11), ou en emploi nominal (comme le «il»
impersonnel, ou le «on» générique).

Contrairement à la répétition lexicale pure et simple,
l'emploi de «il» est une reprise non marquée du thème
de discours[8] spécifié antérieurement. Il renvoie à une
mémoire discursive, qui agit parfois au-delà même des
ruptures de récit. C'est le cas du «il» qu'on lit après le
«blanc» fameux[9] séparant, dans la IIIᵉ partie de *L'Éducation sentimentale,* la fin du chapitre V, de l'*incipit* du
chapitre suivant :

> «Il voyagea.
> Il connut la mélancolie des paquebots [...]
> Il revint.
> Il fréquenta le monde, et il eut d'autres amours encore.»
> (éd. cit., p. 615.)

Souvent même chez Flaubert, le pronom personnel de
3ᵉ personne masque, sous sa continuité, un changement
de thème, signifié par le contexte[10]. Dans ce passage
remarqué par Proust[11], le pronom «la» réfère non au dernier substantif féminin, mais à «une autre» :

> «[...] puis les brumes errantes se fondirent, le soleil parut, la
> colline qui suivait à droite le cours de la Seine peu à peu
> s'abaissa, et il en surgit une autre, plus proche, sur la rive
> opposée.
> Des arbres *la* couronnaient parmi des maisons basses couvertes de toits à l'italienne.» (*ibid.*, p. 43, nous soulignons.)

Pour F. Corblin, à qui nous devons ces analyses, cette
représentation s'explique par le fait que le pronom de
3ᵉ personne est un anaphorique de «topicalisation», et
non de position : c'est-à-dire qu'il réfère à ce que le
contexte met en relief comme objet du discours, et non à
ce qui a été énoncé en dernier lieu[12].

● *Les syntagmes nominaux définis et démonstratifs*
Ils sont le support d'anaphores dites «anaphores définies»
dans le premier cas, et «anaphores démonstratives», dans
le second cas. Les unes et les autres recouvrent plusieurs
catégories d'anaphores :
– Les *anaphores fidèles*, avec la reprise de la même unité
lexicale, du type : «un jeune homme» ou «une jeune

8. Voir p. 245.

9. Voir Marcel Proust,
«A propos du style de
Flaubert», *N.R.F.*, janvier 1920,
repris dans *Essais et articles*,
Gallimard, «Bibliothèque de la
Pléiade», 1971, p. 595.

10. Sur la progression
thématique, voir p. 245-249.

11. *Op. cit.,* p. 588.

12. F. Corblin,
«Les désignateurs dans
les romans», art. cit., p. 201.

femme» repris par «le/ce jeune homme», «la/cette jeune femme».

– Les *anaphores infidèles*, avec une substitution lexicale. Celle-ci peut se fonder sur une propriété essentielle, comme la relation d'hyperonymie («Frédéric», repris par «le/ce jeune homme») ou de synonymie («un adolescent», repris par «le/ce jeune homme»). Elle peut aussi reposer sur une propriété accessoire (par exemple, une qualité ou une profession), qui fait appel à un effet de connaissance présupposée partagée par le lecteur – J.-C. Milner parle alors d'«anaphore présuppositionnelle»[13]. L'anaphore présuppositionnelle permet au romancier d'introduire une information dans le texte, comme un effet de savoir déjà connu du lecteur. Ainsi dans ce début de *L'Œuvre*, de Zola (1877) :

13. Jean-Claude Milner, «Réflexions sur la référence», p. 68.

> «Claude passait devant l'Hôtel de Ville, et deux heures du matin sonnaient à l'horloge, quand l'orage éclata. Il s'était oublié à rôder dans les Halles, par cette nuit brûlante de juillet, en artiste flâneur, amoureux du Paris nocturne. […] Comme il tournait sur le quai de Bourbon, dans l'île Saint-Louis, un vif éclair illumina la ligne droite et plate des vieux hôtels rangés devant la Seine, au bord de l'étroite chaussée. […] C'était là que *le peintre* avait son atelier […]». (É. Zola, *L'Œuvre*, Gallimard, «Folio», 1983, p. 29, nous soulignons.)

«Claude» est repris par «le peintre». Rien ne conduit à établir une coréférence entre les deux expressions si ce n'est l'effet de lecture, le savoir constitué par le texte (en particulier, la qualification : «en artiste flâneur»).

– Les *anaphores associatives*. Celles-ci ne reprennent pas du déjà dit, mais reposent sur des implications lexicales. C'est une telle implication qui unit, dans le passage précédent, «l'horloge» et «l'Hôtel de ville», ou dans ce début de *Saint Julien l'Hospitalier*, le «château», et «Les quatre tours aux angles» :

> «Le père et la mère de Julien habitaient un château, au milieu des bois, sur la pente d'une colline.
>
> Les quatre tours aux angles avaient des toits pointus recouverts d'écailles de plomb […]». (G. Flaubert, *La Légende de Saint Julien l'Hospitalier*, dans *Trois contes*, éd. cit., p. 91.)

Cette ellipse concilie heureusement la nécessité de cohésion et de progression du récit. Il appartient au lecteur de mobiliser son savoir sur le monde pour faire le lien entre les expressions et participer ainsi à la construction de l'univers référentiel. Dans ce cas, seul l'article défini est possible.

N.B.

L'anaphore définie et l'anaphore démonstrative, en effet, ne s'emploient pas exactement dans les mêmes conditions. Quand reprend-on «Frédéric» ou «un jeune homme» par l'expression «ce jeune homme» et non par «le jeune homme» ? Pour quelles raisons et quels effets ?

Les linguistes, ces dernières années, ont travaillé sur le phénomène dit de la reprise immédiate, et proposé plusieurs explications des contraintes de reprise[14]. En partant de cette question, F. Corblin présente l'article défini comme un anaphorique lexical global, analogue au pronom personnel, qui réfère au domaine lexical construit antérieurement par le discours. L'anaphore définie est un «identifieur», qui sert à rappeler un référent de discours préalablement défini. Le démonstratif, en revanche, est un anaphorique qui suppose une prise en charge énonciative (liée à sa valeur déictique) : l'anaphore démonstrative se prête ainsi à «reclassifier» le référent, à le renommer. Elle attire l'attention sur un nouvel aspect de l'objet, dénommé autrement, ou présenté sous un nouveau point de vue.

14. Notamment les travaux de Francis Corblin et de Georges Kleiber (voir bibliographie).

Dans cet exemple du *Rouge et le Noir* :

«M. de la Mole s'intéressa à ce caractère singulier. Dans les commencements, il caressait les ridicules de Julien, afin d'en jouir ; bientôt il trouva plus d'intérêt à corriger tout doucement les fausses manières de voir de ce jeune homme. Les autres provinciaux qui arrivent à Paris admirent tout, pensait le marquis ; celui-ci hait tout.» (Stendhal, *Le Rouge et le Noir*, Éd. Garnier, 1973, p. 262.)

la première anaphore démonstrative («ce caractère singulier») met en valeur le jugement du marquis de la Mole et établit avec le nom propre («Julien») une coréférence que ne pourrait marquer le défini. L'expression démonstrative est une synecdoque désignant le personnage sous un aspect particulier. La seconde anaphore démonstrative («de ce jeune homme») est en concurrence avec l'utilisation possible d'une anaphore définie («du jeune homme»). L'expression définie identifierait le personnage par rapport à une catégorie sémantique préalablement définie par le texte du roman (Julien est un jeune homme). «Ce jeune homme» marque la présence du point de vue du marquis de la Mole sur Julien et insiste sur la singularité de Julien comme exemple de jeune homme.

L'opposition de la phrase suivante entre «les autres» et «celui-ci» explicite cette orientation du discours.

Au début d'*Une histoire sans nom* (1882) de Barbey d'Aurevilly, la description du lieu se développe par une succession d'anaphores démonstratives, qui attirent l'attention sur un référent requalifié, métaphorisé par une narration éminemment subjective :

«Dans les dernières années du XVIIIᵉ siècle qui précédèrent la Révolution française, au pied des Cévennes, dans *une petite bourgade du Forez*, un capucin prêchait entre vêpres et complies. On était au premier Dimanche du Carême. Le jour s'en venait bas dans l'église, assombrie encore par l'ombre *des montagnes* qui entourent et même étreignent *cette singulière bourgade*, et qui, en s'élevant brusquement au pied de ses dernières maisons, semblent les parois d'un calice au fond duquel elle aurait été déposée. A ce détail original, on l'aura peut-être reconnue... *Ces montagnes* dessinaient un cône renversé. On descendait dans *cette petite*

SUR LE STYLE DE FLAUBERT

«En tous cas il y a une beauté grammaticale, (comme il y a une beauté morale, dramatique, etc.) qui n'a rien à voir avec la correction. C'est d'une beauté de ce genre que Flaubert devait accoucher laborieusement. Sans doute cette beauté pouvait tenir parfois à la manière d'appliquer certaines règles de syntaxe. Et Flaubert était ravi quand il retrouvait dans les écrivains du passé une anticipation de Flaubert, dans Montesquieu, par exemple : "Les vices d'Alexandre étaient extrêmes comme ses vertus ; il était terrible dans la colère ; elle le rendait cruel." Mais si Flaubert faisait ses délices de telles phrases, ce n'était évidemment pas à cause de leur correction, mais parce qu'en permettant de faire jaillir du cœur d'une proposition l'arceau qui ne retombera qu'en plein milieu de la proposition suivante, elles assuraient l'étroite, l'hermétique continuité du style. Pour arriver à ce même but Flaubert se sert souvent des règles qui régissent l'emploi du pronom personnel. Mais dès qu'il n'a pas ce but à atteindre les mêmes règles lui deviennent complètement indifférentes. Ainsi dans la deuxième ou troisième page de *L'Éducation sentimentale*, Flaubert emploie "il" pour désigner Frédéric Moreau quand ce pronom devrait s'appliquer à l'oncle de Frédéric, et quand il devrait s'appliquer à Frédéric pour désigner Arnoux. Plus loin le "ils" qui se rapporte à des chapeaux veut dire des personnes, etc. Ces fautes perpétuelles sont presque aussi fréquentes chez Saint-Simon. Mais dans cette deuxième page de l'*Éducation,* s'il s'agit de relier deux paragraphes pour qu'une vision ne soit pas interrompue, alors le pronom personnel, à renversement pour ainsi dire, est employé avec une rigueur grammaticale, parce que la liaison des parties du tableau, le rythme particulier à Flaubert, sont en jeu : "La colline qui suivait à droite le cours de la Seine s'abaissa, et il en surgit une autre, plus proche, sur la rive opposée.

Des arbres la couronnaient", etc.»

Marcel Proust, «A propos du style de Flaubert», *N.R.F.*, janvier 1920, repris dans *Essais et articles*, Gallimard, «Bibliothèque de la Pléiade», 1971, p. 587-588.

bourgade par un chemin à pic, quoique circulaire, qui se tordait comme un tire-bouchon sur lui-même et formait au-dessus d'elle comme plusieurs balcons, suspendus à divers étages. Ceux qui vivaient dans *cet abîme* [...]» (Jules Barbey d'Aurevilly, *Une histoire sans nom,* Flammarion, «GF», 1990, p. 51, nous soulignons.)

■ **Indications bibliographiques sur l'anaphore et la cataphore**

Francis Corblin, *Les Formes de reprises dans le discours. Anaphores et chaînes de référence*, Presses Universitaires de Rennes, 1995.
Marie-Noëlle Gary-Prieur et Michèle Noailly, «Démonstratifs insolites», *Poétique*, n°105, 1995, p. 111-121.
Marek Keşik, *La Cataphore,* PUF, 1989.
Georges Kleiber, «Pour une explication du paradoxe de la reprise immédiate», *Langue française*, n°72, déc. 1986, p. 54-76.
— *Anaphores et pronoms*, Louvain-la-Neuve, Duculot, 1994.
— *L'Anaphore associative,* PUF, 2001.
Langue française, n°120, «Les démonstratifs : théories linguistiques et textes littéraires», décembre 1998.
Michel Maillard, «Essai de typologie des substituts diaphoriques», *Langue française*, n°21, 1974, p. 55-71. [Synthèse classique sur les divers substituts anaphoriques et cataphoriques.]
Jean-Claude Milner, «Réflexions sur la référence», *Langue française*, n°30, mai 1976, p. 63-73 (Repris et développé dans : *Ordre et raisons de langue*, Éd. du Seuil, 1982, «Théorie de la référence».)
Marie-José Reichler-Beguelin, «Anaphore, cataphore et mémoire discursive», *Pratiques*, n°57, mars 1988, p. 15-43.

3. La désignation dans les romans

Pour désigner un personnage ou un lieu, dans les débuts de roman, l'on dispose donc d'expressions autonomes (expressions indéfinies particulières, noms propres, descriptions définies), et d'expressions de reprise (la répétition pure et simple, la reprise par des substituts nominaux : pronoms représentants, anaphores définies et démonstratives, à propriété essentielle, permanente ou à propriété accessoire).

Quelles expressions permettent de commencer une chaîne référentielle ? Ce sont, bien sûr, les expressions autonomes, et l'on peut s'intéresser à la façon dont les auteurs de fiction jouent de la connaissance partagée, à partir des noms propres fictifs et réels (noms de lieux, en particulier), et des relations entre noms propres et dénominations des personnages.

Germinal commence par une présentation anonyme et générique du protagoniste, emblématique de sa condition :

«Dans la plaine rase, sous la nuit sans étoiles, d'une obscurité et d'une épaisseur d'encre, un homme suivait seul la grande route de Marchiennes à Montsou […].»

«Un homme» est continûment repris par «l'homme», ou par «il», jusqu'à ce que le personnage décline lui-même son nom propre, à la page suivante : Étienne Lantier.

En revanche, *L'Œuvre* ou *La Curée* désignent d'emblée le personnage par son prénom, instaurant une familiarité fictive, comme si l'univers du roman préexistait à sa lecture.

D'autres univers romanesques, comme celui de Claude Simon ou d'Alain Robbe-Grillet, qui brouillent la relation référentielle, brouillent aussi la dénomination des personnages et des énonciateurs, qu'elle soit difficile à fixer, élusive, ou qu'elle reste générique, n'atteignant pas la particularisation nécessaire pour construire un personnage de roman classique.

D'autre part, si «narration et nom propre sont indissolublement liés par l'anaphore» (E. Nicole), quelles expressions servent à continuer la chaîne référentielle ? en relation avec quel contexte sémantique et énonciatif ? Comme les descriptions définies autonomes, les anaphores définies et démonstratives ont pour propriété de fixer la référence du nom propre, de lui attribuer des qualités.

F. Corblin («Les désignateurs dans les romans») propose ainsi de construire une description stylistique des romans à partir de l'emploi des désignateurs. Il oppose ainsi *Thérèse Raquin*, de Zola, roman de la désignation contingente, qui qualifie et classe les personnages à l'aide d'expressions définies ou démonstratives, à *L'Éducation sentimentale* de Flaubert, qui privilégie la «désignation rigide» des noms propres : Frédéric Moreau n'est jamais désigné que par son nom (ou son prénom), ou par le pronom représentant de 3e personne, rarement par «le jeune homme», de même que Mme Arnoux est appelée par son nom, ou par le «Elle» majuscule de sa première apparition.

■ Indications bibliographiques sur les débuts de roman

On pourra consulter, parmi une bibliographie déjà importante :
Andrea Del Lungo, *L'Incipit romanesque*, Éd. du Seuil, «Poétique», 2003. [Mises au point théoriques, analyses de Balzac, bibliographie d'ensemble.]
Claude Duchet, «Idéologie de la mise en texte», *La Pensée*, n°215, oct. 1980, p. 95-108. [Lecture sociocritique des *incipit* des Rougon-Macquart.]

Jean-Daniel Gollut et Joël Zufferey, *Construire un monde. Les phrases initiales de «La Comédie humaine»*, Lausanne, Delachaux et Niestlé, 2000. [Analyse linguistique des premières phrases de *La Comédie humaine*.]
Jean Verrier, *Les Débuts de roman*, Bertrand-Lacoste, 1988. [Excellente initiation à la poétique et à l'histoire des débuts de roman.]

II. LA PROGRESSION THÉMATIQUE

Il faut distinguer au moins trois emplois de «thème»[15], qui correspondent à trois plans d'analyse :
– le thème, au plan de l'œuvre – notion souvent difficile à cerner, qui peut se confondre avec le sujet de l'œuvre. Par exemple, le thème de l'œuvre d'art dans *A la recherche du temps perdu*.
– le thème de discours (la topique/le *topic*), au plan de la séquence du texte : ce sera par exemple, ce dont on parle dans une séquence narrative, argumentative, ou descriptive. C'est la notion de thème de discours qui est pertinente, dans une description (voir p. 217). Une description mobilise en effet non plus seulement la structure informationnelle de l'énoncé, mais l'organisation sémantique, lexicale, et syntaxique d'un texte.
– le thème phrastique opposé au rhème, dont nous allons parler.

1. Thème et rhème

Les travaux de l'École de Prague ont développé, au-delà de l'analyse sémantique et syntaxique de la phrase, celle de son rôle informationnel. Dans cette perspective, le *thème*, est défini comme le «connu», ou l'«acquis» du discours (ce qui se présente comme une information déjà donnée), «ce qui se rattache au contexte précédent», par opposition au *rhème*, qui désigne, dans une phrase, l'information présentée comme «nouvelle».

La notion de «dynamisme communicatif», proposée par Firbas, permet de considérer des degrés dans une opposition qui se présente plutôt comme une gradation : du plus bas degré d'information (le thème propre), au plus haut degré d'information (le rhème propre). Nous n'entrerons pas dans les détails de l'analyse[16].

La distinction n'est pas toujours facile à faire dans les énoncés, entre ce qui est de l'ordre du thème ou du

15. Sur le sujet, on pourra se reporter au n°64 de la revue *Poétique*, «Du thème en littérature», nov. 1985.

16. Voir pour tout ce développement la présentation de Bernard Combettes, *Pour une grammaire textuelle. La progression thématique.* Voir aussi *Langue française*, n°78, mai 1988, «Le thème en perspective» (articles de B. Fradin sur les constructions à détachement, et de J.-M. Marandin sur la notion de thème de discours).

rhème. L'important reste toujours de tenir compte du contexte communicatif :

– L'ordre des mots est un critère de distinction parfois proposé (à gauche du verbe seraient plutôt les éléments thématiques), mais ce critère n'est pas toujours suffisant.

– Le test de l'interrogation peut permettre de dégager le rhème de phrases simples. Ainsi, «Pierre viendra demain» peut répondre, selon les contextes, à : «*qui* viendra demain ?», ou «*que fera* Pierre ?», ou «*quand* viendra Pierre ?» L'intonation souligne les différents éléments rhématiques de la réponse. Par exemple, à la question : «*qui* viendra demain ?» : «*Pierre* viendra demain».

– La tournure d'emphase ou tournure clivée «c'est... que» ou «c'est... qui», toujours rhématique, peut faire ressortir le rhème : «c'est Pierre qui viendra demain», «c'est demain que Pierre viendra».

De fait, cette opposition du thème et du rhème, interne à la phrase, est difficile à utiliser dans l'étude des textes littéraires. Elle est intéressante, cependant, dans la mesure où elle concerne les modes d'enchaînement et de progression des textes, et où la reprise d'un thème de phrase peut se confondre avec la reprise du thème de discours.

2. Les types de progression thématique

La progression thématique est un élément important de la cohésion et de la cohérence du texte. On en distingue trois principales : la progression linéaire, la progression à thème constant, la progression à thèmes dérivés, qui alternent souvent dans un texte. A cela s'ajoute la rupture thématique.

a. La progression thématique linéaire

Ce type de progression se prête bien à l'avancée du récit, à l'enchaînement du récit et de la description. Il produit un effet stylistique de continuité : le rhème d'une phrase est à l'origine du thème de la phrase suivante. Le début d'*Un cœur simple* nous en offre un bel exemple :

> «Pendant un demi-siècle, les bourgeoises de Pont-l'Evêque envièrent à Mme Aubain *sa servante Félicité.*
>
> Pour cent francs par an, *elle* faisait la cuisine [...] et resta fidèle à *sa maîtresse, – qui cependant n'était pas une personne agréable.*
>
> *Elle* avait épousé un beau garçon sans fortune, mort au commencement de 1809, en lui laissant deux enfants très

jeunes avec une quantité de dettes. Alors elle vendit ses immeubles, sauf la ferme de Toucques et la ferme de Gef-fosses, dont les rentes montaient à 5 000 francs tout au plus, et elle quitta sa maison de Saint-Melaine pour *en habiter une autre* moins dispendieuse, ayant appartenu à ses ancêtres et placée derrière les halles.

Cette maison, revêtue d'ardoises [...]» (G. Flaubert, *Un cœur simple*, éd. cit., p. 47-48, nous soulignons.)

L'«hermétique continuité du style» de Flaubert, dont parle Proust, n'est donc pas le seul résultat de l'emploi du pronom à référent variable (ici «elle»). Elle tient aussi à ce type d'enchaînement linéaire, qui fait du rhème de fin de paragraphe le thème du paragraphe suivant, en alternance avec d'autres types de progression (ainsi, dans l'exemple précédent, la progression à thème constant au cours du troisième paragraphe : «Elle» [...] «elle» [...], «et elle»).

b. La progression à thème constant

Cette progression peut être prolongée plus longtemps que la précédente. Le même thème apparaît dans des phrases successives, pourvues de rhèmes différents. En voici un exemple :

«La journée fut ennuyeuse pour Julien, *il* la passa tout entière à exécuter avec gaucherie son plan de séduction. *Il* ne regarda pas une seule fois Mme de Rênal, sans que ce regard n'eût un pourquoi ; cependant, *il* n'était pas assez sot pour ne pas voir qu'*il* ne réussissait point à être aimable, et encore moins séduisant». (Stendhal, *Le Rouge et le Noir*, éd. cit., p. 78, nous soulignons.)

La citation commence par un enchaînement linéaire – «il» reprend un élément du rhème précédent («Julien») ; celui-ci est suivi d'un enchaînement à thème constant, marqué par la reprise constante de «il».

c. La progression à thèmes dérivés

C'est une progression plus complexe, et contraignante. Le thème principal ou «hyperthème» (qui peut se trouver lui-même en position de thème ou de rhème, être présent nommément, ou être inférable du contexte) est subdivisé en thèmes secondaires ou sous-thèmes. Cela concerne essentiellement les descriptions, et les textes explicatifs. B. Combettes[17] cite cette énumération de *Salammbô*, dont l'hyperthème est formé par «les Barbares» :

17. Voir B. Combettes, *op. cit.*, p. 97 et suiv.

«Aussi *les Barbares* s'établirent dans la plaine tout à leur aise, ceux qui étaient disciplinés par troupes régulières, et les autres, par nations ou d'après leur fantaisie.

> *Les Grecs* alignèrent sur des rangs parallèles leurs tentes de peaux ; *les Ibériens* disposèrent en cercle leurs pavillons de toile ; *les Gaulois* se firent des baraques de planches ; *les Libyens* des cabanes de pierres sèches, et *les Nègres* creusèrent dans le sable avec leurs ongles des fosses pour dormir.» (G. Flaubert, *Salammbô* [1862], «GF-Flammarion», 2001, p. 87, nous soulignons.)

Souvent, l'hyperthème est implicite. Dans les descriptions, il peut être constitué par la récurrence des indications spatiales qui organisent la topographie. Le récit des *Fleurs bleues* commence ainsi :

> «Le vingt-septembre douze cent soixante-quatre, au petit jour, le duc d'Auge se pointa sur le sommet du donjon de son château pour y considérer, un tantinet soit peu, la situation historique. Elle était plutôt floue. Des restes du passé traînaient encore çà et là, en vrac. Sur les bords du ru voisin, campaient deux Huns ; non loin d'eux un Gaulois, Éduen peut-être, trempait audacieusement ses pieds dans l'eau courante et fraîche. Sur l'horizon se dessinaient les silhouettes molles de Romains fatigués, de Sarrasins de Corinthe, de Francs anciens, d'Alains seuls. Quelques Normands buvaient du calva.» (Raymond Queneau, *Les Fleurs bleues*, Gallimard, 1965, p. 9.)

Dans ce début des *Fleurs bleues*, la disposition de l'espace constitue une structure thématique à thèmes dérivés à partir de «traînaient encore çà et là» : «Sur les bords du ru», «non loin d'eux», «sur l'horizon». Mais cet exemple fait ressortir le caractère limité de la stricte application de la notion de «thème» (opposée à «rhème») à un texte littéraire, quand elle ne recouvre pas la notion, plus large, de «thème de discours» (voir p. 245). La «topique» du passage est bien constituée par la topographie, mais aussi par les composantes de ce tableau historique des «divers restes du passé».

d. Ruptures thématiques

Elles se produisent quand le thème d'une phrase ne peut être rattaché à ce qui précède. Dans cet exemple, le syntagme indéfini («un coq») ouvre une séquence rhématique, qui rompt avec la progression thématique linéaire :

> «Revenue à elle, elle revit le fantôme, ou la statue, comme elle dit toujours, immobile, les jambes et le bas du corps dans le lit, le buste et les bras étendus en avant, et entre ses bras son mari, sans mouvement. Un coq chanta. Alors la statue sortit du lit, laissa tomber le cadavre et sortit.» (Prosper Mérimée, *La Vénus d'Ille*, dans *Colomba et dix autres nouvelles*, Gallimard, «Folio», 1964, p. 310.)

■ **Indications bibliographiques**
sur la progression thématique et la cohésion textuelle

Michel Charolles, «Introduction au problème de la cohérence des textes», *Langue française*, n°38, mars 1978, p. 7-43.

— «Les études sur la cohérence, la cohésion et la connexité textuelles depuis la fin des années 1960», *Modèles linguistiques*, X, 2, 1988, p. 45-66.

Bernard Combettes, *Pour une grammaire textuelle. La progression thématique*, Paris-Bruxelles, De Boeck-Duculot, 1983. [Présentation très claire de la perspective fonctionnelle.]

Bernard Combettes, Roberte Tomassonne, *Le Texte informatif, aspects linguistiques,* Bruxelles, De Boeck-Université, - Paris, Editions universitaires, 1988. [A partir d'exemples non littéraires, traite de l'introduction des éléments nouveaux dans un texte, des reprises anaphoriques, et de la progression thématique.]

III. LE PARAGRAPHE

La notion de paragraphe mérite d'être prise en compte à chaque moment de l'analyse.

Historiquement, le paragraphe est d'abord un signe «en ajout»[18] dans le manuscrit (différent du signe actuel), qui signale (parmi d'autres moyens) une division dans une écriture continue. L'âge de l'imprimerie marque le passage de «l'art du plein» à «l'art du vide» (R. Laufer) : «L'alinéa, jeu du blanc, est une invention de l'imprimerie.»[19] Parfois employé comme un synonyme de «paragraphe», l'alinéa désigne le passage à la ligne et le rentré qui ouvre en général le paragraphe. Celui-ci est encore aujourd'hui un signe typographique (§), mais il se définit surtout «comme une phrase ou une suite de phrases entre deux alinéas, c'est-à-dire comme un bloc de phrases tenant son unité d'un artifice graphique, l'alinéa» (H. Mitterand[20]). Toutefois, le découpage d'un texte en paragraphes n'est pas seulement une affaire d'esthétique ou de lisibilité. Le paragraphe est aussi une unité d'ordre sémantique, thématique, énonciatif, rythmique.

1. Frontières des paragraphes

Y a-t-il des éléments linguistiques délimitant les frontières des paragraphes, les débuts et les fins ?

Les *débuts* peuvent être marqués par des adverbes de temps ou d'espace (marquant une succession d'événements, un changement de lieu), de nouveaux noms

18. Voir à ce sujet Henri Bessonnat, «Le découpage en paragraphes et ses fonctions», *Pratiques,* n°57, et Jean Vezin «La division en paragraphes dans les manuscrits de la basse antiquité et du haut moyen âge», dans *La Notion de paragraphe*, p. 41-51.

19. Roger Laufer, «L'alinéa typographique du XVIe au XVIIIe siècle», *ibid.*, p. 53.

20. Henri Mitterand, «Le paragraphe est-il une unité linguistique ?», *ibid.*, p. 85.

(changement d'actants), des anaphoriques (rappelant les référents du texte, en particulier dans la progression linéaire), par des changements de temps et d'aspects verbaux (passage du passé simple de premier plan à l'imparfait d'arrière-plan), par des connecteurs logiques ou argumentatifs, des organisateurs du discours («d'abord», «ensuite»), des marqueurs de sélection thématique («pour ce qui est de», «quant à»).

Les *fins* de paragraphe font appel à des termes récapitulatifs, des adverbes indiquant l'épuisement d'une liste («enfin»), la consécution ou la déduction («donc», «par conséquent»), la conclusion d'un raisonnement («de ce fait», «c'est pourquoi», «ainsi»), apparaissant au début de la dernière phrase (ceci vaut surtout pour les paragraphes complexes). Les fins de paragraphes sont le lieu des mises en valeur sémantiques, et lexicales[21]. Elles peuvent être marquées aussi par un changement de rythme, la présence d'une phrase brève ou d'une période dont «les derniers mots forment clausule à la fois par leur sens et par leur cadence» (H. Mitterand, art. cit.).

2. Fonctions démarcatives et cohésion des paragraphes

Si le paragraphe est une unité textuelle, à quel moment change-t-on de paragraphe ? L'alinéa peut signaler un changement de régime du texte. H. Mitterand distingue ainsi :

– des paragraphes *thématiques* : de quoi parle-t-on ? L'alinéa coïncide avec un changement de thème ou une rupture thématique.

– Des paragraphes *prédicatifs* : que dit-on sur un thème qui a été énoncé précédemment ?

– Des paragraphes *génériques* : l'alinéa marque un changement de type d'énoncé (passage du narratif au descriptif, du récit au commentaire – voir le texte n°31).

– Des paragraphes *sémio-narratifs* : chacun étant consacré à une étape du récit (voir le texte n°31).

– Des paragraphes *sémio-argumentatifs* : l'alinéa marque le passage d'une partie à l'autre du discours, d'un argument à l'autre, d'un raisonnement général à l'exemple.

– Des paragraphes *énonciatifs* : l'alinéa correspond à une alternance dans les actes de parole (passage de l'assertif

21. Sur les clausules textuelles, voir Ph. Hamon, «Clausules», *Poétique*, n°24, 1975, p. 495-526.

au promissif), à un changement d'interlocuteur dans le dialogue, ou de voix dans le récit de paroles.

D'autres données interviennent dans une linguistique textuelle du paragraphe : sa composition, et son articulation à l'ensemble du texte.

On sera sensible à la dimension et au degré de complexité des paragraphes, aux marques internes de cohésion (termes de liaison, système temporel, récurrence et progression thématique, expansion sémantique), à la logique de progression d'un paragraphe à l'autre (à leur architecture narrative ou argumentative), à la répartition des alinéas. Les alinéas (et les blancs qui entourent le paragraphe) jouent en effet un rôle important et divers selon les auteurs : par exemple, dans la mise en texte des listes, chez Perec, dans la fragmentation de la parole, chez Vallès, ou Flaubert, dans la mise en scène de l'énoncé et de l'énonciation, chez Michelet, ou Hugo, etc.

■ **Indications bibliographiques sur le paragraphe**

Marc Arabyan, *Le Paragraphe narratif. Étude typographique et linguistique de la ponctuation textuelle dans les récits classiques et modernes*, L'Harmattan, 1994.
Henri Bessonnat, «Le découpage en paragraphes et ses fonctions», *Pratiques*, n°57, mars 1988, p. 81-105.
Jacques Drillon, *Traité de ponctuation française*, Gallimard, «Tel», 1992, chap. 13.
Guy Larroux, «Grammaire d'un paragraphe flaubertien», *Poétique*, n°76, nov. 1988, p. 475-485. [Étude d'un paragraphe de *L'Éducation sentimentale*]
La Notion de paragraphe, Éd. du CNRS, 1985.
Michel Sandras, «Le blanc, l'alinéa», *Communications*, n°19, 1972, p. 105-114. [Sur *L'Éducation sentimentale.*]

IV. LES CONNECTEURS

On se contentera d'indiquer ici quelques orientations d'étude.

On appelle *connecteurs* des morphèmes (adverbes, conjonctions de coordination ou de subordination, parfois même interjections), qui établissent une liaison entre deux énoncés, voire entre un énoncé et une énonciation. Ils regroupent des connecteurs logiques et des connecteurs argumentatifs comme «mais», c'est-à-dire des mots qui, en plus de leur rôle de jonction, insèrent les énoncés qu'ils relient dans un cadre argumentatif. L'étude des connecteurs intègre ainsi les perspectives de la grammaire de texte (soucieuse de la cohésion du texte) et celles de la pragmatique (intéressée par l'orientation argumentative des énoncés et la relation d'interlocution).

L'absence de connecteur entre deux énoncés est en soi une forme de jonction. Parmi les connecteurs, on distinguera :

• *Les termes à valeur de succession temporelle* («puis», «alors», «ensuite», «enfin»). Ils peuvent établir une liaison chronologique dans l'ordre de l'histoire, mais aussi marquer la continuité du récit, ou porter sur le discours narratif[22]. Par exemple, «enfin» joint à sa valeur temporelle («à la fin») une valeur énonciative d'interjection dans «Enfin, le navire partit» (*L'Éducation sentimentale*), et il peut prendre un sens métadiscursif («enfin» = «pour terminer»).

• *Les connecteurs marquant la causalité* : «car», «parce que», «puisque», «en effet». Les analyses d'O. Ducrot ont mis en valeur les oppositions pragmatiques entre les trois premiers de ces connecteurs.

«Puisque» et «car», à la différence de «parce que» unissent non pas deux énoncés, mais deux actes d'énonciation. Dans cette réplique de *Jacques Le Fataliste*, où Jacques dit à son maître :

> «Et qui est-ce qui a fait le grand rouleau où tout est écrit ? Un capitaine, ami de mon capitaine, aurait bien donné un petit écu pour le savoir ; lui, n'aurait pas donné une obole, ni moi non plus ; *car à quoi cela me servirait-il* ? En éviterais-je pour cela le trou où je dois m'aller casser le cou ?» (Denis Diderot, *Jacques le Fataliste* (1796), dans *Œuvres romanesques*, Éd. Garnier, 1962, p. 503, nous soulignons.)

la question rhétorique introduite par «car» vient justifier l'assertion précédente («lui n'aurait pas donné une obole, ni moi non plus»), après la pause du point-virgule, et s'insère dans une argumentation en faveur de l'acceptation du déterminisme.

Avec «car» ou «puisque», c'est le lien de causalité qui est présupposé admis de l'interlocuteur, et soustrait à la discussion. La particularité offensive de «puisque» tient à ce qu'il possède une dimension polyphonique[23] qui n'existe pas avec «car» : le point de vue présenté par «puisque» peut être attribué à un énonciateur distinct du locuteur. Ainsi, après avoir évoqué puis congédié divers

22. Voir les analyses de H. Weinrich sur «Puis», comme adverbe de consécution narrative, et sur «or», comme signal du passage de l'arrière-plan au premier plan (*supra*, p. 85).

23. Voir chap. 7, p. 119.

possibles romanesques de son récit («vous allez croire que»), le narrateur de *Jacques le Fataliste* reprend :

> «Il est bien évident que je ne fais pas un roman, *puisque je néglige ce qu'un romancier ne manquerait pas d'employer.* Celui qui prendrait ce que j'écris pour la vérité, serait peut-être moins dans l'erreur que celui qui le prendrait pour une fable.» (*ibid.*, p. 505, nous soulignons.)

La proposition introduite par «puisque» justifie la déné-gation qui précède («Il est bien évident que je ne fais pas un roman») par un argument présenté comme une évi-dence reprise à un énonciateur qui se confond avec le destinataire-lecteur. Le jeu sur la fiction consiste à pro-duire comme un argument admis, une affirmation portant sur ce que le narrateur a dit qu'il n'écrirait pas, mais qu'il a quand même évoqué par prétérition, quelques lignes plus haut («Vous allez croire que cette petite armée tombera sur Jacques et son maître, qu'il y aura une action sanglante, des coups de bâton donnés, des coups de pistolet tirés ; et il ne tiendrait qu'à moi que tout cela n'arrivât ; mais adieu la vérité de l'histoire, adieu le récit des amours de Jacques.», *ibid.*).

«Parce que», en revanche, pose l'explication d'un fait présupposé connu, et dans l'enchaînement de l'argumenta-tion, c'est l'explication qui peut faire l'objet du débat. Jacques répond à son maître, qui lui demande de se lever :

> «JACQUES : Pourquoi ?
> LE MAÎTRE : Pour sortir d'ici au plus vite.
> JACQUES : Pourquoi ?
> LE MAÎTRE : Parce que nous y sommes mal.
> JACQUES : Qui le sait, et si nous serons mieux ailleurs ?»
> (*ibid,* p. 501-502.)

La réplique de Jacques («Qui le sait, et si nous serons mieux ailleurs ?») enchaîne bien sur l'énoncé de son maître (et non sur l'énonciation), et elle réfute une expli-cation qui est posée comme un enjeu de la discussion.

Des trois connecteurs de cause, seul «parce que» peut ainsi répondre à une question portant sur la cause ; et ce, même si on refuse de la révéler : «Pourquoi as-tu fait ça ? – Parce que».

● *Les connecteurs marquant la conséquence* : «ainsi» (qui peut aussi introduire un exemple), «donc», «c'est pourquoi».

● *Les connecteurs d'opposition* : «mais» (voir chap. 7, p. 116-117), «cependant», «toutefois», «quand même».

● *Les connecteurs marquant la disjonction* : «ou» (à valeur de disjonction exclusive : =«ou bien», ou inclusive, admettant la vérité simultanée des deux propositions).

● *Ceux marquant l'addition* : «et», «de plus», «en outre», «d'ailleurs». «D'ailleurs» est un connecteur argumentatif intéressant. Selon O. Ducrot (*Les Mots du discours*), «d'ailleurs» introduit dans un raisonnement un argument supplémentaire, allant dans le sens des premiers, mais présenté comme subsidiaire : de ce fait, il permet d'accréditer les arguments précédents, et n'est pas soumis lui-même à discussion. Ainsi, les grandes digressions proustiennes sont souvent ouvertes par un «D'ailleurs», qui relie l'exemple à l'expression d'une loi générale, ou l'exemple à une autre expression de la même loi, comme la loi des «traits familiaux», exemplifiée ensuite par «Ainsi» :

> «Mais moi qui avais jadis fait de si longs trajets pour l'apercevoir au Bois, qui avais écouté le son de sa voix tomber de sa bouche, la première fois que j'avais été chez elle, comme un trésor, les minutes passées maintenant auprès d'elle me semblaient interminables à cause de l'impossibilité de savoir que lui dire et je m'éloignai tout en me disant que les paroles de Gilberte "Vous me prenez pour ma mère" n'étaient pas seulement vraies, mais encore qu'elles n'avaient rien que d'aimable pour la fille.
>
> D'ailleurs, il n'y avait pas que chez cette dernière qu'avaient apparu des traits familiaux qui jusque-là étaient restés aussi invisibles dans sa figure que ces parties d'une graine repliées à l'intérieur et dont on ne peut deviner la saillie qu'elles feront un jour au-dehors. Ainsi un énorme busquage maternel venait chez l'une ou chez l'autre transformer vers la cinquantaine un nez jusque-là droit et pur.» (Marcel Proust, *Le Temps retrouvé*, Flammarion, «GF», 1986, p. 352-353).

■ Indications bibliographiques sur les connecteurs

Jean-Michel Adam, «Des mots au discours : l'exemple des principaux connecteurs», *Pratiques*, n°43, oct. 1984, p. 107-122. [Sur «mais», «si», «donc», «alors», «car», «parce que», «puisque».]

Gérald Antoine, *La Coordination en français*, D'Artrey, vol. 1, 1959, vol. 2, 1962. [Thèse classique sur la coordination, dans une perspective diachronique et synchronique.]

Peter Blumenthal, *La Syntaxe du message. Application au français moderne,* Tübingen, Max Niemer Verlag, 1980. [2e partie sur les connecteurs, dans la perspective d'une grammaire de texte.]

Oswald Ducrot, *Le Dire et le dit*, Éd. de Minuit, 1984. [Analyse polyphonique de «certes».].

— *Les Mots du discours*, Éd. de Minuit, 1980. [Analyses pragmatiques de «puisque», «mais», «d'ailleurs», «eh bien».]
Oswald Ducrot *et al.,* «Car, parce que, puisque», *Revue romane*, 2-X, 1975, p. 248-280.
(Sur «mais», voir aussi p. 117).

Exemples

Nous étudierons d'abord les reprises anaphoriques dans la désignation des personnages au début de Splendeurs et Misères des courtisanes, *de Balzac. Puis nous analyserons les paragraphes d'un passage de* Boule de suif, *de Maupassant.*

Honoré de Balzac
Splendeurs et Misères des courtisanes (1844), «Le Livre de Poche», 1988, p. 11-12.

TEXTE
30

En 1824, au dernier bal de l'Opéra, plusieurs masques furent frappés de la beauté d'un jeune homme qui se promenait dans les corridors et dans le foyer, avec l'allure des gens en quête d'une femme retenue au logis par des circonstances imprévues. Le secret de cette démarche, tour
5 à tour indolente et pressée, n'est connu que des vieilles femmes et de quelques flâneurs émérites. Dans cet immense rendez-vous, la foule observe peu la foule, les intérêts sont passionnés, le Désœuvrement lui-même est préoccupé. Le jeune dandy était si bien absorbé par son inquiète recherche, qu'il ne s'apercevait pas de son succès : les exclama-
10 tions railleusement admiratives de certains masques, les étonnements sérieux, les mordants lazzis, les plus douces paroles, il ne les entendait pas, il ne les voyait point. Quoique sa beauté le classât parmi ces personnages exceptionnels qui viennent au bal de l'Opéra pour y avoir une aventure, et qui l'attendent comme on attendait un coup heureux à la
15 Roulette quand Frascati vivait, il paraissait bourgeoisement sûr de sa soirée ; il devait être le héros d'un de ces mystères à trois personnages qui composent tout le bal masqué de l'Opéra, et connus seulement de ceux qui y jouent leur rôle ; car, pour les jeunes femmes qui viennent afin de pouvoir dire : *J'ai vu* ; pour les gens de province, pour les jeunes gens
20 inexpérimentés, pour les étrangers, l'Opéra doit être alors le palais de la fatigue et de l'ennui. [...] A de rares exceptions près, à Paris, les hommes ne se masquent point : un homme en domino paraît ridicule. En ceci le génie de la nation éclate. Les gens qui veulent cacher leur bonheur peuvent aller au bal de l'Opéra sans y venir, et les masques

25 absolument forcés d'y entrer en sortent aussitôt. Un spectacle des plus amusants est l'encombrement que produit à la porte, dès l'ouverture du bal, le flot des gens qui s'échappent aux prises avec ceux qui y montent. Donc, les hommes masqués sont des maris jaloux qui viennent espionner leurs femmes, ou des maris en bonne fortune qui ne veulent pas être

30 espionnés par elles, deux situations également moquables. Or, le jeune homme était suivi, sans qu'il le sût, par un masque assassin, gros et court, roulant sur lui-même comme un tonneau. Pour tout habitué de l'Opéra, ce domino trahissait un administrateur, un agent de change, un banquier, un notaire, un bourgeois quelconque en soupçon de son infi-

35 dèle. En effet, dans la très haute société, personne ne court après d'humiliants témoignages. Déjà plusieurs masques s'étaient montré en riant ce monstrueux personnage, d'autres l'avaient apostrophé, quelques jeunes s'étaient moqués de lui, sa carrure et son maintien annonçaient un dédain marqué pour ces traits sans portée ; il allait où le menait le jeune

40 homme, comme va un sanglier poursuivi qui ne se soucie ni des balles qui sifflent à ses oreilles, ni des chiens qui aboient après lui.

COMMENTAIRE DU TEXTE 30

En ce début de roman, le lecteur est invité à déchiffrer une double énigme. Deux inconnus nous sont présentés, au bal de l'Opéra, sous le regard des autres membres de la fête. La désignation et les reprises anaphoriques, alliées aux expressions généralisantes, construisent dès les deux premières pages un effet de savoir, une hiérarchie des personnages, tout en préservant le suspens. D'emblée, le lecteur est conduit à déchiffrer l'envers des apparences.

Le texte met en jeu deux séries de chaînes référentielles, l'une dominée par les anaphores définies, l'autre par les anaphores démonstratives. La désignation particulière, dans les deux cas, est mise en relation avec un savoir gnomique, qui d'emblée classe, répertorie les référents particuliers en les rapportant à des catégories et des lois générales.

I. LES ANAPHORES DÉFINIES

Une première chaîne référentielle est constituée par la série «un jeune homme» (l. 2), repris par «le jeune dandy» (l. 8), puis «le jeune homme» (l. 30-31 et 39-40), en alternance avec le pronom anaphorique «il». Rien que de très classique pour ce récit qui allie la présentation omnisciente et le point de vue de la focalisation externe[24]. «Le jeune dandy» est une anaphore définie infidèle, qu'on peut considérer comme un quasi synonyme de «jeune homme», associé à «beauté», ou comme un hyponyme de «jeune homme» contenant en plus le trait d'élégance. L'intéressant est que le texte de Balzac continue pendant une trentaine de lignes par des considérations générales (nous avons supprimé quelques lignes dans notre extrait), avant de reprendre la désignation par l'anaphore fidèle «le jeune homme» (l. 39 et 40), qui fonctionne bien ici comme un anaphorique de signalement. L'expression définie rappelle une entité définie dans la mémoire du texte. L'anaphore fidèle, qui est une appellation générique, facilite l'identification, tout en maintenant l'énigme sur l'identité de la personne. De plus, elle tend à présenter d'emblée ce personnage comme un protagoniste possible de l'histoire.

II. LES ANAPHORES DÉMONSTRATIVES

Une autre chaîne référentielle se constitue à partir de l'expression indéfinie «un masque assassin» (l. 31), reprise par «ce domino» (l. 36), puis «ce monstrueux personnage» (l. 36-37), en alternance aussi avec le pronom «il». «Masque» et «domino» sont des métonymies du vêtement qui désignent le personnage par ce qui dissimule son identité. L'anaphore démonstrative attire l'attention sur un élément nouveau, particulier, et présente le point de vue intrigué des flâneurs. L'expression définie «le domino» serait acceptable, mais «ce domino» insiste sur l'instanciation particulière du lexème, et établit la coréférence avec l'expression précédente. De même «ce monstrueux personnage», avec l'adjectif évaluatif, accompagne la mise en relief du personnage, et le geste d'ostension décrit dans le texte (l. 36). De plus, l'anaphore démonstrative permet d'assurer sans ambiguïté l'identité référentielle avec les désignations antérieures.

Le texte comprend parallèlement d'autres anaphores démonstratives. «Cette démarche» (l. 4), qui se rapporte au «jeune homme» dont on a parlé, résume et thématise l'énoncé précédent («se promenait [...] avec l'allure des gens en quête [...]») : cette anaphore ne peut être mise en place qu'avec le déterminant démonstratif, qui prend en charge la coréférence entre la nouvelle formulation et la description antérieure. Ici, l'interprétation de l'anaphore est à la fois déterminée par un critère de position (le démonstratif reprend l'expression la plus proche) et par un critère énonciatif (le démonstratif marque une nouvelle prise en charge du référent).

L'autre exemple, «cet immense rendez-vous» (l. 6), fait référence à un antécédent éloigné, mais implicitement thématisé tout au long de ce début de roman : il s'agit du bal de l'Opéra. Seul le démonstratif permet d'associer la dénomination métaphorique au terme propre, de le rebaptiser, de l'insérer dans une nouvelle classification.

III. «UN DE CES...QUI»

S'agissant de Balzac, le lecteur n'est pas étonné de se trouver confronté d'emblée avec l'expression de classifications généralisantes (le verbe «classer» apparaît même l. 12). Il y a ici plusieurs types d'expressions généralisantes, accompagnées le plus souvent par des verbes au présent gnomique (par exemple, l. 5, 7-8, 13-14), parmi lesquelles on distinguera les expressions autonomes et certaines formes de cataphores.

Les expressions autonomes généralisantes comprennent ici principalement des expressions indéfinies au singulier, comme «un homme en domino paraît ridicule» (l. 22), ou «comme va un sanglier poursuivi» (l. 40), des expressions définies au singulier («le Désœuvrement», avec la personnification par synecdoque d'abstraction, l. 7), et au pluriel («les hommes», l. 21-22).

Ce qui nous retiendra est un procédé balzacien bien connu, illustré la plupart du temps par la formule «un de ces [...] qui», ou «ce(s) [...] qui».

On la retrouve dans le texte, avec une relative au présent de vérité générale : «Quoique sa beauté le classât parmi ces personnages exceptionnels qui [...]» (l. 12-13), «il devait être le héros d'un de ces mystères à trois personnages qui [...]» (l. 16).

C'est, à première vue, une cataphore démonstrative, qui permet de rattacher l'espèce particulière à une catégorie générale. M. Keşik identifie plutôt la construction à ce que T. Fraser et A. Joly ont appelé une «exophore mémorielle», c'est-à-dire une expression qui n'introduit pas un nouvel objet de discours, mais qui «fait référence à un objet extradiscursif […] non physiquement présent, présent seulement à la mémoire du locuteur et, éventuellement, de l'allocutaire»[25]. A propos d'expressions de ce type, O. Ducrot parle de «démonstration simulée» ou de «pseudo-référence» : «le locuteur, dans ce cas, *fait comme* s'il était en présence de l'objet, ou comme si cet objet avait été constitué dans le discours antérieur»[26].

L'intérêt de ces formulations, c'est qu'elles n'introduisent pas seulement une catégorie exemplaire, comme l'expression indéfinie «un homme en domino paraît ridicule». Elles présentent la référence à un ensemble de connaissances et de normes comme le rappel de valeurs et de référents partagés avec le lecteur, alors qu'en fait elles ouvrent un univers de croyance dans la fiction.

25. Cité par M. Keşik, *op. cit.*, p. 61-62. Sur l'«exophore mémorielle», voir aussi *supra*, p. 20.

26. O. Ducrot, *Dire et ne pas dire*, p. 245.

CONCLUSION

Dans ce début de *Splendeurs et Misères des courtisanes*, le bal masqué apparaît un microcosme de la société, que le romancier pose d'entrée comme un monde à déchiffrer.

Dans cette mise en texte du savoir, anaphores et expressions généralisantes jouent un rôle complémentaire. Les unes construisent des chaînes référentielles, qui font émerger des lieux et des personnages, les autres rapportent ces référents de la fiction à un ensemble de connaissances et de croyances, qui se présentent moins comme les fiches qu'un ethnographe pourrait déverser dans la fiction que comme un monde de représentations en arrière-plan du roman, données en partage au lecteur.

TEXTE
31

Guy de Maupassant
Boule de suif (1880), Flammarion, «GF», 1991, p. 46-47.

Il est question de l'occupation de Rouen par les Prussiens, après la défaite de 1870.

Les vainqueurs exigeaient de l'argent, beaucoup d'argent. Les habitants payaient toujours ; ils étaient riches d'ailleurs. Mais plus un négociant normand devient opulent et plus il souffre de tout sacrifice, de toute parcelle de sa fortune qu'il voit passer aux mains d'un autre.

5 Cependant, à deux ou trois lieues sous la ville, en suivant le cours de la rivière, vers Croisset, Dieppedalle ou Biessart, les mariniers et les pêcheurs ramenaient souvent du fond de l'eau quelque cadavre d'Allemand gonflé dans son uniforme, tué d'un coup de couteau ou de savate, la tête écrasée par une pierre, ou jeté à l'eau d'une poussée du haut d'un
10 pont. Les vases du fleuve ensevelissaient ces vengeances obscures, sauvages et légitimes, héroïsmes inconnus, attaques muettes, plus périlleuses que les batailles au grand jour et sans le retentissement de la gloire.

Car la haine de l'Étranger arme toujours quelques Intrépides prêts à mourir pour une Idée.

15 Enfin, comme les envahisseurs, bien qu'assujettissant la ville à leur inflexible discipline, n'avaient accompli aucune des horreurs que la renommée leur faisait commettre tout le long de leur marche triomphale, on s'enhardit, et le besoin du négoce travailla de nouveau le cœur des commerçants du pays. Quelques-uns avaient de gros intérêts engagés
20 au Havre que l'armée française occupait, et ils voulurent tenter de gagner ce port en allant par terre à Dieppe où ils s'embarqueraient.

On employa l'influence des officiers allemands dont on avait fait la connaissance, et une autorisation de départ fut obtenue du général en chef.

COMMENTAIRE DU TEXTE 31

Nous étudierons dans ce texte le paragraphe comme unité textuelle. Nous analyserons les fonctions démarcatives des paragraphes, puis leurs frontières et leur cohésion.

I. FRONTIÈRES DES PARAGRAPHES

1. Débuts

Le début des paragraphes est marqué par plusieurs signaux.

• L'anaphore

27. Voir la n. 20 de l'éd. «GF», par Antonia Fonyi.

«Les vainqueurs» (l. 1, qui se substitue à une variante plus ancienne, «les Prussiens»[27]) et «les envahisseurs» (l. 15) sont des anaphores présuppositionnelles (voir p. 240). Ce sont les informations construites par le récit qui permettent d'assurer la coréférence entre ces deux expressions et la désignation antérieure des soldats prussiens. En même temps chacun de ces désignateurs qualifie le référent d'un point de vue particulier.

Dans le premier cas, les Prussiens sont présentés comme ceux qui ont gagné la guerre, et qui ont le pouvoir d'exiger un tribut.

Dans le second cas, les «envahisseurs» désignent l'ennemi usurpateur. Le quatrième paragraphe oppose ironiquement la peur des bourgeois rouennais à leur souci du commerce, alors que les deux paragraphes précédents vont dans le sens d'une valorisation de l'héroïsme. «Les envahisseurs» sont une expression polyphonique[28], qui renvoie à un point de vue dont se dissocie le narrateur, comme l'énoncé «aucune des horreurs que la renommée leur faisait commettre» (l. 16-17).

28. Voir p. 119.

• Le changement de sujets
Au second paragraphe, «les mariniers, et les pêcheurs» indiquent un changement thématique.

Au dernier paragraphe, l'emploi de «on» marque une indifférenciation des acteurs dans la négociation avec les officiers allemands. «On» contraste avec un autre indéfini qui isole un groupe à la fin du paragraphe précédent : «Quelques-uns». Il marque un degré de plus dans l'indétermination personnelle.

• Les connecteurs logiques et argumentatifs
«Cependant» (l. 5) possède à la fois une valeur temporelle de simultanéité («Pendant ce temps») et une valeur adversative, qui domine. Le second paragraphe renverse l'orientation argumentative du premier, qui traite des vainqueurs et de la soumission des riches.

«Car» marque une explication métalinguistique qui porte sur le récit du paragraphe précédent : le paragraphe ouvert par «car» enchaîne sur l'énonciation précédente, elle en justifie le dire par un énoncé sentencieux.

• Un connecteur temporel
«Enfin», marque une étape dans l'enchaînement du récit, signifiant la fin d'une attente, avec la reprise des affaires.

• Les changements de temps verbaux
Le présent de vérité générale du paragraphe introduit par «car» marque une rupture avec les temps de l'arrière-plan[29]

29. Voir p. 85-86.

(imparfaits des deux premiers paragraphes à valeur durative et itérative, plus-que-parfait du cinquième paragraphe).
Les paragraphes 4 et 5 marquent le retour au premier
plan avec le récit au passé simple.

2. Fins

La dernière phrase du premier paragraphe est marquée
par une énonciation sentencieuse au présent de vérité
générale et par des parallélismes binaires, des répétitions
lexicales et des antithèses («Plus un négociant normand
devient opulent» est opposé à «plus il souffre de tout
sacrifice, de toute parcelle de sa fortune […]», et «toute
parcelle de sa fortune» est opposé à «aux mains d'un
autre»). Le paragraphe se finit sur cette figure concréti-
sante, qui redouble de façon hyperbolique l'idée abstraite
du «sacrifice».

De même, le second paragraphe se termine par un
mouvement périodique ternaire[30], composé d'un groupement ternaire («ces vengeances obscures, sauvages et
légitimes», l. 10-11), et d'un double groupement binaire :
«héroïsme inconnus, attaques muettes», amplifié par
«plus périlleuses au grand jour et sans le retentissement
de la gloire» (l. 11-12). La phrase met en jeu des relations de synonymie («vengeances obscures», «héroïsmes
inconnus», «et sans le retentissement de la gloire»), une
comparaison («plus périlleuses que les batailles au grand
jour»), une métaphore lexicalisée («vengeances *obscures*») réactivée par l'antithèse avec «batailles au grand
jour». Cette dernière expression s'oppose aussi à «attaques
muettes», qui met en œuvre à la fois une hypallage (les
attaquants sont silencieux) et une métaphore («muettes»
s'oppose à «retentissement»).

Cette rhétorique d'amplification contraste avec la
brièveté sentencieuse de la phrase suivante qui met en
valeur la formule de clausule (« prêts à mourir pour une
Idée»).

Les deux paragraphes suivants sont construits sur le
même modèle syntaxique de coordination par un «et»,
qui ouvre et clôt la dernière partie de la phrase.

30. Voir p. 270-277.

II. FONCTIONS DÉMARCATIVES ET COHÉSION DES PARAGRAPHES

Le paragraphe est bien ici une unité d'organisation du récit. L'enchaînement des débuts de paragraphe dessine une syntaxe narrative : «cependant», «car», «Enfin».

Le changement de paragraphe correspond à des fonctions démarcatives diverses. Le second paragraphe marque un changement de thème, par rapport au premier et une opposition : à la soumission des riches répond la résistance de certains autres. Ce serait, dans la terminologie mise en place par H. Mitterand (art. cit.), un paragraphe à la fois thématique et sémio-argumentatif.

Le troisième paragraphe marque un changement de type d'énoncé : passage du narratif au commentaire au présent de vérité générale. Il est de type générique.

Le quatrième et le cinquième paragraphes marquent une étape nouvelle du récit : paragraphes sémio-narratifs.

Maupassant joue du contraste entre la longueur des paragraphes. Les paragraphes brefs correspondent ici à une variation dans le rythme du récit (le dernier paragraphe, par exemple, sert de transition narrative), et dans les modes d'expression de l'engagement du narrateur : le troisième paragraphe a la brièveté et l'énonciation d'une sentence.

L'unité du premier paragraphe est d'ordre argumentatif. La répétition «de l'argent, beaucoup d'argent» fait entendre un fragment d'indirect libre laissant place à la protestation des habitants. «Ils étaient riches d'ailleurs» s'oriente vers une conclusion inverse : ils peuvent payer. La dernière phrase introduite par «mais» oriente l'argumentation en sens contraire, et finit par une énonciation sentencieuse qui porte une condamnation de moraliste sur l'avarice des riches.

L'unité du second paragraphe est une unité de contenu en opposition avec celle du premier paragraphe. Il oppose à l'attitude passive des habitants la conduite héroïque de certains. Le paragraphe est composé lui-même de deux phrases dont la rhétorique s'oppose. La première renchérit sur la précision des noms de lieux et des détails macabres («gonflé», «tué d'un coup de couteau ou de savate, la tête écrasée par une pierre, ou jeté à l'eau d'une poussée», l. 8-9). La seconde dégage la signification de l'événement en style noble, marqué à la fois par le rythme, le registre du lexique («ensevelissaient», «périlleuses», «gloire»), et le type de figures : non plus la tendance synecdochique au détail concret, mais la métonymie de l'effet pour la cause («vengeances», «héroïsmes», à valeur de concrétisation de l'abstrait), et l'amplification de la comparaison, la métaphore, et l'antithèse.

Les deux derniers paragraphes ont une unité narrative.

CONCLUSION

Dans ce passage de *Boule de suif,* le paragraphe apparaît comme une unité fondamentale, une unité sémantique, thématique, narrative, argumentative. Il sert une écriture du contraste, qui confronte les styles, alterne récit et énoncé sentencieux, et fonde son ironie sur le montage des énoncés et la dissonance de la polyphonie.

Chapitre 12

Ponctuation,
et rythme de la prose

La ponctuation et le rythme concernent la prose de façon primordiale. La question n'est pas de pure forme. La ponctuation et le rythme sont des mises en forme du sens. Nous ne prétendons pas en faire le tour en quelques pages. Nous évoquerons les enjeux de la ponctuation et les conceptions du rythme comme cadence, et comme sémantique du discours.

I. LA PONCTUATION ET LA PHRASE

1. Les signes de ponctuation

La ponctuation comprend un certain nombre de signes graphiques, surajoutés au texte : virgule, point-virgule, points divers (de fin de phrase, d'interrogation, d'exclamation, de suspension, le deux-points), des signes démarcatifs des niveaux d'énonciation (guillemets, parenthèses, crochets, tirets), auxquels on peut ajouter, outre la ponctuation de mots (apostrophe, trait d'union), la ponctuation de texte (alinéas, retraits, paragraphes, blancs) – et peut-être aussi la majuscule.

C'est la première catégorie de signes (virgules, points, tirets et parenthèses) qui sera commentée ici, à partir de quelques exemples illustrant le lien entre la ponctuation, et la sémantique du texte. (Sur les guillemets et les paragraphes, voir chap. 6 et 11.)

Pour N. Catach, la ponctuation se définit comme l'«ensemble des signes visuels d'organisation et de présentation accompagnant le texte écrit, *intérieurs* au texte et *communs* au manuscrit et à l'imprimé»[1]. Elle assure trois fonctions principales :

– une *fonction syntaxique* : à la fois l'union et la séparation des éléments du discours, l'organisation visuelle de la lecture. On peut lui appliquer ce que dit Kandinsky du point géométrique, qui est :

> «l'ultime et unique *union du silence et de la parole.*
>
> C'est pour cela que le point géométrique a trouvé sa forme matérielle en premier lieu dans l'écriture – il appartient au langage et signifie silence.» (Kandinsky, *Point et ligne sur plan*, trad. fr., Gallimard, 1991, p. 25.)

– une *fonction prosodique*[2], de correspondance avec l'oral : indication des pauses, du rythme, de l'intonation, de ce que l'on nomme en linguistique le «suprasegmental». Historiquement, c'est la fonction première de la ponctuation : marquer les pauses de la diction, seconder la voix. Avec la diffusion de l'imprimé, elle est concurrencée par la fonction d'organisation visuelle de l'espace graphique de la page.

– une fonction de *supplément sémantique* : c'est le cas de la plupart des signes de ponctuation, du deux-points, des parenthèses et des tirets, et des signes d'énonciation.

Certains signes de ponctuation ont changé de fonction. Au XVIIIe siècle, le «deux-points» est encore une ponctuation semi-forte, intermédiaire entre le point-virgule et le point, qui marque les grandes articulations d'une période[3]. Il est devenu pour nous un signe présentatif, souvent démarcatif de deux énonciations, annonçant une citation, ou un passage de discours direct. Il est aussi un signe logique, marquant l'articulation entre deux énoncés. Pour Julien Gracq, il est ainsi «la trace d'un menu court-circuit», la marque de «tout style qui tend à faire sauter les chaînons intermédiaires» (*En lisant en écrivant*, p. 258).

Dans l'histoire de la ponctuation, s'affrontent deux conceptions, qui triomphent inégalement selon les époques. Au XVIIIe siècle (auparavant les grammairiens ne s'en sont guère souciés) c'est la conception pneumatique et rythmique (fondée sur les unités de souffle) qui prévaut, du moins dans les traités. Beauzée définit la ponctuation comme :

> «l'art d'indiquer dans l'écriture par les signes reçus, la proportion des pauses que l'on doit faire en parlant» (Article «Ponctuation» de *L'Encyclopédie*).

1. N. Catach, «La ponctuation», *Langue française*, n°45, févr. 1980, p. 21.

2. Prosodie
En métrique latine, la prosodie désigne les règles de quantité vocalique, en métrique française, les règles régissant le compte syllabique du vers. En linguistique, elle comprend tous les phénomènes dits suprasegmentaux, c'est-à-dire tout ce qui dans le langage n'est pas segmentable en phonèmes : les accents (durée, intensité, hauteur), l'intonation, le débit, les pauses. Dans les travaux d'Henri Meschonnic, elle est définie comme «l'organisation vocalique, consonantique» d'un texte (H. Meschonnic, *Pour la poétique I*, Gallimard, 1970, p. 178).

3. Consulter à ce propos l'article d'Annette Lorenceau, «La ponctuation au XVIIIe siècle. L'effort de systématisation des grammairiens-philosophes», dans *La Ponctuation [...]*, vol. I, p. 127-149.

Pour lui, la ponctuation doit combiner trois principes qui concilient la fonction de pause, et la transmission d'un sens :

«Le choix des ponctuations dépend de la proportion qu'il convient d'établir dans les pauses ; et cette proportion dépend de la combinaison de trois principes fondamentaux. 1° *le besoin de respirer* ; 2° *la distinction des sens partiels qui constituent le discours* ; 3° *la différence des degrés de subordination* qui conviennent à chacun de ces sens partiels dans l'ensemble du discours.» (N. Beauzée, *Grammaire générale*, cité par C. Gruaz, «Recherches historiques et actuelles sur la ponctuation», *Langue française*, n°45, p. 12.)

Cette conception, on le voit, est essentiellement prosodique, mais elle vise la hiérarchie du sens, et la clarté de l'énonciation : l'unité de diction implicite est la période.

Le XIXᵉ siècle normalise la ponctuation, comme l'orthographe. Les imprimeurs font prévaloir, dans la seconde moitié du siècle[4], une conception normative, logique, de la ponctuation, contre laquelle s'insurge un écrivain comme George Sand :

4. Voir Annette Lorenceau, «La ponctuation au XIXᵉ siècle. George Sand et les imprimeurs», *Langue française*, n°45, p. 50-59.

«Le style doit se plier aux exigences de la langue, mais la ponctuation doit se plier aux exigences du style. […]

Il faut donc, pour en revenir à la ponctuation écrite, n'en point surcharger le texte en certains endroits, et dans d'autres cas n'en rien omettre.» (Lettre de G. Sand à Charles Edmond [*Impressions et souvenirs*, 1873], citée par A. Lorenceau, art. cit., p. 56 et 57.)

2. Ponctuations d'écrivains

Face à la normalisation de l'usage, George Sand défend une liberté dans la pratique de la ponctuation, qui sera celle de beaucoup d'écrivains.

C'est le cas de Proust, qui, selon un usage encore courant au XIXᵉ siècle, suit les unités de diction et de pensée, plus que la logique grammaticale[5], tantôt séparant d'une virgule le sujet du verbe, ou le verbe de son complément, tantôt supprimant toute ponctuation. Parmi bien d'autres exemples possibles, la ponctuation de ce fragment du «Bal de têtes» (la présence et l'absence des virgules) souligne l'unité d'une pensée, et la rythmique d'une vision :

5. Sur cette ponctuation (oblitérée dans l'ancienne édition de la Pléiade), consulter l'article de Jean Milly, «Un aspect mal connu du style de Proust : sa ponctuation», repris dans *Proust, dans le texte et l'avant-texte*, Flammarion, 1985, p. 169-184.

«Certains hommes boitaient dont on sentait bien que ce n'était pas par suite d'un accident de voiture mais à cause d'une première attaque et parce qu'ils avaient déjà comme on dit un pied dans la tombe. Dans l'entrebâillement de la leur à demi paralysées certaines femmes semblaient ne pas pouvoir retirer complètement leur robe restée accrochée à la pierre du caveau, et elles ne pouvaient se redresser, infléchies qu'elles étaient, la tête basse, en une courbe qui était comme celle qu'elles occupaient actuellement entre la vie et la mort, avant la chute dernière.» (M. Proust, *Le Temps retrouvé,* Flammarion, «GF», p. 339.)

Leo Spitzer a admirablement commenté la construction de la phrase proustienne[6], de ces «phrases-labyrinthes» dont «Proust lui-même tient fermement en main le fil d'Ariane» (Proust, lui, parlait de ses «longues soies»). Il remarque en particulier le rôle de ces éléments retardants que sont les parenthèses (encadrées par le signe des *parenthèses* ou par des *tirets*) qui ont pour effet de «rattacher allusivement les faits entre eux», de les commenter. Dans cette phrase d'«Un amour de Swann», la structure périodique multiplie les éléments de suspens et de retard, en une promenade organisée du sens, qui prend en charge la complexité des points de vue sur le réel :

> «Un jour que des réflexions de ce genre le ramenaient encore au souvenir du temps où on lui avait parlé d'Odette comme d'une femme entretenue, et où une fois de plus il s'amusait à opposer cette personnification étrange : la femme entretenue – chatoyant amalgame d'éléments inconnus et diaboliques, serti, comme une apparition de Gustave Moreau, de fleurs vénéneuses entrelacées à des joyaux précieux – et cette Odette sur le visage de qui il avait vu passer les mêmes sentiments de pitié pour un malheureux, de révolte contre une injustice, de gratitude pour un bienfait, qu'il avait vu éprouver autrefois par sa mère, par ses amis, cette Odette dont les propos avaient si souvent trait aux choses qu'il connaissait le mieux lui-même, à ses collections, à sa chambre, à son vieux domestique, au banquier chez qui il avait ses titres, il se trouva que cette dernière image du banquier lui rappela qu'il aurait à y prendre de l'argent.» (M. Proust, *Du côté de chez Swann*, Flammarion, «GF», p. 392-393.)

L'usage flaubertien du *tiret*[7] offre un autre exemple du lien entre la syntaxe, la ponctuation et la mise en forme d'une vision des choses. Il est une marque de séparation rythmique et logique de la phrase, souvent accompagné du fameux «et» (voir p. 277). Ainsi, au chapitre II de *Bouvard et Pécuchet*, le récit de l'explosion de l'alambic se termine sur un détail dérisoire, souligné par le tiret qui marque une pause, et sépare dans la syntaxe le dernier temps de l'expérience, en une dispersion mimétique de l'expérience elle-même :

6. Leo Spitzer, «Le style de Marcel Proust», dans *Études de style,* trad. fr. Gallimard, 1975, p. 397-473. Sur la parenthèse, consulter les travaux d'Isabelle Serça, notamment sa thèse *La Parenthèse chez Proust. Étude linguistique et stylistique* (Université de Toulouse-Le Mirail, 1998), et de Sabine Pétillon-Boucheron, *Les Détours de la langue : étude sur la parenthèse et le tiret double*, Paris-Louvain, éd. Peeters, 2003.

7. Sur le tiret, voir Gérard Dessons, «Rythme et écriture : le tiret entre ponctuation et typographie», dans J.-Ph. Saint-Gérand (éd.), *Mutations et sclérose : la langue française 1789-1848,* Franz Steiner Verlag Stuttgart, 1993, p. 122-134.

«Tout à coup, avec un bruit d'obus, l'alambic éclata en vingt morceaux, qui bondirent jusqu'au plafond, crevant les marmites, aplatissant les écumoires, fracassant les verres ; le charbon s'éparpilla, le fourneau fut démoli – et le lendemain, Germaine retrouva une spatule dans la cour.» (Flaubert, *Bouvard et Pécuchet*, Le Livre de Poche classique, 1999, p. 95.)

Au début de *La Route des Flandres* de Claude Simon, la ponctuation, parcimonieuse, n'a plus guère de fonction logique. Elle scande la montée des images dans le souvenir, et prend une valeur essentiellement rythmique[8], énonciative. La hiérarchie syntaxique est neutralisée par la juxtaposition et la coordination («mais je me rappelle […] et Wack entra») et elle est dominée par les unités d'énonciation que délimitent les virgules :

8. Sur ce passage, voir L. Dällenbach, *Claude Simon,* Éd. du Seuil, p. 35-36.

«Il tenait une lettre à la main, il leva les yeux me regarda puis de nouveau la lettre puis de nouveau moi, derrière lui je pouvais voir aller et venir passer les taches rouges acajou ocre des chevaux qu'on menait à l'abreuvoir, la boue était si profonde qu'on enfonçait dedans jusqu'aux chevilles mais je me rappelle que pendant la nuit il avait brusquement gelé et Wack entra dans la chambre en portant le café disant Les chiens ont mangé la boue, je n'avais jamais entendu l'expression, il me semblait voir les chiens, des sortes de créatures infernales mythiques leurs gueules bordées de rose leurs dents froides et blanches de loups mâchant la boue noire dans les ténèbres de la nuit, peut-être un souvenir, les chiens dévorants nettoyant faisant place nette : maintenant elle était grise et nous nous tordions les pieds en courant, en retard comme toujours pour l'appel du matin, manquant de nous fouler les chevilles dans les profondes empreintes laissées par les sabots et devenues aussi dures que de la pierre, et au bout d'un moment il dit Votre mère m'a écrit.» (Claude Simon, *La Route des Flandres,* U.G.E., «10/18», 1960, p. 7.)

Dans ce passage, la majuscule joue le rôle d'une ponctuation sans pause, et le deux-points retrouve une valeur ancienne de ponctuation moyenne.

D'une tout autre manière, chez Céline, surtout à partir de *Mort à crédit* (1936), les points de suspension – jugés par Queneau une «manie» «qui lui donne parfois un air un peu asthmateux»[9] – construisent une diction émotive et une organisation énonciative de l'énoncé, qui souvent conduit à brouiller les hiérarchies syntaxiques, au profit d'une rythmique oralisée, rythmique du parlé :

9. Raymond Queneau, «Écrit en 1937», *Bâtons, chiffres et lettres,* Gallimard, 1965, «Idées», p. 18. Voir Catherine Rouayrenc, «Recherches sur le langage populaire et argotique dans le roman français de 1914 à 1939», thèse pour le doctorat d'État, Université de La Sorbonne Nouvelle, 1988, ex. dact., p. 488-496 (sur les points de suspension chez Céline) – texte remanié dans *C'est mon secret : la technique de l'écriture populaire dans «Voyage au bout de la nuit» et «Mort à crédit»,* Tusson, éd. du Lérot, 1994.

«Ma mère raconte pas non plus comment qu'il la trimbalait, Auguste, par les tiffes, à travers l'arrière-boutique. Une toute petite pièce vraiment pour des discussions…

Sur tout ça elle l'ouvre pas… Nous sommes dans la poésie… Seulement qu'on vivait à l'étroit mais qu'on s'aimait énormément. Voilà ce qu'elle raconte. Il me chérissait si fort, papa, il était si sensible en tout, que ma conduite… les inquiétudes… mes périlleuses dispositions, mes avatars abominables ont précipité sa mort… Par le chagrin évidemment… Que ça s'est porté sur son cœur !... Vlan ! Ainsi que se racontent les histoires…» (Louis-Ferdinand Céline, *Mort à crédit*, Gallimard, «Bibliothèque de la Pléiade», 1981, p. 540.)

■ Indications bibliographiques sur la ponctuation

Nina Catach, *La Ponctuation*, PUF, «Que sais-je ?», 1994.
Jean-Marc Defays, Laurence Rosier, Françoise Tilkin (éd.), *À qui appartient la ponctuation ?*, Paris-Bruxelles, Duculot, 1998.
Jacques Drillon, *Traité de la ponctuation française*, Gallimard, «Tel», 1992.
Jacques Dürrenmatt, *Bien coupé mal cousu. De la ponctuation et de la division du texte romantique*, Presses Universitaires de Vincennes, 1998.
Langue française, n°45, fév. 1980, «La Ponctuation».
La Licorne, «La Ponctuation», 2000.
La Ponctuation, recherches historiques et actuelles, Actes du Colloque international CNRS-HESO, Publ. CNRS-HESO, 2 vol., 1977-1979.
Traverses, 43, «Le Génie de la ponctuation», éd. du Centre Georges Pompidou, 1987.

3. La période et le style coupé

Liée à l'art oratoire (A. Chaignet la qualifie de «strophe oratoire»[10]), la période n'est pas une simple suite de propositions. C'est une forme de phrase complexe, définie comme une unité de syntaxe, de souffle et de sens. C'est «une phrase composée de plusieurs membres, liés entre eux par le sens et l'harmonie» (Article «Période» de *L'Encyclopédie*), ou, comme le formule au XIXe siècle B. Jullien, un professeur de grammaire et de rhétorique, c'est «une portion de discours composée de parties symétriques cadencées pour le plaisir de l'oreille, et qui, prises ensemble, forment un sens complet.»[11]

La période est une unité logique et c'est aussi, pour l'orateur, une unité de souffle.

L'intérêt de la période est de tenir l'esprit de l'auditeur ou du lecteur en suspens dans l'attente de la retombée de la phrase :

«La période composée de deux ou plusieurs membres», dit Le Gras, «tient l'esprit en suspens, ou ne le tient pas : celle qui tient l'esprit en suspens est la principale, parce qu'elle est soutenue ; et d'ailleurs tenant l'esprit de l'Auditeur en suspens, elle le rend attentif, si la période n'est point trop

10. A. Ed. Chaignet, *La Rhétorique et son histoire*, Paris, F. Wieveg, 1888, p. 441.

11. B. Jullien, *Cours supérieur de grammaire,* Hachette, 1849, Deuxième partie, p. 5.

longue, et que le retour achève bientôt le sens ; et si la fin de cette période tombe en cadence, l'oreille de l'Auditeur en reçoit plus de satisfaction.»[12]

12. Le Gras, *Rethorique françoise* (1671), cité dans Ferdinand Brunot, *Histoire de la langue française des origines à nos jours,* t. IV, 2e partie, p. 1145. Nous modernisons l'orthographe.

La période est composée d'une partie ascendante, plus ou moins longue, la *protase*, et d'une partie descendante, l'*apodose*. «En considérant ce caractère de la période, on a donné au premier membre le nom de *protase*, qui signifie *tension en avant*, comme si notre esprit se tendait sur cette première partie ; et au dernier le nom d'*apodose*, qui signifie *reddition, solution définitive*» (B. Jullien, *op. cit.*, p. 5).

Il y a plusieurs formes de périodes, selon le nombre des membres qui la composent (de préférence entre deux et quatre).

Nous emprunterons les exemples aux sermons de Bossuet. Voici une période à deux membres :

«Quelque haut qu'on puisse remonter pour rechercher dans les histoires les exemples des grandes mutations, / on trouve que jusques ici elles sont causées, ou par la mollesse, ou par la violence des princes.» (*Oraison funèbre de Henriette de France,* dans Bossuet, *Oraisons funèbres*, Éd. Garnier, mise à jour en 1987, p. 122.)

Voici un exemple de période à trois membres :

«Mais aussitôt qu'on cesse pour nous de compter les heures, et de mesurer notre vie par les jours et par les années, / sortis des figures qui passent et des ombres qui disparaissent, / nous arrivons au règne de la vérité où nous sommes affranchis de la loi des changements.» (*Oraison funèbre de Henriette d'Angleterre, ibid.*, p. 180-181.)

L'idéal classique est représenté par la période à quatre membres, plus rare. Cette période est dite *carrée* lorsque les quatre membres sont à peu près égaux, comme dans cette phrase :

«Comme une colonne, dont la masse solide paraît le plus ferme appui d'un temple ruineux, / lorsque ce grand édifice, qu'elle soutenait, fond sur elle sans l'abattre, / ainsi la reine se montre le ferme soutien de l'État / lorsqu'après en avoir longtemps porté le faix, elle n'est pas même courbée sous sa chute.» (Bossuet, *Oraison funèbre de Henriette de France, ibid.,* p. 138.)

N.B.

Il ne faudrait pas croire cependant qu'un discours oratoire soit composé continûment de phrases de ce type. Les périodes alternent avec des phrases plus courtes, et les rhétoriques recommandent d'en réserver l'usage aux moments où l'on veut attirer l'attention de l'auditoire.

D'autre part, il faut bien dire que l'analyse d'une période n'est pas une science exacte. Ce qui compte pour le lecteur, c'est moins de répertorier les formes de la période que de décrire le mouvement d'ensemble de la phrase.

La période n'est nullement l'apanage de l'époque classique, si l'on veut bien considérer qu'elle peut prendre des formes d'amplification diverses, ne se réduisant pas au schéma d'une phrase bouclée sur elle-même, mais qu'elle constitue une unité d'expansion syntaxique, sémantique et rythmique. Elle apparaît sous des formes diverses de Chateaubriand à Proust. On la retrouve aussi, pour ne prendre que quelques exemples, dans la prose oratoire de Claudel et de Péguy, dans celle de M. Yourcenar, et chez Breton, qui affectionne l'alternance de la phrase courte et de la période. Cet éloge d'Éluard joue ainsi du rythme ternaire et du binaire, et de la cadence majeure (voir p. 274) :

> «*Capitale de la douleur* s'adresse à ceux qui depuis longtemps n'éprouvent plus – se vantent ou se cachent de ne plus éprouver – le besoin de lire : / soit que très vite ils aient fait le tour de ce qui pouvait leur être livré de la sorte et qu'ils tiennent à honneur de ne pas encourager les *jeux littéraires*, / soit qu'ils poursuivent sans espoir de s'en laisser distraire une idée ou un être que nécessairement d'autres n'ont pu approcher, / soit que pour toute autre raison, à telle heure de leur vie, ils soient enclins à sacrifier en eux la faculté d'apprendre au pouvoir d'oublier. Le miracle d'une telle poésie est de confondre tous ces secrets en un seul, qui est celui d'Éluard et qui prend les couleurs de l'éternité.» (André Breton, «Capitale de la douleur», *Point du jour*, Gallimard, «Idées», 1970, p. 53.)

A l'époque classique, le *style coupé* est une autre tendance de la prose, qui peut d'ailleurs alterner avec le style périodique. C'est une forme d'écriture qui tend à juxtaposer des phrases courtes. «Le style coupé», précise le chevalier de Jaucourt, «est celui dont toutes les parties sont indépendantes et sans liaison réciproque» (Article «Style» de *L'Encyclopédie*). L'auteur de l'article prend ainsi pour exemple une période de Fléchier :

> «Si M. de Turenne n'avait su que combattre et vaincre, s'il ne s'était élevé au-dessus des vertus humaines, si sa valeur et sa prudence n'avaient été animées d'un esprit de foi et de charité, je le mettrais au rang des Fabius et des Scipions.»

qu'il récrit ensuite en style coupé :

«Le veut-on en style coupé, il suffit d'ôter la conjonction : M. de Turenne a su autre chose que combattre et vaincre, il s'est élevé au-dessus des vertus humaines ; sa valeur et sa prudence étaient animées d'un esprit de foi et de charité ; il est bien au-dessus des Fabius, des Scipions.»

Et il ajoute :

«Le *style périodique* a deux avantages sur le *style coupé* : le premier, qu'il est plus harmonieux ; le second qu'il tient l'esprit en suspens».

La Bruyère, La Rochefoucauld, Montesquieu et Voltaire fournissent de nombreux exemples de ce style (voir p. 120, 70, 94 et 160).

Certains, comme Buffier, voient, malgré tout, dans les phrases de style coupé une liaison sémantique et logique, qui les rapproche de l'unité d'une période :

«Les périodes du style coupé consistent en plusieurs phrases ou expressions qui souvent prises chacune en particulier semblent faire un sens complet ; et pourtant ce ne sont que des phrases ou des propositions particulières subordonnées à une proposition principale, dont elles marquent les diverses circonstances ou les divers regards» (cité par Jean-Pierre Seguin, *La Langue française au XVIIIe siècle*, Bordas, 1972, p. 148. Nous modernisons l'orthographe.)

Le style coupé marque cependant une rupture syntaxique et rythmique avec l'usage de la période[13].

II. RYTHMES DE LA PROSE

1. Rythme et cadence

Le rythme est une notion malaisée à définir hors de l'histoire. Si, à l'origine, «rythme» désigne très généralement «la forme», une «configuration spatiale définie par l'arrangement et la proportion distinctifs des éléments» (É. Benveniste, «La notion de "rythme" dans son expression linguistique», *Problèmes de linguistique générale*, t. I, p. 325), son sens se spécialise chez Platon comme «l'ordre dans le mouvement» (*ibid.*, p. 334). C'est un sens restreint qui prévaut à l'époque moderne. Le rythme linguistique est défini comme l'alternance de temps forts et de temps faibles déterminée par l'organisation accentuelle d'un énoncé. Le retour périodique des accents syntaxiques délimite des mesures rythmiques, séparées par

13. Sur les aspects historiques de la question à l'époque classique, on pourra se reporter à Ferdinand Brunot, *Histoire de la langue française*, Colin, rééd. 1966, t. III (1600-1660), 2e partie, ch. XI («La phrase», p. 684-711), t. IV (1660-1715), 2e partie, p. 1145-1194 (sur la période) et t. VI (XVIIIe s.), 2e partie, p. 1980-1984 (sur le style coupé).

14. Cet accent final peut être secondé par un accent d'attaque qui frappe la première syllabe accentuable de l'unité rythmique, sans allonger la syllabe. Exemple : «**dé**mesuré».
On ne confondra pas cette accentuation «objective» avec les accents d'insistance sur le mot, toujours facultatifs. On les répartit souvent en deux séries, dont la distinction n'est pas toujours très claire : l'accent «affectif», qui met en relief la première consonne du mot («c'est **D**ivin»), et l'accent «intellectuel», qui porte sur la syllabe initiale («c'est **DI**vin»). Ces accents ont pour résultat une mise en relief du mot tout entier. Sur cette question de l'accent, voir Jean-Claude Milner et François Regnault, *Dire le vers*, Éd. du Seuil, 1987, chap. 6, «L'accent dans la langue».

15. Cité par Jean Mourot (*Chateaubriand. Rythme et sonorité dans les «Mémoires d'Outre-tombe»*, p. 11), qui évoque d'autres conceptions du rythme comme expressivité, qui se font jour à l'époque. Le grand intérêt du travail de Jean Mourot, c'est à la fois de répertorier les composantes du rythme chez Chateaubriand, et d'essayer ensuite de dégager ce qui constitue en propre le style de Chateaubriand : l'association de récurrences phoniques, lexicales, et de rythmes de phrase.

16. Voir les analyses de Jean Mazaleyrat, *Éléments de métrique française*, A. Colin, «U²», 1974, p. 14, et Jean Mourot, *op. cit.*, p. 32 et suiv.

des pauses plus ou moins fortes, matérialisées ou non par les signes de ponctuation.

En français, le mot est accentuable sur la dernière syllabe non muette[14] : «long**temps**». Certains mots restent cependant inaccentués. Ce sont principalement des mots qui ne fonctionnent pas de façon autonome : déterminants («le», «la», «un», «ce», «cette»…), pronoms («je», «tu», «il», «le», «me», «ça»…), prépositions monosyllabiques («à», «de»…), ou conjonction («que»). L'*accent de mot* tend toutefois à s'effacer au profit de l'*accent de groupe syntaxique*, qui porte en principe sur la dernière syllabe accentuable du groupe («Long**temps**, je me suis cou**ché** de bonne h**eu**re»). Cet accent «tonique» (ou syntaxique, ou rythmique) peut être un accent de hauteur, ou d'intensité, mais il est principalement un accent de durée, qui se traduit par l'allongement de la syllabe.

L'alternance de mesures accentuelles correspond à la conception classique du rythme comme nombre et cadence. Au XVIIIᵉ siècle, le rythme est défini par le *Dictionnaire de Trévoux* comme «la proportion que les parties d'un mouvement ont les unes avec les autres[15]». On retiendra cette idée d'une «proportion des parties d'un mouvement» : c'est l'organisation des mesures accentuelles qui détermine la cadence de la phrase.

Dans la perception du rythme comme cadence, intervient le nombre syllabique des mesures. Soit la phrase de Chateaubriand :

«Le dés**ert**/ dérou**lait**/ mainten**ant**/ devant n**ous**/ ses soli**tu**/des démesu**rées**.» (*Atala*)

La répartition des mesures accentuelles[16], en groupes égaux puis croissants (3-3-3-3-4-5), forme ici ce qu'on appelle une *prose cadencée*, reconnaissable à «des retours de quantités syllabiques à peu près égaux, selon des régularités plus ou moins exactes mais en tout cas mémorisables, et avec d'éventuels supports d'identité ou de parentés sonores aux principales articulations» (G. Molinié, *Dictionnaire de rhétorique*, «Le Livre de poche», 1992, p. 74). Mais le compte syllabique ne suffit pas à créer le rythme, non plus que la reconnaissance de mètres dans la prose. La reprise des assonances et des allitérations est partie prenante dans l'organisation progressive de la phrase (« Le DÉSERT/ DÉRouLAIT/ MainTeNANt/ DevANt Nous/ SES SoLiTuDes DÉMeSuRÉes).

On parlera de *cadence majeure* ou progressive lorsque la phrase procède par groupes rythmiques croissants, ou lorsque le dessin mélodique de la phrase marque une apodose plus longue que la protase, par exemple :

«Le temps et le monde que j'ai traversés, / n'ont été pour moi qu'une double solitude où je me suis conservé tel que le ciel m'avait formé». (*Mémoires d'Outre-tombe*, IV, cité par J. Mourot, *op. cit.,* p. 267.)

La *cadence mineure* ou régressive est l'inverse : un développement par groupes rythmiques de longueur décroissante, ou une apodose plus courte que la protase. C'est une cadence toujours marquée, qui met en relief la chute de la phrase, comme dans cette phrase de Chateaubriand, qui met en relief le groupe verbal :

«la puissance populaire qui transparaît à travers notre monarchie municipale, / les épouvante.» (*Mémoires d'Outre-tombe*, IV, cité par J. Mourot, *op. cit.,* p. 152.)

ou dans cet exemple de Michelet, que nous avons étudié au chapitre 2 :

«Il y avait des gens payés ; il y avait des gens ivres et des fanatiques ; il y avait des brigands ; / ceux-ci peu à peu surgirent.» (Jules Michelet, *Histoire de la Révolution française*, «Le Livre de poche», 1988, p. 97.)

Une des composantes du rythme est la constitution de *groupements binaires ou ternaires* formant les parties d'une phrase, les membres d'une période, ou organisant les phrases d'un paragraphe. La phrase précédente mêle le ternaire («Il y avait») au binaire («des gens ivres et des fanatiques»)[17].

J. Mourot oppose le rythme ternaire de Chateaubriand, hérité de modèles rhétoriques, utilisé en triades :

«Le roulement du tonnerre sous les combles du chateau, les torrents de pluie qui tombaient en grondant sur le toit pyramidal des tours, l'éclair qui sillonnait la nue et marquait d'une flamme électrique les girouettes d'airain, excitaient mon enthousiasme.» (*Mémoires d'Outre-tombe*, II, cité par J. Mourot, *ibid.,* p. 116.)

ou en phrases ternaires, à construction plus ou moins complexe :

«J'ai vu de près des rois, et mes illusions politiques se sont évanouies, comme ces chimères plus douces dont je continue le récit.» (*Mémoires d'Outre-tombe,* IV, cité *ibid.,* p. 105.)

et le «binaire du style de combat», style de la polémique :

«Bonaparte appartenait si fort à la domination absolue, qu'après avoir subi le despotisme de sa personne, il nous faut

17. Voir aussi les textes de Michelet (p. 36 et 76-77), de Claude Simon (p. 52-53), et de d'Holbach (p. 205-206).

subir le despotisme de sa mémoire.» (*Mémoires d'Outre-tombe*, II, cité *ibid.*, p. 129.)

Surtout la rythmique d'une phrase est liée à sa mélodie intonative, qui est l'interprétation d'ensemble de son mouvement, et qui tient compte de la syntaxe et du sens. Dans la phrase de Chateaubriand :

«Le désert déroulait maintenant devant nous ses solitudes démesurées»

la tension syntaxique entre le verbe et son complément direct (qui crée une structure d'attente), l'ordre des indications de temps et d'espace, contribuent à dessiner le mouvement mélodique de la phrase, à déterminer le sommet mélodique après «nous», comme le point de tension rythmique d'une structure de phrase qui se déroule dans le temps. Rythme et sens ne sont pas séparables.

LA PHRASE ET L'EXPÉRIENCE DU TEMPS

«Une phrase nous est donnée dans le temps, c'est-à-dire dans la dynamique d'un inachèvement et d'une clôture virtuelle. Ce n'est pas son rythme qui la fait temporelle, mais le champ de présomptions qu'elle ouvre, et progressivement referme. C'est que, avant d'être une hiérarchie de relations, elle est un système d'anticipations prolongées, suspendues, déçues, comblées. [...]

Toute phrase lutte avec une folie d'ordre temporel. [...] Et toute une part de la rhétorique s'attache à contenir cette folie en lui prescrivant des limites tantôt physiologiques (pas de phrases plus longues qu'un souffle), tantôt mentales (pas de phrases qui excèdent les dimensions du mémorisable), tantôt esthétiques : la phrase doit se périodiser en "circuit", revenir à elle-même, retomber sur ses pieds rythmiques, trouver son principe de clôture interne. Ainsi, il n'est de phrase que bouclée, mais la phrase n'a d'autre consistance que la résistance à ce bouclage, c'est cela même qui fait sa matière. Toute phrase, comme Schéhérazade, énonce pour ne pas finir ; mais c'est une Schéhérazade qui doit finir, puisque c'est seulement à partir de là qu'elle sera représentable comme phrase.»

Laurent Jenny, *La Parole singulière*, Éd. Belin, 1990, p. 173-174.

LE RYTHME DE LA PHRASE

Pour Claudel, «le défaut du français [...] est de venir d'un mouvement accéléré se précipiter la tête en avant sur la dernière syllabe».

«Supposons que Pascal ait écrit :
L'homme n'est qu'un roseau, mais c'est un roseau pensant, la voix ne trouve aucun appui sûr et l'esprit demeure dans un suspens pénible, mais il a écrit :
L'homme n'est qu'un roseau, LE PLUS FAIBLE DE LA NATURE, *mais c'est un roseau pensant* – et la phrase vibre tout entière avec une ampleur magnifique.»

S'y ajoutent «le ballon des féminines» et «la grande aile de l'incidente qui, loin d'alourdir la phrase, l'allège et ne lui permet de toucher à terre que tout son sens épuisé.» (Paul Claudel, «Sur le vers français», dans *Réflexions sur la poésie*, Gallimard, 1963, «Idées», p. 79.)

De ce point de vue, la prose et la poésie se ressemblent. «De même que la figure de style n'est pas un pli facultatif où se prendrait à l'occasion un dire dont la norme simple est sans atour, le rythme n'est pas l'impulsion supplémentaire donnée à une parole sans pouls dans son état normal. Le rythme ne survient pas, adventice, à un temps neutre» (Michel Deguy, *La Poésie n'est pas seule. Court traité de poétique*, Éd. du Seuil, 1987, p. 46).

2. Rythme et prose romanesque

Cette notion de rythme, si difficile à saisir dans les textes en prose, est très fortement liée à la notion moderne de prose, telle que Flaubert (pour la prose romanesque) et à peu près à la même époque, Baudelaire (pour la prose poétique), la définissent.

«Vouloir donner à la prose le rythme du vers (en la laissant prose et très prose)» (Flaubert), c'est la considérer non plus comme un discours sans règles (*oratio soluta*), mais comme un discours réglé aussi précisément que le vers :

> «Je suis aussi gêné *pour la place,* dans ma phrase, que si je faisais des vers et ce sont les assonances à éviter, les répétitions de mots, les coupes à varier.» (Flaubert à L. Colet, janv. 1853, [à propos de *Madame Bovary*], *Correspondance*, Gallimard, «Bibliothèque de la Pléiade», t. II, p. 229.)

Chez Flaubert, le travail de la prose porte bien sur la cadence – sur les chutes de phrase, mais la coupe y est un élément fondamental du rythme. Proust a commenté ces clausules flaubertiennes, annoncées par un «et»[18], après une série de coupes :

> «La conjonction "et" n'a nullement dans Flaubert l'objet que la grammaire lui assigne. Elle marque une pause dans une mesure rythmique et divise un tableau. En effet partout où on mettrait "et", Flaubert le supprime. [...] En revanche là où personne n'aurait l'idée d'en user, Flaubert l'emploie. C'est comme l'indication qu'une autre partie du tableau commence, que la vague refluante, de nouveau, va se reformer.» (M. Proust, «A propos du style de Flaubert», art. cit., p. 591.)

Ainsi du rythme ternaire, dans cette fin de paragraphe :

> «En même temps qu'il passait, elle leva la tête ; il fléchit involontairement les épaules ; et, quand il se fut mis plus loin, du même côté, il la regarda.» (*L'Éducation sentimentale*, éd. cit., p. 47.)

Surtout, dans cette pensée du style de la prose, la juste place des sonorités, des mots et des coupes engage la conception et l'esthétique d'ensemble de l'œuvre. La

18. Voir aussi les analyses par Albert Thibaudet de ce «et de mouvement» dans *Gustave Flaubert*, Gallimard, 1935, p. 264 et suiv. ; sur les types de coordination avec «et», consulter Gérald Antoine, *La Coordination en français*, éd. cit., vol. 2.

prose devient l'objet d'un travail qui est un art concerté de l'ellipse, et du montage en contraste de l'œuvre.

3. Sémantique du rythme

Les travaux d'Henri Meschonnic font retour à une conception globale du rythme, qui met en jeu une théorie d'ensemble du discours. Le rythme est compris non plus comme cadence mais comme l'organisation sémantique du discours :

> «Je définis le rythme dans le langage comme l'organisation des marques par lesquelles les signifiants linguistiques et extralinguistiques (dans le cas de la communication orale surtout) produisent une sémantique spécifique, distincte du sens lexical, et que j'appelle la signifiance : c'est-à-dire les valeurs, propres à un discours et à un seul.» (H. Meschonnic, *Critique du rythme*, Verdier, 1982, p. 216-217.)

Dans cette conception du rythme, la prosodie, comprise comme l'organisation vocalique et consonantique d'un texte, joue un rôle prépondérant :

> «Dans son acception restreinte, le rythme est l'accentuel, distinct de la prosodie – organisation vocalique, consonantique. Dans son acception large [...] le rythme englobe la prosodie. Et, oralement, l'intonation. Organisant ensemble la signifiance et la signification du discours, le rythme est l'organisation même du sens dans le discours. Et le sens étant l'activité du sujet de l'énonciation, le rythme est l'organisation du sujet comme discours dans et par son discours.» (p. 217)

La sémantique du rythme est pensée non comme une convergence du rythme et de la représentation, mais comme une organisation du sens créée par les suraccentuations prosodiques et rythmiques, en particulier par les contre-accents (le contre-accent est défini comme la «suite immédiate de deux accents»). L'étude du rythme vise ainsi à dégager «les valeurs, propres à un discours et à un seul» à partir de son étude rythmique et prosodique (essentiellement fondée sur l'organisation consonantique) : elle prend en compte l'accent rythmique (accent de phrase et de groupe, qui allonge la syllabe, noté : –) et l'accent prosodique (accent de mot qui laisse la syllabe brève, noté : ◡)[19].

L'analyse d'une phrase de Montesquieu, proposée par J.-P. Courtois[20], fournira un exemple de cette interaction de la rythmique et du sens. Soit la proposition de *L'Esprit des lois* extraite des *Réponses aux Censures de la Sorbonne* :

19. Les différentes figures accentuelles sont expliquées dans *Critique du rythme*, p. 255. Les barres obliques au-dessus des syllabes (voir *infra,* p. 279) notent la succession des accents prosodiques ou rythmiques : «L'accroissement du nombre des barres obliques est fonction du nombre de marques consécutives, quand plusieurs contre-accents se suivent. La courbe qui va d'une position à l'autre, en surplomb, note l'effet de lien en tension avec le discontinu des syntagmes.» (*ibid.*) Sur le rythme et les figures accentuelles, voir Gérard Dessons, *Introduction à l'analyse du poème*, Bordas, 1991, chap. 6 («Le rythme»).

20. Jean-Patrice Courtois, «Propositions pour une poétique de la rationalité dans *L'esprit des lois*», dans *Le Langage comme défi*, PUV, 1991, p. 119-134.

Il y a de *tels* climats | où le physique a une *telle* force | | *que* la morale n'y peut presque rien. | | | (Montesquieu, *De l'esprit des lois,* livre XVI, chap. VIII, nous soulignons.)

Cette proposition, que la Sorbonne condamnait pour son déterminisme climatique (le chapitre porte sur la nécessité de la séparation physique des hommes et des femmes en régime de polygamie), est fortement marquée dans sa cadence et sa syntaxe. Les groupes rythmiques principaux sont en progression syllabique croissante, séparés par des pauses (marquées par les barres verticales), dont la durée est elle aussi en progression croissante. La protase et l'apodose de la phrase correspondent à l'articulation syntaxique de la consécutive. L'ensemble est tourné vers la conclusion négative : «rien», vers la négation du pouvoir de la morale sur le physique, dans certains climats. Sémantiquement, «presque» atténue faiblement la négation, et argumentativement, il oriente le raisonnement vers la négation.

J.-P. Courtois montre toutefois que l'analyse rythmique permet de lire une tension à contre-courant de «la rhétorique syllabique, pausale, syntaxique» :

«Il y a de tels climats où le physique a une telle force

que la morale n'y peut presque rien.»

La notation met en valeur trois séries de contre-accents. La dernière série, avec quatre accents consécutifs souligne la solidarité du groupe, et l'importance de «presque». «Sémantiquement il disjoint la cohésion de *peut* et *rien*, mais rythmiquement il lie tous les termes» (art. cit., p. 122). Marqué rythmiquement et sémantiquement, «presque» suspend le mouvement négatif de toute la phrase. C'est l'argument de Montesquieu dans son commentaire de défense :

«la proposition est modifiée par ce mot *presque*. Si la morale n'y peut presque rien, elle y peut donc quelque chose, et l'auteur a fait voir au chapitre X, livre XVI, qu'elle y peut infiniment, lorsqu'elle est aidée par de certains usages qu'elle-même établit : comme par exemple la clôture des femmes.» (Cité par J.-P. Courtois, art. cit., p. 123.)

■ **Indications bibliographiques sur le rythme**

Paul Claudel, «Réflexions et propositions sur le vers français», dans *Réflexions sur la poésie,* Gallimard, 1963, rééd. «Idées», p. 7-90.

Marcel Cressot, *La Phrase et le vocabulaire chez Huysmans*, Droz, 1938 (Rééd. Slatkine, 1975), p. 83-153.

Gérard Dessons et Henri Meschonnic, *Traité du rythme. Des vers et des proses*, Dunod, 1998.

Henri Meschonnic, *Critique du rythme,* Verdier, 1982.

Jean Mourot, *Chateaubriand, Rythme et sonorité dans les «Mémoires d'Outre-tombe». Le Génie d'un style.* 1960 [ici, éd. de référence] ; rééd. sous le titre : *Le Génie d'un style. Chateaubriand, Rythme et sonorité dans les «Mémoires d'Outre-tombe»*, A. Colin, 1969.

Semen 16 (2002-1), «Rythme de la prose», coordonné par Éric Bordas, Annales littéraires de l'Université de Franche-Comté, Presses Universitaires Franc-Comtoises, 2003.

Chapitre 13

Stylistique :
mode d'emploi

Ce chapitre s'adresse à ceux qui ont à préparer un commentaire stylistique composé, et qui ne voient pas trop comment s'y prendre. Son horizon théorique est modeste, sa visée pratique aussi. Dans un premier temps, on proposera quelques conseils, qui ne sont pas des recettes, mais une incitation à partir de l'interprétation du texte, à l'illustrer et à la développer par des remarques linguistiques. La seconde partie présentera un exemple de commentaire stylistique. On pourra aussi se reporter aux divers exemples analysés dans cet ouvrage.

COMMENT CONSTRUIRE
UN COMMENTAIRE DE STYLE

1. Partir de l'interprétation

La démarche du commentaire stylistique consiste à montrer – procédés linguistiques du texte à l'appui – la validité d'une hypothèse d'interprétation du texte. Il faut partir d'une problématique d'interprétation (en gros, des conclusions d'une explication de texte) et l'illustrer, la prolonger par l'analyse des procédés linguistiques et stylistiques.

Cela signifie que le commentaire stylistique ne peut être une liste de procédés formels dépourvue de signification, sans lien avec la sémantique du texte. On a essayé de le démontrer au cours des commentaires proposés dans les chapitres qui précèdent : dans un texte, tout est sens, et cela n'a aucun intérêt d'atomiser les procédés sans lien avec la dynamique du sens (la phrase, la caractérisation, le lexique...).

En revanche, une des principales difficultés du commentaire stylistique, c'est de se défaire d'une analyse de contenu, qui oublie que l'interprétation d'un texte se fonde sur du langage. L'on part donc bien d'hypothèses sémantiques sur le texte, mais dans la démarche, le commentaire doit aller de l'étude formelle vers l'interprétation sémantique.

2. Construire le commentaire

On demande en général (en tout cas, aux concours du CAPES et de l'Agrégation de Lettres modernes) un commentaire stylistique composé. Cela suppose que les remarques soient organisées de manière à rendre compte des principaux aspects du texte. En pratique, on ne peut tout dire, surtout lorsque le temps est limité par une épreuve de concours, mais il faut essayer de ne pas laisser de côté les aspects importants du texte.

Pour dégager les dominantes stylistiques[1] d'un texte, on peut commencer par s'interroger sur ses principes de construction. Sachant qu'un morceau choisi répond forcément à une unité de clôture, il est raisonnable de penser à rechercher les règles de sa composition, son unité, et son mode de progression.

Pour ce faire, il est utile de recourir à un questionnaire de lieux communs (au sens général de catégories d'arguments), qui permettront de classer le texte, et de dégager sa spécificité.

a. L'unité du texte
Elle peut tenir à divers aspects du texte :
– au genre[2] et aux formes génériques : lettre, récit de fiction, autobiographie, essai, rêverie, dictionnaire, poème, pièce de théâtre..., mais aussi : description, portrait, maxime, dialogue, réflexion, narration...
– à l'énonciation : avec prédominance du «je», et des marques subjectives, ou bien neutralisation de l'énonciation ;
– à la visée pragmatique (qui croise la notion de genre) : lyrique, polémique-satirique, parodique, didactique, persuasive (et pour l'éloquence : de genre judiciaire, délibératif ou démonstratif), narrative ;
– au thème de discours : ce dont parle le texte.

Plusieurs critères peuvent bien entendu s'associer, et l'unité d'un passage est toujours faite d'hétérogénéité.

[1]. Sur la notion de dominante, adaptée ici des Formalistes russes, voir p. 202.

[2]. Sur les différentes approches des genres et l'histoire des catégories, on se reportera à la synthèse de Dominique Combe, *Les Genres littéraires*, Hachette, 1992.

b. Le mode de progression du texte

D'autre part, comment le texte progresse-t-il, à supposer qu'il progresse ? A quelles règles d'enchaînement répond-il ? Quelle est sa dynamique ?

S'il s'agit d'une relation d'opposition entre les mouvements du texte, de quelle nature est-elle ? Passage du général au particulier ? du raisonnement général à l'exemple ? Dans ce cas, il sera utile d'étudier en système le réseau des formes personnelles et temporelles, l'utilisation du lexique, et des marques énonciatives. Quels éléments linguistiques marquent cette opposition (syntaxe et connecteurs, rythme, lexique et niveaux de langue, pronoms...) ?

Si l'on observe plutôt un processus d'évolution, à quelles règles d'engendrement répond le texte ? S'agit-il d'une transformation des formes temporelles et personnelles ? D'une dynamique des figures, d'une dérive des signifiants ? D'une amplification par hyponymie, synonymie, métonymie ?

Quels sont les modes d'enchaînement du discours, ses procédés de cohésion ?

Ces questions – qui ne sont que des exemples – doivent permettre de définir le genre et la forme du texte, son énonciation, son mode de composition, et partant, de guider la problématique du commentaire.

Si le texte est un essai polémique, on sera attentif au déroulement et aux procédés de sa persuasion, à la logique de son argumentation et aux procédés paralogiques, à la fonction des figures, d'une part, mais aussi, d'autre part, aux procédés affectifs et axiologiques de dévalorisation de l'adversaire, aux formes de l'ironie, à la manière dont le destinataire est construit dans le texte.

Dans un récit de fiction, on repérera d'emblée le jeu des temps et l'enchaînement du récit, les mélanges de récit et de description, les procédés de dénomination et de caractérisation, les marques de subjectivation, l'alternance entre le récit et le commentaire, entre «histoire» et «discours», etc.

Dans une scène de théâtre, l'enchaînement du dialogue est fondamental, de même que le fonctionnement et la fonction pragmatique des répliques ou des tirades.

Dans un dialogue romanesque, on recherchera le montage des paroles, l'alternance des discours direct, indirect, indirect libre et leur utilisation stylistique, la caractérisation de la parole des personnages, etc.

c. Procédés d'écriture

A cette étape de l'analyse, il n'est pas inutile de se servir de questions portant sur des procédés formels, qui permettent parfois de repérer des aspects du texte passés d'abord inaperçus.

On mobilisera diverses catégories d'analyse.

● *Le lexique*

Quels champs lexicaux sont mis en œuvre ? Le vocabulaire est-il de registre abstrait ? Peut-on déceler une organisation lexicale et sémantique qui constitue un mode de construction ou d'expansion du texte (relations de synonymie, d'hyperonymie et d'hyponymie, d'antonymie, de paronymie, jeux de mots…) ?

Quels sont les niveaux de langue ? Est-ce qu'on perçoit un effet de parlé, par quels moyens (lexique et syntaxe) ? et qui parle ? Repère-t-on des archaïsmes ? Des créations de mots ? Avec quelles valeurs ?

● *Les figures*

Quelles figures peut-on identifier ? Quelles en sont les marques ? Comment s'insèrent-elles dans le texte ?

Quelles fonctions ont-elles, compte tenu de la visée pragmatique du texte, de son genre et de son époque ?

● *La phrase*

On observera la longueur et l'organisation, périodique ou non, des phrases, l'ordre des mots, l'enchaînement et le mode de liaison.

● *Le rythme et les sonorités*

On repérera en particulier les groupements binaires, ou ternaires, les figures de répétitions phoniques, et accentuelles, en étant attentif aux attaques de phrases et aux clausules.

● *La construction de la référence et la qualification*

On étudiera les procédés de dénomination des êtres et des choses, de caractérisation (adjectivale et adverbiale) et d'expression du jugement (noms de qualité, adjectifs, adverbes et verbes évaluatifs).

● *Les procédés de cohésion du texte*

On recherchera les procédés de reprise anaphorique et d'annonce cataphorique, les connecteurs argumentatifs, les types de progression thématique.

● *Les pronoms et les déictiques*

3. Le «plan» du commentaire

Quel plan faire ?

Tout d'abord, il est vrai qu'il n'existe pas de plan «passe-partout», chaque texte étant singulier. Mais ceci n'empêche nullement de songer à des schémas, modifiables et adaptables à la singularité de chaque texte. C'était l'idée de la rhétorique ancienne, et l'exercice du commentaire stylistique suppose une mise en forme rhétorique.

Toute organisation du commentaire doit comporter à la fois des parties typologiques, qui tiennent compte du genre du texte, de sa visée pragmatique, de ses caractéristiques générales, et au moins un développement portant sur la dynamique propre du texte, sur son mode de progression particulier. Selon les passages à étudier, cet aspect peut être plus ou moins développé, mais il est indispensable d'en traiter, sous peine de passer complètement sous silence l'historicité du sens. On peut aussi mêler les perspectives, et insérer la «dynamique» dans chaque développement typologique.

Voici trois types de plans (il y en a d'autres), dont on peut bien entendu mêler les procédés :

● *Un plan qui suit l'organisation du texte*

Sans adopter un commentaire linéaire, on peut faire coïncider tout ou partie du plan avec les mouvements du texte, c'est-à-dire utiliser les dominantes stylistiques de chaque partie du texte comme catégories du commentaire. Ce type de plan s'adapte bien aux textes qui manifestent des oppositions stylistiques marquées.

On peut aussi étudier à part les structures de progression du texte.

● *Un plan qui recourt à des dominantes stylistiques*

Comme :

– la mise en œuvre d'une catégorie linguistique (les relations de personne ou la personnalisation du texte, la structure des temps verbaux ou l'expression de la temporalité) ;

– une dominante lexicale ou sémantique, une isotopie ;

– l'expression d'une catégorie de pensée (par exemple, l'expression stylistique d'un sentiment) – plus discutable ;

– une figure d'organisation du texte (l'antithèse, la répétition) ;

– une catégorisation plus abstraite (explicite/implicite, continu/discontinu – catégories utilisables en particulier quand le texte est non référentiel, ou quand la référence du texte est difficile à constituer).

• *Un plan qui répertorie des catégories formelles*
Comme : la phrase, le rythme, le lexique, la qualification, les figures, l'enchaînement du texte…

C'est un type de plan à n'adopter qu'en cas d'urgence, qui peut toutefois être mêlé avec les précédents (et constituer par exemple l'une des parties du commentaire). Il importe d'en rattacher les développements à la sémantique du texte.

4. En résumé

En résumé, la démarche peut être la suivante :
1. Lire le texte attentivement une première fois, en numéroter les lignes, si nécessaire.
2. Le relire pour en percevoir l'unité et le plan.
3. Essayer de définir une problématique d'interprétation et d'organisation du commentaire, en tenant compte du genre, de la visée du texte, des formes à l'œuvre.
4. Repérer les procédés linguistiques et stylistiques en s'aidant des grilles d'analyse évoquées plus haut.
5. Construire le commentaire en essayant de répondre, par une argumentation linguistique, à la problématique posée, et en essayant d'illustrer l'hypothèse interprétative,
– voire de montrer, par l'analyse des procédés formels du texte, que l'interprétation peut être poussée plus loin.
6. Pour le commentaire stylistique des concours, en temps limité, voici quelques conseils de rédaction :
• L'*introduction* et la *conclusion* doivent être rédigées.
L'introduction situe le texte si possible, ou, en tout cas, en définit le genre, le propos, la finalité, l'unité, s'il y a lieu, et annonce clairement le plan du commentaire. Il vaut mieux être lourd et clair que subtil et incompris, l'idéal étant bien sûr l'alliance de la subtilité et de la clarté.

La conclusion reprend les principaux points mis en valeur dans le commentaire, et propose, éventuellement, un commentaire interprétatif plus large (extension de l'analyse du passage à des commentaires sur l'œuvre ou sur le genre, le type de discours).
• Le *développement du commentaire* ne nécessite pas une rédaction suivie comme une dissertation. Ce n'est même

pas recommandé. Il importe d'employer des titres et des sous-titres clairs, accompagnant un plan détaillé commenté. Chaque procédé doit être illustré par des exemples précis, en renvoyant aux lignes du texte. Il ne suffit pas de nommer les procédés : il faut utiliser des échantillons exemplaires.

Face à un même texte, il faut savoir qu'il y a plusieurs points de vue et plans possibles, qui doivent cependant ménager une place aux lieux communs (aux évidences culturelles) attendus sur ce texte.

EXEMPLE

Nous prendrons l'exemple d'un passage des Mots *de Sartre, en insistant sur la genèse du commentaire.*

Jean-Paul Sartre
Les Mots (1964), Gallimard, «Folio», 1977, p. 19.

TEXTE
32

Il n'y a pas de bon père, c'est la règle ; qu'on n'en tienne pas grief aux hommes mais au lien de paternité qui est pourri. Faire des enfants, rien de mieux ; en *avoir*, quelle iniquité ! Eût-il vécu, mon père se fût couché sur moi de tout son long et m'eût écrasé. Par chance, il est mort
5 en bas âge ; au milieu des Énées qui portent sur le dos leurs Anchises, je passe d'une rive à l'autre, seul et détestant ces géniteurs invisibles à cheval sur leurs fils pour toute la vie ; j'ai laissé derrière moi un jeune mort qui n'eut pas le temps d'être mon père et qui pourrait être, aujourd'hui, mon fils. Fut-ce un mal ou un bien ? Je ne sais ; mais je souscris volontiers au verdict d'un éminent psychanalyste : je n'ai pas de Sur-moi.
10
Ce n'est pas tout de mourir : il faut mourir à temps. Plus tard, je me fusse senti coupable ; un orphelin conscient se donne tort : offusqués par sa vue, ses parents se sont retirés dans leurs appartements du ciel. Moi, j'étais ravi : ma triste condition imposait le respect, fondait mon importance ; je comptais mon deuil au nombre de mes vertus. Mon père avait
15 eu la galanterie de mourir à ses torts : ma grand-mère répétait qu'il s'était dérobé à ses devoirs ; mon grand-père, justement fier de la longévité Schweitzer, n'admettait pas qu'on disparût à trente ans ; à la lumière de ce décès suspect, il en vint à douter que son gendre eût jamais existé et, pour finir, il l'oublia. Je n'eus même pas à l'oublier : en filant à
20 l'anglaise, Jean-Baptiste m'avait refusé le plaisir de faire sa connaissance. Aujourd'hui encore, je m'étonne du peu que je sais sur lui.

■ **Indications bibliographiques :**

Genviève Idt, *Les Mots. Une autocritique «en bel écrit»*, Belin, 2001.

Jacques Lecarme, «*Les Mots* de Sartre : un cas limite de l'autobiographie», *Revue d'Histoire Littéraire de la France*, nov.-déc. 1975.

Philippe Lejeune, «L'ordre du récit dans *Les Mots* de Sartre», dans *Le Pacte autobiographique*, Éd. du Seuil, 1975, p. 197-243.

QUESTIONS SUR LE TEXTE 32

● *Genre* du texte

Il relève de l'autobiographie, mais d'une autobiographie qui est guidée par un souci démonstratif. L'autobiographie telle que la définit Ph. Lejeune (voir p. 51) suppose un récit autodiégétique, et rétrospectif, qui joue sur deux plans temporels : celui de la narration, celui de l'histoire racontée. On devrait donc s'intéresser aux temps et aux relations de personne dans le texte, marquant l'expression du genre, et relevant du «discours».

● *Unité* et *progression* du texte

L'unité de thème du texte réside dans la démonstration d'une liberté d'origine, liée à la disparition du père. L'unité de ton tient à l'énonciation polémique et ironique.

La progression du texte : elle ne suit pas l'ordre d'un récit chronologique. Si l'on regarde la structure des phrases, le temps et la personne des verbes, l'on s'aperçoit du parallélisme des deux paragraphes. Ils commencent tous les deux par une phrase sentencieuse au présent de vérité générale et suivent la même démonstration par l'exemple, avant d'aboutir à un constat au présent de l'écriture. L'antithèse est une figure d'organisation du sens.

● *Procédés d'écriture*

Ce qui retient l'attention en premier lieu c'est :

– la contiguïté de registres de langue et de catégories de lexique différents : le niveau de langue familier, voire vulgaire (ces appellatifs ne sont pas très précis, ils indiquent en fait des degrés dans l'écart par rapport à un hypothétique niveau de langue neutre, plus qu'une relation réelle à la situation de communication ou à la situation sociale) et le style recherché (vocabulaire abstrait,

de registre juridique : «lien de paternité», à connotation noble s'opposant à «pourri»),
– la contiguïté de phrases exclamatives sans verbe et d'une syntaxe recherchée au plus-que-parfait du subjonctif.

C'est aussi :
– le pastiche de style noble et la parodie littéraire, au service de l'ironie ; les figures : les périphrases («géniteurs invisibles»), à valeur d'euphémismes ironiques («se sont retirés dans leurs appartements du ciel»), les jeux de mots («portent *sur*», «à cheval *sur*», «*Sur*-moi»), la métaphore filée du premier paragraphe ;
– l'ironie et la violence verbale ;
– l'expression du paradoxe avec les alliances de termes et l'expression des oppositions entre «moi» et les autres, les antithèses ;
– la cohésion et l'enchaînement du texte : prédominance de l'ellipse, de l'asyndète, de l'enchaînement par reprise thématique, anaphorique, par répétition lexicale, jeux sur le signifiant ;
– les modalités d'énonciation et la prédominance d'assertions brèves ;
– l'alternance des temps verbaux et la présence des déictiques personnels et temporels.

Comment organiser ces remarques ? Plusieurs d'entre elles se recoupent, mais il apparaît important de ne pas manquer :
– l'ironie et les procédés de la polémique ;
– le mélange de vulgarité affectée, de parlé, et de style très écrit et littéraire ; le jeu hypertextuel avec la littérature ;
– le souci démonstratif englobant la visée autobiographique (ordre du récit, alternance des temps verbaux), et les procédés de persuasion (en particulier les figures de l'opposition, l'antithèse).

Nous partirons d'une problématique : celle du genre autobiographique dans *Les Mots*.

La première partie du commentaire sera consacrée à la caractérisation stylistique du texte autobiographique. La seconde partie suit la démonstration à caractère polémique du paradoxe (l'heureuse liberté de l'orphelin) : elle étudie la démarche et les figures de l'argumentation (antithèses, métaphores, jeux de mots...). La dernière partie porte sur l'ironie, la parodie et le pastiche.

INTRODUCTION

Ce morceau de bravoure provient de l'autobiographie de Sartre. Mais cette autobiographie intellectuelle ne prétend pas restituer un passé : elle le reconstitue selon un projet qui appartient au présent. Elle mêle deux modèles : le récit d'enfance, et le récit d'une vocation dénoncée et reniée. Plus que l'attendrissement, dominent l'ironie et la parodie littéraire, à des fins de démystification. Nous étudierons trois aspects stylistiques de ce texte : le récit autobiographique, l'argumentation polémique, l'ironie et la parodie.

I. UN RÉCIT AUTOBIOGRAPHIQUE

Il se caractérise :
– par un récit autodiégétique, marqué par la présence de déictiques de 1ère personne : les déterminants possessifs («mon père»), les pronoms personnels («je», «moi, je»).
– par un récit rétrospectif qui joue du présent de l'écriture et du passé raconté par l'écriture. Ce passé est lui-même présenté dans une double perspective, celle du «discours» et celle de l'«histoire», au sens de Benveniste[3].

3. Voir chap. 4, p. 64-66.

1. Présent de l'écriture et temps du «discours»

Le présent de l'écriture est marqué par les déictiques temporels, adverbes et emplois déictiques du présent. L'adverbe «aujourd'hui» (à la fin de chaque paragraphe, l. 8 et 22), et le présent de l'indicatif dans «je ne sais», «je souscris», «je n'ai pas» (l. 9-10), «je m'étonne» (l. 22), désignent au sens large le temps de la narration (par opposition au temps de l'histoire racontée). «Je passe» est plus indéterminé référentiellement (la valeur aspectuelle imperfective du présent domine, en l'absence de repérage chronologique externe, et dans un contexte métaphorique).

Ces présents à la 1ère personne font système avec les passés composés de «discours» («il est mort», «j'ai laissé»), à valeur de passé, en relation avec l'énonciation présente, et à valeur d'accompli. Ils se distinguent des présents à valeur générale de la première phrase des deux paragraphes, et de celui de «portent» (l. 5).

2. Temps de l'«histoire»

Entrelacés avec ce système énonciatif du «discours», interviennent des passés simples (l. 8, l. 19-20), tous à la 3e personne, qui évoquent un passé coupé du présent, et perçu, en conséquence, comme plus lointain : c'est le passé des origines, le temps de l'«histoire», au sens de Benveniste. Les passés simples constituent le «premier plan» d'un récit dont les imparfaits et les plus-que-parfaits constituent l'«arrière-plan»[4].

4. Voir chap. 5, p. 85-86.

Mais dans cette «fable des origines» (Ph. Lejeune), la rétrospection est soumise à la démonstration d'un paradoxe : la liberté du vide laissé par la disparition du père.

II. UNE ARGUMENTATION POLÉMIQUE

1. L'ordre logique
englobe la perspective chronologique

Les deux paragraphes sont construits de la même façon. L'ordre de progression est un ordre de déduction, à partir de prémisses sentencieuses posées en tête de paragraphe ; elles sont au présent gnomique, avec l'expression de la non-personne, un emploi générique de la détermination du substantif, et la forme non personnelle de l'infinitif («Il n'y a pas de bon père, c'est la règle», «Ce n'est pas tout de mourir, il faut mourir à temps»). Ces prémisses sous-tendent le raisonnement particulier, construit deux fois sur le même modèle : une hypothèse *a contrario* («Eût-il vécu, mon père se fût couché sur moi […]», «Plus tard, je me fusse senti coupable») à quoi s'oppose la valorisation paradoxale d'une situation d'orphelin. Quant aux conclusions de chaque paragraphe, elles ne marquent pas de progression ni chronologique, ni même logique, l'une par rapport à l'autre : la fin du second paragraphe réaffirme l'énoncé d'un vide, le second paragraphe amplifie par l'exemple les propositions générales. Il ne s'agit pas d'une démonstration logique rigoureuse, mais d'une argumentation polémique, fondée sur des figures d'opposition, sur la provocation paradoxale, sur l'analogique, et le jeu sur les signifiants. Le paragraphe est ici unité de thème et d'argumentation.

2. L'antithèse, figure d'organisation du texte, et l'expression du paradoxe

Le texte progresse par l'opposition de tournures négatives et d'assertions positives (l. 1, l. 11), soutenues par des répétitions lexicales (l. 7 et 9, 20), et par l'expression d'antithèses, marquées soit par la coordination («mais», l. 2), soit, majoritairement, par l'asyndète (l. 2-3, «en *avoir*, quelle iniquité !» ; l. 4, «Par chance,» ; l. 13-14, «Moi, j'étais ravi»).

Ces antithèses s'expriment par des oppositions lexicales et sémantiques («mon père», «mon fils», «coupable», «ravi», expressions intensives : «rien de mieux», «quelle iniquité !»...), aspectuelles et temporelles («eût-il vécu», «il est mort», «qui n'eut pas le temps […]», «et qui pourrait être»).

Les antithèses, qui distinguent l'individu particulier des autres («se donne tort» / «imposait le respect, fondait mon importance»), servent aussi l'expression du paradoxe, qui oppose le «je» (ou la forme renforcée «moi, je») à la généralité du monde (exprimée sous forme d'un pluriel : «au milieu des Énées qui» ou d'un singulier générique : «un orphelin»).

L'expression du paradoxe est encore marquée par les alliances de termes : «Par chance il est mort», «je comptais mon deuil au nombre de mes vertus», «Mon père avait eu la galanterie de mourir à ses torts».

On peut y associer le raccourci : «il est mort en bas âge», qui peut se décrire comme un effet d'ellipse avec hypallage («en bas âge» s'appliquant au personnage-narrateur de l'autobiographie), aussi comme une hyperbole (reprise par «un jeune mort»). Le jeu avec les mots, qui conduit à échanger les rôles du père et du fils, est développé par les oppositions sémantiques et les symétries syntaxiques : le chiasme («au milieu *des Énées qui portent leurs Anchises*» s'oppose à «je passe […] seul et détestant *ces géniteurs invisibles à cheval sur leur fils*», avec une distribution symétrique des termes de l'opposition) et le parallélisme («mon père»/«mon fils»).

Les figures et les jeux de mots servent aussi l'argumentation paradoxale. L'histoire d'Enée et d'Anchise est à la source d'une métaphore filée et d'un jeu sur les signifiants («à cheval»/«être à cheval», «écraser») condensé dans le trait final «Je n'ai pas de Sur-moi». Le mot d'esprit qui joue, de façon auto-réflexive, de la vulgate freudienne, active rétrospectivement la double isotopie (l'isotopie concrète de la métaphore et l'isotopie morale) et fonde en nécessité l'argumentation analogique.

De même, «disparaître», au second paragraphe, est l'embrayeur de deux isotopies : celle, figurée, euphémistique, où «disparaître» est une atténuation de «mourir». Celle, littérale, où «disparaître» équivaut à «s'absenter discrètement», développée par «en filant à l'anglaise» et «m'avait refusé le plaisir de faire sa connaissance» (voir aussi le jeu sur «se dérober»), qui permet de jouer sur l'idée de responsabilité. Une nouvelle fois le jeu de mots (la syllepse) sert de preuve au paradoxe.

Plus largement, le texte met en œuvre l'expression sémantique du vide, de la déperdition de connaissance et d'existence du père : par des tournures niant la connaissance («je ne sais», «le peu que je sais», «il l'oublia. Je n'eus pas même à l'oublier»), par les appellatifs qui estompent la relation de paternité : «mon père», devient «un jeune mort», puis «son gendre», enfin «Jean-Baptiste». L'isotopie de la mondanité («Mon père avait eu la galanterie de», «filant à l'anglaise») est reprise par le stéréotype «le plaisir de faire sa connaissance», avec un nouveau jeu de mots sur «connaître». La prise de distance se poursuit avec «mon deuil» transformé en «ce décès».

3. Le récit

La densité du récit est due à la brièveté des phrases, à l'emploi de l'asyndète, à l'ordre même du récit, où la succession temporelle se reverse en causalité, où «sens et récit sont coextensifs» (Ph. Lejeune). Il y a une rythmique de la phrase en style coupé, qui utilise les ressources de la ponctuation moyenne, du point virgule et du deux points (l. 9-10). Le deux-points y est un signe privilégié, la marque d'un «style qui tend à faire sauter les chaînons intermédiaires» (J. Gracq[5]), à valeur logique et prosodique.

5. Voir p. 266.

6. Subjection
«Subordonne et soumet en quelque sorte, à une proposition, le plus souvent interrogative, une autre proposition le plus souvent positive, qui lui sert de réponse, d'explication ou de conséquence.» (Fontanier, *Les Figures du discours*, p. 374.)

L'alternance des modalités intonatives – assertive, jussive : «qu'on n'en tienne pas grief […]», interrogative, avec la figure de la *subjection*[6], l. 9-10 : «Fut-ce un mal ou un bien ? Je ne sais ; mais je souscris volontiers») – introduit en outre un effet de parlé dans la prose par l'insertion d'une voix. De même, l'italique, l. 3, souligne la montée suspensive de l'intonation dans la phrase prédicative à l'infinitif.

Il y a aussi une rythmique de la phrase sentencieuse, et une rythmique des clausules de phrase et de paragraphe, qui utilise les parallélismes et les groupes binaires, les effets de «pointe», et les chutes brèves, souvent retardées par un complément circonstanciel (l. 8-9, l. 20). La coupe est un élément fondamental du style (par exemple, l.1-3, ou l. 20 : «et pour finir, il l'oublia. Je n'eus pas même à l'oublier»).

En contrepoint de l'asyndète, et comme élément du rythme, le texte privilégie l'enchaînement thématique, les répétitions lexicales (l'épiphore : «oublier», l. 20, la dérivation : «père»/«paternité») ; les liaisons phoniques, qui soulignent les parallélismes et les antithèses, créent des associations («paternité»/«iniquité»), et instaurent des chaînes signifiantes («père», «pourri», «mourir»).

Dans ce passage des *Mots*, la visée autobiographique est soumise à la visée dialectique, et la démonstration passe par la provocation et le plaisir de séduire. Tout le texte relève d'une rhétorique très concertée qui manie les contrastes de style et la référence littéraire, comme un jeu ironique à l'égard de la littérature et d'une forme de comédie sociale.

III. IRONIE, PASTICHE ET PARODIE

1. Ironie et polyphonie

7. Voir p. 119-120 et 157.

L'ironie du texte repose sur l'effet de polyphonie[7]. Le narrateur présente dans son énoncé des points de vue dont il se dissocie, et qui forment clairement la cible de l'ironie. Le point de vue peut correspondre à l'énonciation d'une voix à l'indirect libre (point de vue de l'orphelin, énoncé à l'indirect libre : «offusqués par sa vue, ses parents se sont retirés dans leurs appartements du ciel»).

Il peut aussi être le point de vue du monde sur le narrateur-enfant («ma triste condition»), ou un jugement, reçu peut-être de la vulgate freudienne («un orphelin conscient se donne tort»). Ce recours à l'ironie polyphonique contribue à l'effet de densité du récit, en se substituant au commentaire.

Le pastiche satirique et la référence parodique sont d'autres signaux, littéraires, de l'ironie.

2. Parodie et pastiche satirique

La parodie, selon G. Genette[8], est un détournement de texte à transformation minimale, alors que le pastiche est l'imitation d'un style. «Ce n'est pas tout de mourir : il faut mourir à temps» est une parodie de la morale du *Lièvre et la Tortue* : «Rien ne sert de courir ; il faut partir à point» (La Fontaine, *Fables*, Livre VI, 10, v.1). Et cette transformation d'un vers de La Fontaine est un signal d'ironie polyphonique : le narrateur marque ses distances avec la fable et sa morale. Parodique, la référence à *L'Énéide* l'est aussi. Cette forme de transposition en style vulgaire d'un référent noble relève du burlesque[9]. La disqualification vient de l'antonomase (le nom propre au pluriel devient un nom commun) et de la disconvenance entre la noblesse des personnages ou de leur dénomination («géniteurs) et la trivialité de leur représentation («à cheval sur leurs fils»).

Le texte fait aussi plus largement appel au pastiche satirique : avec la mention d'épithètes clichées («un éminent psychanalyste»), de périphrases de style noble à valeur euphémisante («se sont retirés dans leurs appartements du ciel»), de calques de style noble (« je comptais mon deuil au nombre de mes vertus»). On peut y ajouter la syntaxe des parallèles sentencieux imitant le style des maximes. La cible est donc à la fois une littérature de société et sa morale.

3. Contraste des registres de style

L'aspect satirique du texte vient aussi du contraste des registres de style. L'association de «pourri» (au sens métaphorique de «corrompu», ou, de «très mauvais»), et du vocabulaire abstrait du droit et de la morale («grief», «lien de paternité», «iniquité», «torts», «coupable», «se dérober à ses devoirs») est un facteur de dissonance satirique.

8. Voir p. 158.

9. Burlesque et héroï-comique Ce sont deux formes de disconvenance entre le style et le sujet. Le burlesque transpose un sujet noble en style vulgaire (le *Virgile travesti*, de Scarron), l'héroï-comique traite un sujet vulgaire dans un style noble, hors de propos avec la situation (*Le Lutrin*, de Boileau).
Pour G. Genette, la disconvenance burlesque relève de la transposition parodique : elle s'incarne en particulier dans le travestissement burlesque, qui transpose un texte célèbre en style vulgaire. A l'opposé, le pastiche héroï-comique est l'imitation d'un style noble appliqué à un sujet vulgaire (voir à ce sujet G. Genette, *Palimpsestes*, chap. XIII, XV, et XXIII-XXIV).

10. Subordination implicite
Elle consiste en un fait de parataxe (d'indépendance syntaxique de deux propositions) et en une subordination sémantique, marquée ici par la mélodie intonative suspensive de la protase, par le subjonctif imparfait ou plus-que-parfait et l'ordre des mots (l'inversion figée du sujet). Elle est ici l'équivalent d'une subordonnée conditionnelle marquant l'irréel du passé.

De même, la cohabitation d'une langue soutenue (imparfait et plus-que-parfait du subjonctif en subordonnée, l. 18 et 19, tournure de subordination implicite[10], l. 3, pastiches de style classique) cohabitent avec des tournures plus familières comme «filer à l'anglaise».

CONCLUSION

Ce fragment d'une autobiographie intellectuelle construit le récit d'enfance selon un ordre dialectique. La démonstration de l'absence du père se fonde sur des procédés de virtuosité rhétorique éblouissants, parfois agaçants, sur une ironie qui vise les valeurs et la vulgate d'une société à travers un genre de littérature qui lui est lié, celui de l'autobiographie. La parodie et le pastiche, le goût constant du paradoxe, la tension de la prose, font le succès de ce texte au jeu littéraire ambigu. Le refus de la littérature passe par le plaisir littéraire : «un objet qui se conteste soi-même doit être écrit le mieux possible».

Remerciements
Que Marie-Christine Bellosta trouve ici l'expression de ma reconnaissance pour l'amicale et savante attention de sa relecture.

ANNEXES

Table des encadrés

1. Définitions de notions

2. Textes critiques

Table des indications bibliographiques

Liste alphabétique
des indications bibliographiques

Index
des œuvres

Index
des notions

comparaison ou similitude 60, 61, 81, 140, 143, 163, **194**, 196-197, 219, 223, 226, 264

compréhension (*vs* extension) **181**

concession (figure) **190**

conclusif (verbe) **46**, 49, 57, 59, 80

conglobation (ou énumération, accumulation) 190, 209-210, **228**

connecteur 208, 211, 250, **251-254**, 261, 284

connotateur **181**

connotation (*vs* dénotation) 107, 133, 163, **181-183**, 211, 227
— autonymique **101**. *Voir aussi* modalisation autonymique.

contre-accent **278**-279

conversion (figure) *voir* épiphore

conversion (M. Riffaterre) **204**

cooccurrence 180

coopération du lecteur 231, 237

coréférence 218, **237**, 240-241, 257-258

cotexte, emploi cotextuel **9**, 10, 114, 149, 153, 236, 238

D

définition logique 173

déictique (indice, indicateur, embrayeur) **9-12** et *passim* chap. 1 ; 74, 89-90, 98, 147, 233, 284, 289-290
— opaque **20**
— transparent **20**

deixis voir situation d'énonciation

délibératif (genre) 124, **200**, 207, 282

démonstratif ou épidictique (genre) 163, **200**, 282

dénotation (*vs* connotation) **181-182**

dérivation (figure) 38, **42**, 60, 148, 294

description 92, 123, 190, 202-204, **217**, 218-220, 245, 247, 283

description définie 10, **232-234**

désignation rigide **11, 233**, 244

destinataire **33**, 40- 41, 107, 121, 123, 127, 153, 212, 283

destinateur **33**

dialogique **18**, 159

dialogue 16, 122-134, 142, 283

didascalie **103**, 112

diégèse ou histoire **15**, 33, 34, 69, 158, 224

discours (*vs* histoire) 50, 63-64, **65**-67, 84, 146, 283, 290

discours (ou style)
— direct 111, **112**, 118, 125, 126-128, 136-137, 142, 146, 283
— indirect 67, 111, **112-114**, 125-128, 131, 133, 139, 284
— indirect libre 67, 77, 80, 111, **115-117**, 119-121, 124-134, 136-142, 215, 263, 284, 294
— narrativisé ou raconté **117-118**, 124, 125, 136-137

discours immédiat 146, *voir* monologue autonome

dominante **202**, 282, 285

duratif (aspect) 47, 57, 262

E

embrayeur **10**, *voir* déictique

embrayeur ou connecteur d'isotopie 163, **186**, 293

énallage 29, **43**, 78

énonciateur (*vs* locuteur) **119**-121, 157, 215, 253

énonciation 9, 112, 142, 146, 149, 155, 157, 160, 171, 253, 265, 269, 282 et *passim*

enthymème **200**

énumération (figure) *voir* conglobation

épanadiplose 190, 211, **228**

épanorthose ou rétroaction 61, 190

épidictique (genre) *voir* démonstratif

épiphore ou conversion **82**, 99, 148, 190, 294

épitrope ou permission **152**

estompage **61**

euphémisme **75**, 108, 189, 289

évaluatif (terme) 81, 82, 257

exemple (rhétorique) **200**

exophore mémorielle **20, 259**

expansion (M. Riffaterre) **204**

expolition **60**, 61, 144, 190

expression autonome **232**, 237, 243, 258
— de qualité 82, 97
— démonstrative 234

extension (*vs* compréhension) **181**

extradiégétique (niveau) **32**

F

fantastique **222**

fiction épique (K. Hamburger), ou récit de fiction à la 3e personne **86-87**, 111

tournure impersonnelle ou unipersonnelle 37, 81, 207
tournure passive 49, 58, 80
tournure pronominale 49, **80**, 81
trope **150**-155, 175, **189**-191
trope communicationnel 40-**41**

Index
des auteurs

Restif de la Bretonne 104
Retz (cardinal de) 71
Rey (A.) 22
Rey-Debove (J.) 101
Richard (J.-P.) 104, 225
Richelet (P.) 71-72
Ricœur (P.) 196-197, 205
Riegel (M.) 49, 81
Riffaterre (M.) 192, 198, 203-204, 217
Rioul (R.) 49, 81
Robbe-Grillet (A.) 68, 244
Robrieux (J.-J.) 201
Rosen (E.) 127, 192
Rosier (L.) 119, 270
Rouayrenc (C.) 269
Rousseau (J.-J.) 50, 229
Ruwet (N.) 80-81

S

Saint-Gérand (J.-Ph.) 268
Samoyault (T.) 159
Sand (G.) 267
Sandras (M.) 251
Sarraute (C.) 52, 53
Sarraute (N.) 102, 148
Sartre (J.-P.) 89, 91, 192, 287-288, 290
Scarron (P.) 295
Schaeffer (J.-M.) 10, 151, 233
Schoentjes (P.) 158
Schor (N.) 31-32
Searle (J.) 86
Seguin (J.-P.) 273
Serça (I.) 268
Simon (C.) 16, 50, 52-54, 237-238, 244, 269, 275

Simonin-Grumbach (J.) 25, 66, 68, 69
Slakta (D.) 236
Sperber (D.) 150, 155, 157-158, 171
Spitzer (L.) 268
Starobinski (J.) 73, 95, 167
Stendhal 89, 105-107, 168, 170-171, 184, 241, 247

T

Tamba (I.) 205
Tasmowski-de Ryck (L.) 89
Thibaudet (A.) 277
Tilkin (F.) 270
Todorov (T.) 222
Tomassone (R.) 118, 249

U-V

Ubersfeld (A.) 42
Valensi (L.) 154
Vallès (J.) 105, 108, 130-131, 134, 251
Verrier (J.) 244
Veyne (P.) 73
Vezin (J.) 249
Voltaire 91, 94, 160, 165-167, 172, 235, 273
Vuillaume (M.) 89-90

W-Y-Z

Weinrich (H.) 84-86, 89, 90, 98, 231, 252
Wilson (D.) 150, 155, 157-158, 171
Yourcenar (M.) 272
Zola (É.) 30-31, 115, 122, 134, 141, 144, 148, 183, 191, 240, 244
Zufferey (J.) 244

Table des matières

Imprimé en France par Barnéoud – 53960 Bonchamp-les-Laval
N° d'imprimeur : 14299 N° d'édition : 003751-01
Dépôt légal : septembre 2003